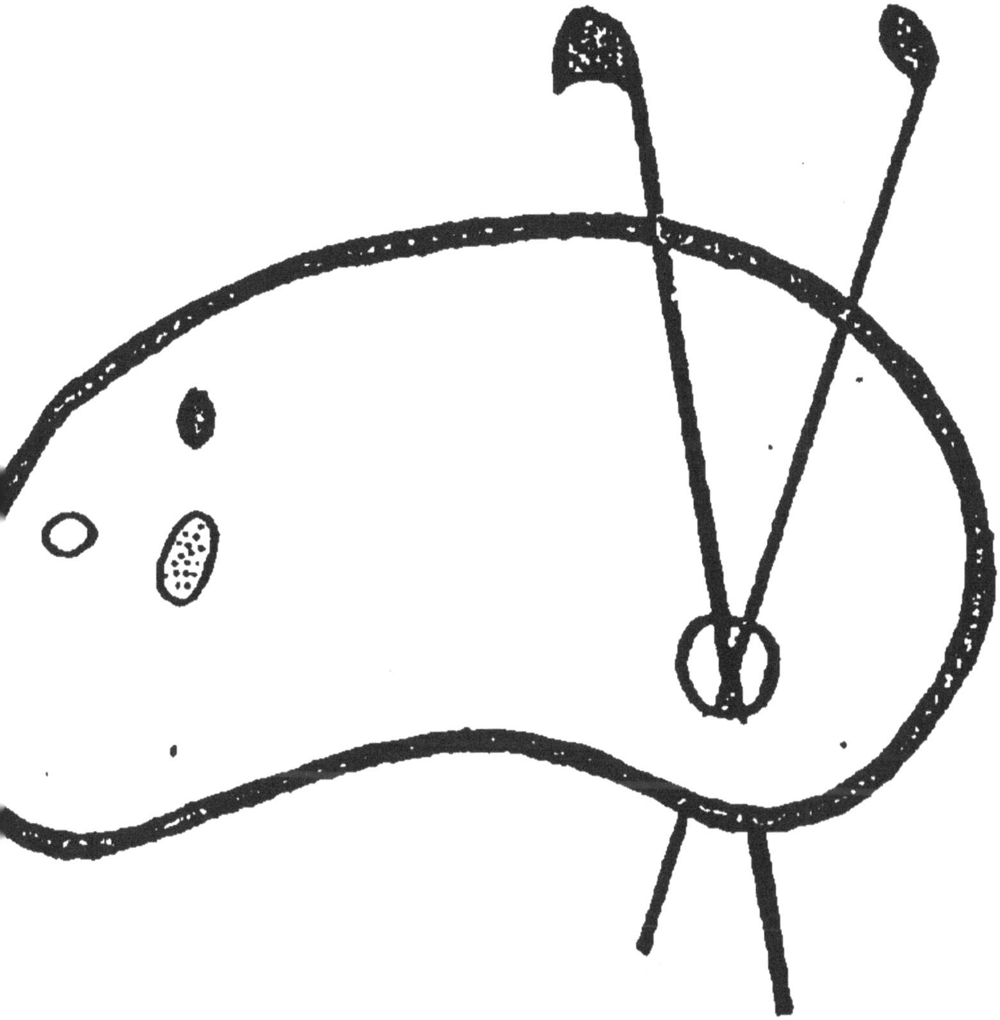

L'abbé Ad. VACHET,

Chanoine honoraire d'Alger,
Missionnaire apostolique de la maison des Chartreux.

LYON
ET SES OEUVRES

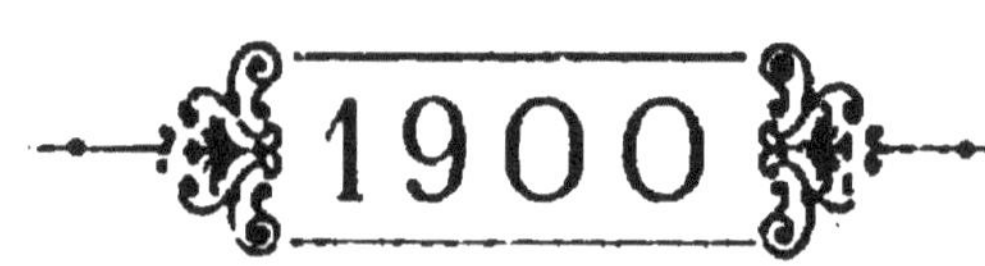

1900

LYON
Emmanuel VITTE, Éditeur
3, Place Bellecour, 3.

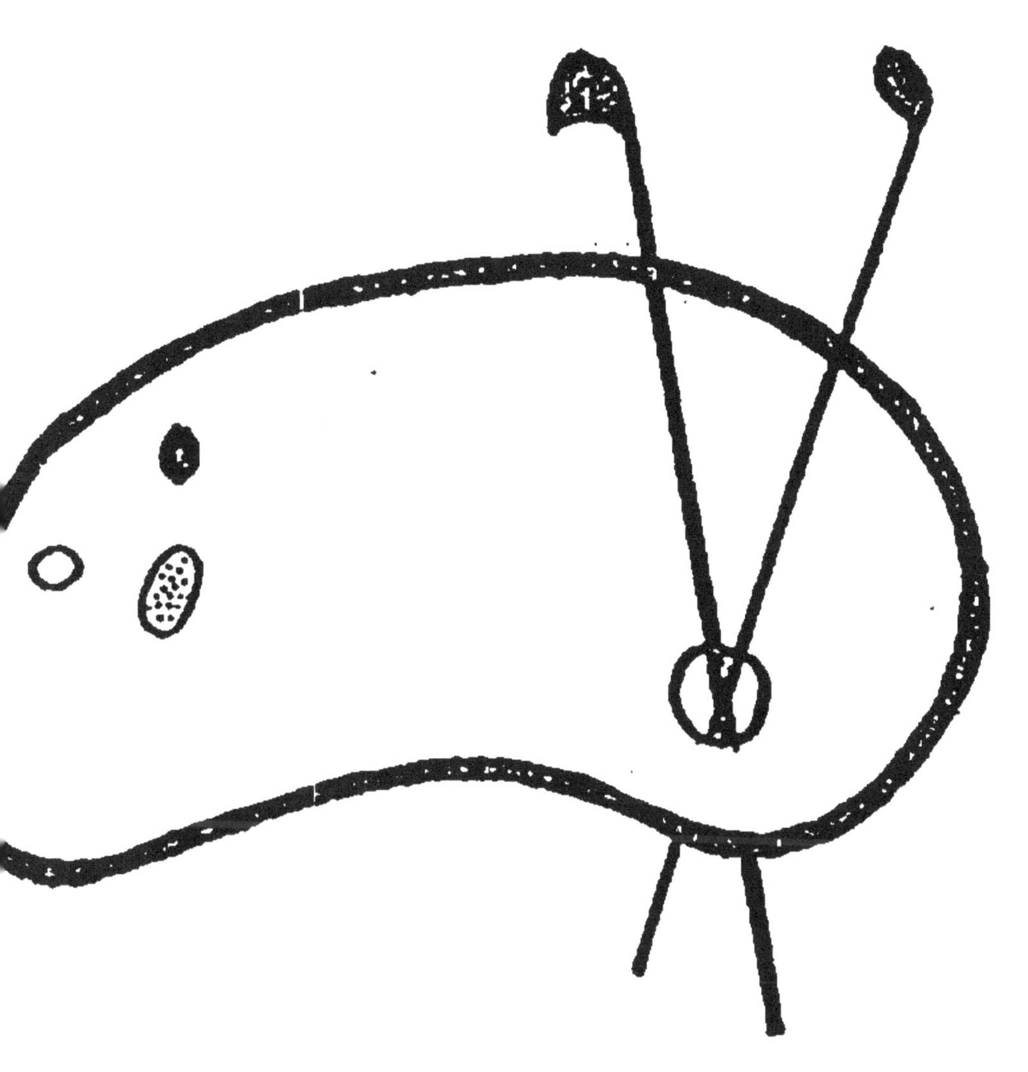

FIN D'UNE SERIE DE DOCUMENTS
EN COULEUR

L'abbé Ad. VACHET,

Chanoine honoraire d'Alger,
Missionnaire apostolique de la maison des Chartreux.

LYON

ET SES OEUVRES

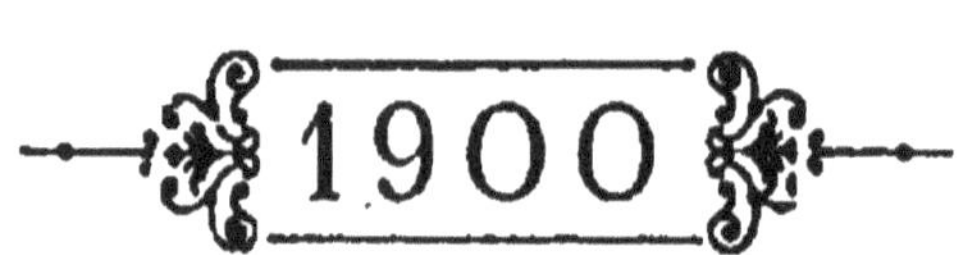

LYON

Emmanuel VITTE, Éditeur

3, Place Bellecour, 3.

A Monsieur HERMANN SABRAN,

Président de la Commission des Hospices Civils de la ville de Lyon.

HOMMAGE RESPECTUEUX DE L'AUTEUR.

MONSIEUR LE PRÉSIDENT,

Le 25 mars 1899, dans un article remarquable et remarqué du Correspondant, *M. Lefébure, qui se connaît en hommes et en œuvres, puisqu'il est le fondateur de l'Office central des Œuvres de bienfaisance, disait que vous donniez votre haute intelligence, votre activité, votre temps, votre fortune, à l'accomplissement de l'admirable mission que vous avez acceptée.*

A ce jugement, Monsieur le Président, souscrivent tous les Lyonnais, ceux qui vous connaissent, ceux même qui ne vous connaissent pas. Je sais, de plus, personnellement, quelle est votre compétence dans ces questions d'œuvres charitables. C'est pourquoi j'estime comme un devoir, et je considère comme un honneur, de mettre votre nom vénéré en tête de ce travail qui se place ainsi, de lui-même, sous votre distingué patronage.

AD. VACHET.

PRÉFACE

L'idéal, pour une société, au simple point de vue matériel et humain, serait le bien-être et l'aisance pour tous les membres qui la composent. Ce fut le rêve généreux de certains penseurs, mais ce ne fut qu'un rêve. Il y aura toujours des pauvres parmi nous.

Sans examiner les causes de cette pauvreté, qu'elles soient ou non dépendantes de notre volonté, coupables, ou téméraires, ou malheureuses, la misère existe, elle se révèle sous mille formes diverses.

Cette misère, nous avons le devoir, le rigoureux devoir, de la soulager ; c'est un devoir social et un devoir individuel, celui-là formant la charité officielle et publique, celui-ci, qui peut unir ses efforts à d'autres efforts pour arriver à de meilleurs résultats, formant la charité d'initiative privée.

La charité officielle a à sa disposition des ressources faciles et considérables, mais pour bien des raisons que je n'ai pas à exposer, ces ressources ne profitent pas autant sous sa gouverne qu'on aurait pu l'espérer ; dès lors, elle ne peut pas tout faire, elle ne fait pas tout. Il y avait près d'elle, pour la charité d'initiative privée, une large place à prendre, et celle-ci l'a prise, et elle l'a prise bien longtemps avant que la charité officielle ait même soupçonné ses devoirs.

De là la création d'œuvres nombreuses et admirables, instituées la plupart pour soulager les pauvres et les souffrants. C'est ce côté utilitaire qui frappe surtout et habituellement les esprits.

Mais à côté de ces œuvres, il y en a tant d'autres que nous soupçonnons à peine, œuvres de prévoyance, œuvres de préservation, œuvres d'instruction, œuvres de générosité, œuvres de religion, où l'on dépense beaucoup de zèle et beaucoup d'argent !

Tout ce qui est constitué en société ne répond pas toujours à l'idée d'œuvre. Les confréries des paroisses ne sont pas des œuvres ; les innombrables sociétés de gymnastique, de tir, de chant, etc., ne sont pas des œuvres. Je fais la même remarque pour certaines écoles, les lycées, les Facultés, etc., ce ne sont pas des œuvres, ce sont des institutions nationales. On comprendra facilement que je ne dois pas entrer dans cette voie. On ne se doute pas qu'à Lyon, il y a environ cinq mille réunions de jeunes gens ou d'hommes, de jeunes filles ou de femmes, assemblées sous une étiquette quelconque.

Mais, malgré cette réserve, les œuvres sont nombreuses à Lyon, si nombreuses même qu'on ne craint pas souvent de donner à notre ville des louanges et des titres hyperboliques : Lyon, ville des aumônes ; Lyon, reine des bonnes œuvres ; Lyon, capitale de la charité, etc... C'est enfantin de nous complaire en ces dires.

Ayons le courage d'examiner d'autres villes : Paris est généreux, lui aussi ; ses œuvres sont nombreuses et souvent mieux établies que chez nous, Londres est remarquable par ses associations de bienfaisance. New-York dépense des sommes énormes pour l'entretien d'œuvres diverses : cette ville compte en effet 143 écoles primaires municipales, 37 écoles pour l'enseignement secondaire, 7 universités ou colléges, 2 colléges de jeunes filles, 2 séminaires de théologie, 4 écoles de droit, 4 écoles de médecine, une école normale, 4 écoles de commerce, 44 bibliothèques, 148 hospices pour incurables, infirmes, vieillards, etc., 64 hôpitaux, 500 églises, etc. De très nombreuses bourses sont fondées en faveur d'élèves ou d'étudiants pour suivre les cours dans les Universités ; des Associations très riches s'occupent des pauvres, etc.

N'acceptons pas facilement ce titre de Capitale de la Charité donné à notre ville. Il peut flatter notre amour-propre, mais il n'est pas exact, et de plus il est dangereux. Nous ne serions pas éloignés de croire que nous sommes les plus généreux, nous nous imaginerions vite que nous en faisons assez, et bientôt après que nous en faisons trop.

Il n'en reste pas moins que Lyon tient dans les annales de la Charité un rang distingué. Nombreuses sont les œuvres instituées aussi bien pour soulager l'infortune que pour propager l'instruction et défendre ou développer la foi chrétienne. Elles sont même si nombreuses que ceux qui *ex-professo* devraient les connaître toutes, sont obligés souvent de confesser leur ignorance. C'est pour les faire connaître que le présent travail a été entrepris.

Et si les œuvres sont nombreuses, elles sont modestes aussi. Le vieux principe : *Le bien ne fait pas de bruit*, est devenu une règle de conduite presque générale. Si les œuvres sont peu connues, c'est qu'elles ne cherchent guère à se faire connaître. A notre modeste avis, c'est un tort. Les œuvres cherchent à faire du bien, or, une œuvre qui est peu connue ne fait pas tout le bien dont elle est capable. Cette seconde constatation est venue s'adjoindre à la première pour nous encourager à publier notre enquête.

Une autre pensée a soutenu nos efforts. Notre société actuelle, c'est un fait public, est partagée en deux camps, ceux qui possèdent et ceux qui ne possèdent pas, et ceux-ci accusent ceux-là de leur misère. Leurs récriminations sont incessantes : « L'Etat, disent-ils, devrait faire quelque chose pour eux, et il ne fait rien ; ceux qui ne sont pas les autorités publiques, mais qui sont les heureux de ce monde, devraient faire quelque chose pour eux, et ils ne font rien. » C'est un double mensonge. La charité officielle a une part de son budget consacrée aux œuvres charitables, et si l'on pouvait sans inconvénient reconstituer le budget de la charité non officielle pour Lyon seulement, on découvrirait que c'est celui d'un petit Etat. J'espère que le présent travail mettra cette vérité en lumière.

Une fois conçue l'idée du livre, il fallait en venir à l'exécution. Que serait-elle ? Une sèche nomenclature, une liste sommaire, un simple indicateur ? était-ce suffisant ? Ou bien fallait-il prendre quelques types caractéristiques de la Charité lyonnaise, les mettre en relief, les décrire avec l'émotion qu'elles inspirent, et laisser le reste dans l'ombre ? C'était incomplet. J'ai préféré, après avoir fait connaître les œuvres, m'attacher à rechercher les origines et la pensée-mère qui a présidé à leur création. C'est, à mon avis, avec le bien qu'elles font, ce qu'il y a de plus intéressant dans ces œuvres.

Certaines conclusions devront nécessairement se formuler après la lecture de ce tableau des œuvres.

Il ressortira d'abord cette vérité élémentaire, que je voudrais voir mieux comprise par tous, et surtout par ceux qui, en haine des principes chrétiens, veulent ramener toute charité à l'assistance officielle et ne réservent à la charité privée que des tracasseries mesquines ou d'injurieuses suspicions. Cette vérité, la voici : l'Etat ou les Municipalités ne peuvent se passer du concours de la charité privée, et sans lui ne peuvent rien faire d'efficace dans le domaine de l'assistance. C'est une vérité qu'avait déjà reconnue, en 1887, M. Monod, directeur de l'Assistance publique au ministère de l'intérieur, c'est une vérité que, récemment, en mars 1899, dans un article du *Correspondant,* M. Lefébure, ancien député et fondateur, à Paris, de l'Office central des œuvres de bienfaisance, a mise en pleine lumière; c'est une vérité proclamée aussi par M. Hermann Sabran, que nous sommes heureux de citer :

« L'assistance publique ne peut complètement remplir son rôle que si elle est aidée et complétée par l'assistance privée, et, sans vouloir entrer dans des développements qui permettraient aisément de justifier cette assertion, ne peut-on pas signaler, par exemple, l'impuissance de l'assistance publique à organiser l'assistance par le travail, les patronages pour les enfants, pour les libérés, pour les malades sortant des hôpitaux, etc. ? N'est-ce pas évident, d'autre part, que les œuvres privées ont intérêt à demander le concours de l'assistance publique dans une foule de cas, et que l'entente et l'union entre tous les services, est l'idéal rêvé par tous ceux qui étudient le moyen d'améliorer le sort des déshérités et des malheureux ?[1] »

Il ressortira aussi que, puisque cette charité privée est indispensable, il faut nécessairement en maintenir et garantir la liberté ; il faut s'abstenir de la décourager et de la paralyser ; il faut même faire disparaître certaines entraves et favoriser son essor. Chez nous, la liberté des donations et des fondations est entourée de mille difficultés ; il faut les faire disparaître.

Il ressortira enfin que la religion tient dans les œuvres la plus grande place, qu'elle inspire les plus beaux dévouements, qu'elle enfante les plus généreuses initiatives, et que les masses populaires y sont attachées. C'est une force ; l'assistance publique en a besoin et ne doit pas la combattre. Dans cette lutte que tous nous livrons contre la misère, et où nous constatons avec peine que toutes nos ressources réunies sont insuffisantes, c'est un crime de se diviser.

[1] De la représentation des pauvres et du mode de recrutement des administrateurs, par H. Sabran. — *Revue Philanthropique* du 10 octobre 1899.

Et maintenant qu'il me soit permis d'exprimer un dernier vœu : non-seulement je souhaite que les œuvres existantes soient de plus en plus prospères, mais je souhaite, ô Lyonnais, que jamais, à l'avenir, un cri de détresse ne soit poussé par les malheureux de tous les ordres sans qu'il soit entendu de vous.

Ad. VACHET.

PREMIÈRE PARTIE

ŒUVRES PRIVÉES

CHAPITRE I

PREMIER AGE

Charité maternelle. — Société protectrice de l'Enfance. — Nourrissage maternel. — Les Crèches.

Charité maternelle.

Cette association, connue aujourd'hui un peu partout, a pris naissance à Lyon, au siècle dernier. Mgr de Montazet, archevêque de Lyon, se rendait quelquefois, pendant les longues soirées d'hiver, chez Mme de Rochebaron, rue Sala, où se donnait rendez-vous une société d'élite. Là, on se livrait à d'honnêtes distractions et à certains jeux. On intéressait les parties, et il fut convenu que l'argent qu'on en retirerait serait consacré au soulagement de quelques pauvres mères, pour les aider à allaiter elles-mêmes leurs enfants. A cette première mise de fonds furent ajoutées des collectes faites entre les habitués de Mme de Rochebaron d'abord, auprès d'autres personnes ensuite; l'argent fut confié à Monseigneur. L'œuvre était fondée. Elle fut connue dans les régions élevées du pouvoir, et Marie-Antoinette la prit sous sa protection. Lorsqu'elle fut reconstituée après la Révolution, Mme Lætitia, l'impératrice-mère, et plus tard la duchesse d'Angoulême, la reine Marie-Amélie, en furent les premières présidentes.

Le but de cette société est de venir au secours des femmes pauvres et malheureuses qui sont mères pour la troisième fois. Un certain nombre de dames, autrefois douze, aujourd'hui vingt-quatre, portent elles-mêmes à domicile les secours de la société, des langes, une layette ; elles acquittent les frais d'accouchement, visitent l'accouchée tous les mois, lui paient le prix qu'elle aurait donné à une nourrice mercenaire. Au sixième mois, un nouveau trousseau est donné.

En 1840, plus de deux cents mères étaient secourues par la Société de Charité, plus de deux cent cinquante dames faisaient partie de cette association ; plus de 6.000 francs étaient distribués.

En 1846, cette société fut reconnue d'utilité publique, elle a grandi et prospéré, et le bien qu'elle fait aujourd'hui dépasse toutes les données cidessus. Elle comprend trois cent cinquante membres, elle assiste cinq cents mères annuellement, et comme le secours accordé à chacune est de 100 francs, on voit que la somme annuellement dépensée est d'environ 50.000 francs.

Le temps apporte toujours avec lui quelques modifications, au moins légères. Voici où en est aujourd'hui la Société de la Charité maternelle :

Tous les enfants légitimes qui naissent dans l'indigence sont appelés à l'adoption de la Charité maternelle, mais la Société admet de préférence les deux classes suivantes :

1re Classe. — Les personnes qui, ayant perdu leur mari pendant leur grossesse, auront au moins un enfant vivant ; celles qui, ayant au moins un enfant vivant, auront un mari estropié ou atteint d'une maladie chronique ; celles qui, étant infirmes elles-mêmes, auront deux enfants vivants.

2e Classe. — Les familles d'au moins deux enfants dont l'aîné sera en bas âge.

La légitimité est une condition essentielle pour avoir droit au secours.

Chaque mère, admise aux secours de la Société, reçoit :

1° pour frais de couche	10	fr.
2° pour une layette donnée en nature .	20	»
3° pour un secours donné au sixième mois	10	»
4° pour douze mois de nourrissage . .	60	»
Total. . . .	100	fr.

Dans le cas d'une double couche, le secours est doublé, les frais de couche exceptés.

Société protectrice de l'Enfance.

C'est le docteur Broca qui le premier attira l'attention de la France sur la protection des enfants placés en nourrice. En 1865, il eut la curiosité de rechercher ce que devenaient les nourrissons que la ville de Paris expédiait chaque année dans les départements ; il trouva que la mortalité de ces enfants allait de 60 à 80 pour cent.

Il signala ce fait douloureux à l'Académie de médecine de Paris, et toute la France en fut émue. Alors furent fondées les sociétés protectrices des petits enfants, et particulièrement celle de Lyon, venue en date après celle de Paris (1866).

Celui qui prit ici l'initiative de cette fondation fut le vénéré docteur Rodet, chirurgien en chef de l'Antiquaille. La Société protectrice de l'Enfance a été reconnue d'utilité publique en 1873. Elle compte depuis assez longtemps environ quatre cents membres. Le siège social est rue Boissac, 7.

Cette Société a pour but essentiel de diminuer autant que possible la mortalité qui atteint les nouveau-nés de Lyon et du département.

Elle se propose d'atteindre ce but :

1° en encourageant l'allaitement maternel toutes les fois qu'il est possible ;

2° en venant en aide aux mères pauvres qui consentent à garder et nourrir leurs enfants, et qui ne peuvent être secourues par les autres sociétés charitables ;

3° en entretenant des crèches ou en créant de nouvelles, à l'usage des enfants dont les mères se trouvent dans la nécessité de passer leurs journées hors du domicile pour gagner leur vie et celle de leurs enfants ;

4° en organisant une surveillance sur les nourrices et les nourrissons ;

5° en accordant des récompenses aux mères et aux nourrices les plus méritantes ;

6° en signalant à la justice les crimes où délits qui viendraient à sa connaissance ;

7° en mettant en œuvre tous autres moyens jugés nécessaires.

La devise de la Société est : Protection et Moralisation.

Les récompenses accordées par ladite Société sont deux prix de cent francs et d'autres de cinquante francs ; les deux premiers pour les mères, les seconds pour les mères et pour les nourrices.

Les mères, pour concourir, doivent être Françaises ou résider en France depuis cinq ans, habitant Lyon ou le département, ayant au moins quatre enfants, nourris de leur lait, bien élevés, bien portants et vaccinés.

Les nourrices, outre les conditions ci-dessus, doivent de plus avoir allaité un certain nombre d'enfants de la région lyonnaise.

Pour concourir, il faut envoyer au siège social :

1° le bulletin de mariage, les bulletins de naissance et de décès de leurs enfants;

2° une demande légalisée par le maire de la commune et indiquant : les noms, prénoms, âges, professions, lieux de naissance, domicile, arrivée en France des mères ou des nourrices et de leur mari ; le nombre et les âges de leurs enfants vivants, la durée de l'allaitement de chacun par elles-mêmes, les époques des vaccinations, la durée de la fréquentation des écoles, les professions des aînés, le nombre des enfants décédés, les causes et l'âge de leur mort; le nombre de leurs nourrissons, la durée de l'allaitement de chacun, les âges des nourrissons décédés pendant l'allaitement, les causes des décès;

3° un certificat de bonne vie et mœurs signé du maire, du curé, du pasteur ou du commissaire de police;

4° les certificats du médecin-inspecteur des enfants du premier âge ;

5° les certificats de vaccine ;

6° les certificats des maîtres et maîtresses d'école ;

7° les certificats des personnes honorables qui s'intéressent à leur situation.

La cotisation annuelle est de 12 francs. La Société se compose d'hommes et de femmes, d'administrateurs et de dames patronnesses.

Elle dépense annuellement une soixantaine de mille francs. Depuis sa fondation (1866) jusqu'à nos jours (1899), elle a dépensé une somme totale de 1.270.000 francs.

Cette Société secourt aussi à domicile les femmes récemment accouchées ; elle envoie séjourner à la campagne les enfants qui en ont besoin pour leur santé ; elle a, depuis 1890, un vestiaire qui lui permet de secourir efficacement, dans les pays froids et montagneux, les petits enfants qui lui sont recommandés.

Les Conseils municipal et général s'intéressent à cette œuvre, à laquelle ils donnent des subventions.

Nourrissage maternel.

Au cours de l'hiver 1876-77, quelques amies, mères pour la plupart, se réunissaient chaque semaine pour utiliser et transformer, au profit des malheureux, les meilleurs débris de leurs vêtements et de ceux de leurs enfants. Tout en travaillant, elles devisaient sur le triste sort de tant de nouveau-nés que chaque année Lyon envoyait s'étioler au loin et même mourir dans les bras d'une nourrice mercenaire. Elles constataient que cet usage déplorable se généralisait et que, même dans les classes élevées, il arrivait presque à être de bon ton. Elles redisaient les statistiques de médecins distingués, c'est-à-dire que si la mortalité des enfants allaités par leur mère flottait entre 16 et 20 pour cent, elle montait à 30 et 32 pour cent pour ceux qui étaient confiés à de bonnes nourrices, et atteignait 60 pour cent pour ceux qui étaient moins favorisés. Elles concluaient qu'il y avait là un double péril, péril pour la famille et péril pour la société. Emues, elles jugèrent qu'il y avait quelque chose à faire ; ce quelque chose, elles le firent.

Le 4 mai 1877, les quatorze premières associées montaient à Fourvière pour consacrer à la Sainte Vierge l'Œuvre naissante. La Société d'*Encouragement au nourrissage maternel* était fondée.

Le but est de fournir aux mères indigentes la possibilité de garder et de nourrir leur nouveau-né, en les secourant chez elles par tous les moyens possibles. N'ont droit au secours que les femmes mariées.

Les cotisations des associées furent d'abord d'un sou par semaine, organisées par dizaines, comme dans l'Œuvre de la Propagation de la Foi, qui en cela servira de modèle à une foule d'autres œuvres. En 1886, les besoins devenant plus nombreux, à mesure que l'Œuvre étendait son action, la cotisation fut portée à 5 francs.

Cette Œuvre, sous la présidence de Mme Morel, rue St-Polycarpe, fait annuellement pour 6.000 francs d'aumônes environ.

Les Crèches.

Les Crèches ont pour but d'aider les ouvrières à nourrir et à élever elles-mêmes leurs enfants. La

Crèche garde, d'un à deux ans, l'enfant dont la mère travaille au dehors. Elle est fermée le dimanche et les jours fériés; aucun enfant n'y passe la nuit, aucun enfant n'y est admis quand il est malade.

Les Crèches sont ou des créations de la Société protectrice de l'Enfance ou des créations particulières.

Crèches de la Société protectrice de l'Enfance :

Crèche de Perrache, rue de la Charité, 72, *douze lits ;*
Crèche de Ste-Blandine, rue Marc-Antoine-Petit, 17, *dix lits ;*
Crèche de la Guillotière, rue de Vendôme, 233, *dix lits ;*
Crèche de la Croix-Rousse, rue d'Isly, 8, *douze lits ;*
Crèche de St-Georges, quai Fulchiron, 6, *quatorze lits ;*
Crèche de Vaise, rue St-Pierre-de-Vaise, 43, *dix lits ;*
Crèche des Brotteaux, rue de Vendôme, 92, *quatorze lits.*

L'admission d'un enfant dans une de ces crèches est prononcée par la dame patronnesse qui en a la haute surveillance ; le personnel dirigeant est laïque.

Il existe aussi à l'Antiquaille une Crèche spéciale pour les enfants ; elle en compte soixante-douze environ. Nous ne la citons ici que pour mémoire.

Bien avant l'existence de ces crèches, en 1846, la Crèche de St-Paul avait été fondée par M. Cattet, curé de St-Paul. Lorsque M. Cattet ne put plus suffire à son entretien, l'Œuvre fut soutenue par des annuités données par des dames. Elle est établie, quai Pierre-Scize, 83, et elle est dirigée par les Sœurs de St-Vincent-de-Paul. Elle contient *vingt-cinq lits.*

Ces dames protectrices de la Crèche de St-Paul étendirent leur action et formèrent l'Association catholique, dite des Crèches. Elles ont fondé une autre crèche, dite Crèche de St-Bernard, établie boulevard de la Croix-Rousse, 169, et dirigée par les Sœurs de St-Joseph ; elle compte *quarante-deux lits.*

Dans ce présent travail, je cherche simplement à signaler les Œuvres existantes à Lyon, je ne les apprécie pas. Cependant je ne puis moins faire que de signaler ici ce passage du docteur Rougier, secrétaire-général de la Société protectrice de l'Enfance ; il traduit exactement ma pensée. En parlant des Crèches, il dit :

« C'est un mode d'assistance bien peu moral, plus séduisant en apparence que sérieux en réalité. Il y a à lutter contre un préjugé solidement établi, et cependant combien peu de mères qui, mettant leurs enfants dans une Crèche, vont réellement travailler au dehors. Une enquête sérieusement faite montrerait bientôt que la Crèche encourage souvent plutôt la paresse qu'elle ne secourt réellement l'indigence. »

Etablissement de bienfaisance.

Il existe, rue des Macchabées, 17, un établissement qui fut fondé en 1775. Il reçoit les jeunes enfants que leurs parents sont obligés d'abandonner pendant leur travail. Cet établissement est dirigé par les Sœurs de St-Charles.

Salles d'asile.

Ces écoles enfantines ont été instituées pour continuer l'œuvre des Crèches. On y reçoit les petits garçons et les petites filles de deux à six ans, pendant que leurs parents travaillent.

On donne aux enfants, dans ces écoles, les premières notions de lecture, d'écriture, de calcul, de chant, de couture. On leur apprend leur prière, et les premières leçons du catéchisme.

Les salles d'asile sont tenues par des religieuses. L'admission des enfants est gratuite. Ceux-ci passent à l'école toute la journée et doivent être conduits le matin et emmenés le soir par leurs parents; ils apportent leur nourriture.

Ces écoles sont en grand nombre à Lyon; il n'est pas de paroisse qui n'ait la sienne, leur nombre même dépasse celui des paroisses, puisqu'on en compte quarante-neuf.

CHAPITRE II

JEUNESSE

Providences. — Préservation. — Refuges. — Ecoles. — Cercles. — Patronages. — Malades. — Infirmes et Incurables — Fondations.

Providence de la Marmite.

Nous parlerons plus loin de l'Œuvre de la Marmite. On lui a annexé, vers 1830, une petite Providence qui contient aujourd'hui une quarantaine de jeunes filles. En principe, elle est destinée aux enfants des paroisses de St-François, Ste-Croix et Ainay, mais, sur la présentation d'une dame faisant partie de l'Œuvre de la Marmite, elle reçoit aussi des jeunes filles, quel que soit le lieu de leur naissance. Elle est située rue St-Joseph, 27 ; elle est tenue par les Filles de la Charité. Les orphelines sont admises jusqu'à vingt et un ans.

Providence de St-Paul.

Elle a été fondée, en 1836, par M. l'abbé Cattet, curé de Saint-Paul, pour les petites filles de la paroisse. Elle est située quai Pierre-Scize, 83, et contient une quarantaine d'enfants, qui sont admises et qui sortent à peu près dans les mêmes conditions que les enfants des autres providences tenues par les Sœurs de St-Vincent-de-Paul.

L'Œuvre est administrée par un Conseil, dont M. Aimé Fichet, paroissien de St-Paul, est président.

Providence de St-Polycarpe.

En 1849, M. l'abbé Chaumont, curé de la paroisse de St-Polycarpe, fonda la Providence pour les petites filles, sous la présidence de Mme Million. Un sermon donné par le R. P. Carboy pour cette fondation, où se fit une quête abondante, permit de recevoir plusieurs enfants.

En 1855, il y en avait douze, qui furent confiées aux religieuses de St-Joseph. Aujourd'hui, grâce aux ressources recueillies chaque année dans la paroisse, elles sont une vingtaine.

Elle est située rue du Commerce, 34.

Providence de St-Bruno.

Le véritable fondateur de cette Providence est M. l'abbé Coindre, aîné, qui remplissait à la fois, aux Chartreux, les fonctions de missionnaire et de vicaire, sous le vénérable M. Gagneur, curé.

Un jour (1816), il amena de Lyon deux petites filles, sans parents, sans asile, recueillies littéralement dans la rue. Il les déposa momentanément, en payant leur nourriture, dans un petit ouvroir de couture tenu par les Sœurs de St-Joseph, dans la cellule de l'angle oriental des Cloîtres, où la communauté de St-Joseph fut logée quelque temps, avant d'habiter le château d'Yon.

M. Coindre fit connaître ce petit événement à M. Gagneur, son curé, et à Mlle Thévenet, dont il était le Directeur spirituel. Tous deux virent là une indication de la main de Dieu.

Il fallait un local et des ressources. Le local fut fourni par Mlle Chirat, qui habitait la troisième cellule méridionale des Cloîtres; elle céda sans loyer un de ses trois appartements; les deux petites filles y furent transférées ; quelques jours après, elles étaient sept. — Les ressources, on les assura à l'Œuvre naissante par une association de Dames de la paroisse.

La Providence resta dix-hüit mois dans ce premier local, mais, en 1817, elle y était à l'étroit. On la transféra dans une cellule inoccupée, à droite de l'entrée latérale de St-Bruno, là où s'élève maintenant le Noviciat des Missionnaires. Elle y resta jusqu'en 1828, année où elle fut définitivement établie dans la maison qu'elle occupe aujourd'hui, rue Maisiat, 10.

Dès le début, Mlle Thévenet était considérée comme la directrice et la supérieure de la Providence. Elle y serait restée longtemps si M. Coindre, quittant les Chartreux, pour aller à Fourvière fonder un établissement nouveau, qui devait devenir la maison de Jésus-Marie (1821), ne l'eût fait venir avec lui.

Mais dès le début également, on avait demandé à la Communauté de St-Joseph une sœur pour la cuisine et la surveillance du petit ouvroir de couture. Ce fut Sœur Ste-Clotilde, qui devint peu à peu l'âme de la maison, et qui est en grande vénération aujourd'hui à la Providence sous le nom plus filial de Mère Clotilde.

Les dix-huit mois passés dans la cellule de mademoiselle Chirat forment la première période de cette

Providence. La seconde dura onze ans, 1817-1828. On y introduisit l'industrie du tissage de la soie. Mademoiselle Répond fit la plus grosse part des frais d'établissement. Jusqu'à sa mort, arrivée en 1824, elle put être considérée comme la mère nourricière de la Providence. Elle possédait la maison qui sert aujourd'hui de presbytère à St-Bruno. La Providence, dans cette seconde station, était donc à côté d'elle ; un corridor séparait les deux maisons, une porte les faisait communiquer.

Dès 1821, Sœur Clotilde devint supérieure de fait. Un bureau de Dames s'occupait de l'administration. Aidée par les sympathies et les charités de tous, Sœur Clotilde put acheter, en 1828, la maison occupée aujourd'hui. Elle contient quatre-vingts élèves, de quatre à dix-huit ou vingt-un ans, selon les conditions faites à l'entrée. On leur apprend la couture, la lingerie, le blanchissage.

Providence de Ste-Blandine.

Cette Providence, une des deux qui sont à Lyon dirigées par les Sœurs de St-Charles, est située rue Smith, 35. Elle a été commencée en 1870 par Sœur Ste-Madeleine. Aujourd'hui, elle compte trente-six enfants.

Pour être admises, il faut, en principe, être orphelines de père ou de mère et être paroissiennes de Ste-Blandine. Néanmoins, la Supérieure est toujours juge des cas où elle peut faire exception à cette double règle.

Providence de St-Pierre.

Cet établissement, fondé en 1820 — voir Asile paroissial de St-Pierre — ne comportait pas tout d'abord une Providence. Ce n'est que par la suite qu'elle admit des petites filles et, après 1890, quelques petits garçons. Ceux-ci sont au nombre de douze, et celles-là au nombre de vingt.

Il y a seize religieuses de St-Joseph. Cette Providence a une Maison de campagne, rue Hénon, 98, où, pendant la belle saison, les enfants peuvent jouir de plus d'espace et d'un air plus pur.

Providences de St-Nizier.

La paroisse de St-Nizier a deux Providences, une pour les petits garçons, l'autre pour les petites filles. Des nomenclatures signalent une troisième Providence de petites filles, rue Mercière, 50 ; c'est une erreur.

La Providence des petits garçons, située autrefois rue du Juge-de-paix, est aujourd'hui Grande-Rue-de-Cuire, 86. Elle a été fondée le 21 mars 1840 par M. Menaide, curé de la paroisse.

Elle est administrée par un Conseil de quinze membres, dont M. le Curé de St-Nizier est le président. Elle est tenue par les Sœurs Franciscaines.

Pour être admis, les petits garçons doivent être pauvres, orphelins, abandonnés ou négligés par leurs parents ; être âgés de 4 ans 1/2 au moins et de 7 ans 1/2 au plus, s'il est étranger à la paroisse, de 4 ans 1/2 au moins et de 8 ans 1/2 au plus, s'il est de la paroisse ; des exceptions motivées peuvent toujours être faites en faveur de ces derniers ; être nés d'une union légitime ou légitimée ; les enfants illégitimes peuvent être admis moyennant les trois quarts des voix des membres présents du Conseil.

Pour être réputé paroissien de St-Nizier, il faut y avoir son domicile réel depuis un an, ou y être né et y avoir été domicilié au moins un an après sa naissance, ou encore y avoir habité trois années durant. Le Conseil peut admettre des enfants d'autres paroisses moyennant une indemnité fixée par lui.

On donne aux enfants l'instruction primaire et on les occupe aux travaux manuels et industriels, selon leur âge et leurs forces. On les garde jusqu'à l'âge de treize ans ; l'administration les place alors en apprentissage, mais les garde sous son patronage jusqu'à vingt et un ans.

La Providence des petites filles fut créée dans les années 1814 et 1815, par M. l'abbé Besson, curé de St-Nizier, qui devint évêque de Metz. Il consacra des sommes considérables pour faire, dans la cour de la maison de l'Œuvre de la paroisse, une construction, propre à recevoir une quarantaine d'enfants. Le soin de leur éducation fut confié aux Sœurs de St-Charles qui régissaient déjà l'Œuvre des incurables.

Les enfants admises doivent être de la paroisse, orphelines ou bien filles de parents réduits à une misère telle qu'ils ne pourraient, avec les secours de la paroisse, pourvoir à leur éducation, ou bien appartenir à des parents dont la mauvaise conduite serait pour elles un danger de perversion. Les enfants doivent être âgées de sept ans au moins et de dix ans au plus; c'étaient du moins les anciennes conditions; aujourd'hui, on abaisse un peu l'âge d'admission. La Providence est aujourd'hui située rue de l'Hôtel-de-Ville, 66.

Orphelinat de St-Bonaventure.

Les appellations Orphelinat et Providence sont souvent employées l'une pour l'autre. Bien souvent les Providences admettent des orphelines et de même les Orphelinats quelquefois admettent quelque tempérament dans leurs conditions d'admission. Mais ici, être orpheline de mère est une condition essentielle d'admission. Elles sont admises vers l'âge de cinq ans et sont gardées jusqu'à vingt et un ans. Elles sortent avec un bon trousseau et un livret de la Caisse d'épargne.

Il y a de trente-cinq à quarante orphelines confiées aux soins de six religieuses de St-Vincent-de-Paul.

Maison de campagne au Point-du-Jour, chemin du Pont-d'Alaï, 129.

C'est la sollicitude pastorale de M. l'abbé Pater, curé de St-Bonaventure, qui fonda cet établissement en juillet 1848.

Orphelinat de N.-D. St-Vincent.

Cette Providence, fondée en 1828, eut son premier établissement dans la rue Bouteille, 25; en 1870, elle fut transférée dans le local qu'elle occupe et qui fut mis gracieusement à sa disposition par la fabrique de la paroisse. La transformation de ce quartier va en abattre une partie.

Elle est dirigée par les Sœurs de St-Vincent-de-Paul, et le nombre des orphelines peut varier de trente à quarante-cinq. Elles sont admises vers l'âge de quatre ou cinq ans et demeurent jusqu'à vingt et un ans. Elles doivent être de la paroisse. A leur sortie, elles reçoivent un trousseau et une petite somme d'argent.

Maison de campagne, rue Chazière.

Providence de St-Jean et St-Georges.

Cette Providence date de l'année 1843.

Elle existait quand la mère Callamand vint comme supérieure au Doyenné. Mais c'est elle qui fit construire, en 1851, la maison de l'orphelinat.

Les conditions d'admission sont en principe que les enfants soient orphelines de père ou de mère et qu'elles soient d'une des deux paroisses de St-Jean ou de St-Georges.

Elle est établie rue du Doyenné, 8, et contient une trentaine d'enfants.

Les Jeunes Economes.

La Société des Jeunes Economes doit son origine au zèle de Mme Bureau de Puzy, épouse d'un ancien préfet du Rhône. Le 24 mai 1804, elle réunit dans son hôtel un certain nombre de jeunes personnes, toutes émules de l'active charité de Mlle Sara de Puzy, sa fille. Après leur avoir communiqué le généreux dessein qu'elle avait formé d'arracher de pauvres petites filles à la misère et aux dangers qui la suivent, elle leur proposa de constituer les premiers fonds nécessaires, par la légère économie de cinq centimes par jour. On accueillit cette proposition, l'Œuvre des Jeunes Economes fut fondée, et bientôt tout ce que la ville de Lyon contenait de jeunes filles distinguées se fit un plaisir et une gloire d'en faire partie.

Dans le principe, les Jeunes Economes se contentèrent de secourir à domicile leurs jeunes protégées, mais elles comprirent bien vite que ce mode d'assistance ne conjurait pas tous les dangers qu'elles redoutaient et ne faisait pas tout le bien qu'elles désiraient.

Elles songèrent alors à réunir, dans un asile commun, ces petites orphelines, disséminées un peu partout. En 1822, on fit dans le quartier des Chartreux, au clos Champavert, l'acquisition d'une maison assez considérable, qui reçut le nom de Providence et qui fut placée sous la direction des Sœurs de St-Joseph. Les enfants devaient, pour y être admises, avoir de sept à dix ans, et terminaient leur temps à dix-huit ou vingt et un ans.

Cette Providence, connue alors sous le nom de Providence des Jeunes Economes, fut transférée des Chartreux à Fourvière, en 1843, 1, rue du Juge-de-Paix.

Comme dans la plupart des établissements de ce genre, le conseil administrateur était formé de jeunes économes, et la direction était aux mains des Sœurs de St-Joseph. En 1865, il y eut une scission assez violente entre celles-ci et celles-là. Les premières se désintéressèrent alors de l'orphelinat et les religieuses furent indépendantes. Cet orphelinat ne doit donc plus être appelé, et de fait n'est plus appelé Orphelinat des Jeunes Economes, mais Orphelinat St-Joseph.

Mais la Société des Jeunes Economes ne disparut pas. Elle est composée de jeunes femmes ou de jeunes filles de Lyon qui paient des annuités de 10 à 20 fr., et même, détail touchant, il n'est pas rare de trouver, sur les listes des membres de la société, des petites filles qui sont encore au berceau. Ces cotisations servent à placer de jeunes orphelines dans diverses Providences. Ces Providence, élues par les Jeunes Economes, sont : celle de St-Bruno, tenue par les Sœurs de St-Joseph, celle des religieuses Trinitaires et celle des Sœurs Maristes de Sainte-Foy.

L'Œuvre admet aujourd'hui les orphelines depuis l'âge de cinq ans. Moyennant une somme de 300 fr., une fois donnée, elle consent à prendre à sa charge l'entretien d'une orpheline, quel que soit son lieu d'origine.

L'orphelinat St-Joseph, à Fourvière, s'est maintenu. Les enfants sont admises depuis l'âge de quatre ans et au-dessus, et si c'est possible, elles y restent jusqu'à leur vingt-unième année. Elles sont formées à la couture, au raccommodage, au repassage. Elles reçoivent l'instruction élémentaire et religieuse.

Elles sont habituellement de cinquante-cinq à soixante.

Le prix d'admission est variable.

Les Trinitaires.

Les religieuses Trinitaires tiennent une Providence, qui est la plus ancienne de la ville. Elle date de 1716; elle fut fondée par de charitables fidèles effrayés des dangers que couraient les jeunes filles dans leur propre famille, quand cette famille menait une vie scandaleuse. Le premier établissement fut rue des Bouchers, aujourd'hui rue Hippolyte Flandrin. Les enfants n'y pouvaient entrer que de sept à neuf ans; elles étaient dirigées par les religieuses Trinitaires. Elles ont occupé ensuite la maison dite de la Providence, qui est aujourd'hui celle des jeunes Convalescentes, montée Saint-Barthélemy, 27.

La tempête révolutionnaire fit disparaître cet asile, et peut-être n'aurait-il pas été relevé, si la charité chrétienne ne s'était émue au récit du fait suivant :

Un cordonnier de notre ville avait deux petites filles qu'il envoyait à une école dirigée par une pieuse maîtresse. Son épouse mourut, et les petites filles cessèrent de fréquenter l'école, on ne les revit plus. On ne tarda pas à apprendre que la misère avait poussé ce père sans amour à vendre ses deux petites filles à un saltimbanque, qui les traînait de ville en ville en leur faisant partager son aventureuse industrie.

Les dames du quartier de Bellecour, à qui appartenait ce père coupable, s'émurent et se rappelèrent avec regret l'ancienne Providence des Trinitaires. On prit immédiatement la résolution de la rétablir.

Il faut nommer ici la première bienfaitrice de cette restauration, la charitable Mme Bruyset de Sainte-Marie ; c'était en 1804.

On loua, au prix de 600 fr., dans la rue Sala, dans la maison qui, en 1840, avait les Bains de Saint-François, un appartement convenable. Quelques religieuses Trinitaires, dispersées par la Révolution, furent réunies et priées de reprendre leur œuvre ancienne : l'ancienne Providence fut reconstituée. Elle fut reconnue d'utilité publique en 1817.

Aujourd'hui elle est établie sur le plateau de la Croix-Rousse, rue Bony, 21, dans une belle situation. Mais avant de s'y fixer d'une façon définitive, elle eut à subir encore plusieurs déplacements. Le local de la rue Sala en effet ne tarda pas à devenir insuffisant ; on transporta l'établissement à Fourvière, dans la maison, rue Cléberg, 6, où fut l'hospice des prêtres infirmes, asile gratuitement fourni par la générosité de Mme de la Barmondière. A son tour, cette maison devint trop petite, elle fut remplacée par l'ancienne maison des Carmes Deschaux, où elle ne resta que peu de temps. Enfin elle revint se fixer dans la rue Sala, dans de meilleures conditions ; mais cependant ce n'était là ni le bon air ni l'espace nécessaires à un établissement de ce genre.

Les dames les plus distinguées de la ville soutenaient cette Œuvre par leurs aumônes annuelles. Elles se réunissaient chaque mois et s'inquiétaient des meilleurs moyens d'assurer l'existence et la prospérité de cette Œuvre. Mme Bruyset de Sainte-Marie s'était même tellement vouée à cette Œuvre qu'elle quitta sa famille, et pendant vingt ans vécut avec ses jeunes protégées.

Aujourd'hui la Providence des Trinitaires a quatre-vingt-dix places ; elle reçoit gratuitement autant d'enfants que ses ressources le lui permettent. En outre, elle reçoit, moyennant une pension de 200 francs par an, ou une somme de 700 fr. une fois versée, les petites orphelines de sept à neuf ans, et les garde jusqu'à vingt-un ans.

Œuvre des Messieurs.

Cette Œuvre, qui existait bien avant la Révolution (1773), a très probablement donné à Ozanam l'idée première de la société de St-Vincent-de-Paul.

Elle fut fondée par les plus honorables paroissiens de Saint-Martin d'Ainay. Une religieuse de St-Vincent-de-Paul était, dans cette paroisse, chargée de visiter les familles pauvres ; elle était accompagnée de deux membres de cette Œuvre des Messieurs ; ils distribuaient ensemble, à des jours déterminés, des aumônes en nature.

Ces Messieurs, touchés des misères qu'ils rencontraient et des dangers courus par les jeunes filles de ces familles pauvres, eurent la pensée, en 1773, de les réunir en un même local et de les confier à la sage direction des Sœurs de St-Vincent-de-Paul, qui étaient déjà établies dans la rue de la Charité. Un appartement fut assigné à cet effet dans la rue d'Auvergne, en attendant que fut bâtie la belle maison de la rue des Remparts d'Ainay, aujourd'hui rue Bourgelat, 16, qu'on destinait à l'œuvre naissante, et où elle est encore aujourd'hui.

Les noms des bienfaiteurs sont inscrits sur un tableau dans le salon de réception ; ce sont ceux des plus honorables familles de la ville.

Les jeunes filles qu'on reçoit doivent avoir de sept à dix ans ; elles étaient cinquante-six en 1840, avec huit religieuses. Elles doivent appartenir à des parents de bonnes mœurs, être nées à Lyon, à moins que les parents soient à Lyon depuis cinq ans. Elles ne sortent qu'après leur vingtième année ; elles reçoivent alors un trousseau convenable et une rétribution de cent francs.

Au début de la Révolution, les enfants rentrèrent dans leur famille, emportant, grâce à la sage prévoyance des administrateurs, chacune un lit complet, du linge, des vêtements. Ce qui était à l'usage des Sœurs fut mis en lieu de sûreté. Quand l'ordre fut rétabli, les Religieuses furent rappelées ; Bonaparte leur fit rendre leur maison, et l'Œuvre reprit son cours.

Autrefois une pharmacie était adjointe à cet établissement, elle distribuait gratuitement et annuellement aux pauvres pour 2.000 fr. de remèdes.

Aujourd'hui, l'Œuvre reçoit, outre les orphelines de Lyon, les orphelines qui ne sont pas de notre ville, moyennant une somme de 600 fr. une fois versée.

On apprend la couture aux enfants ; l'Œuvre cherche ensuite à les placer comme lingères ou femmes de chambre.

Orphelinat des Franciscaines.

Les Sœurs Franciscaines, qui ont ouvert cet orphelinat, à Cuire, montée des Forts, 12, ont leur maison-mère à Calais. Elles reçoivent les petites filles de trois à vingt et un ans, gratuitement si elles sont de la commune, moyennant 300 fr. une fois donnés si elles sont de Lyon, et moyennant une pension de 15 fr. par mois pour toutes les autres. On apprend aux enfants la couture, le ménage, la cuisine et le repassage, de manière à pouvoir les placer, comme domestiques, à leur sortie de l'orphelinat.

Ces Sœurs Franciscaines vinrent à Lyon en 1867, appelées par le P. Bruno, gardien des Capucins des Brotteaux, où était établie l'œuvre des Allemands. Elles devaient s'occuper des jeunes filles de cette nation. Mais survint la guerre et cette œuvre disparut. Les Religieuses Franciscaines restèrent cependant à Lyon, et elles s'établirent, rue Vauban, avec quelques orphelines Alsaciennes qu'on leur avait confiées. Le logement de la rue Vauban étant devenu trop étroit, elles s'établirent à Cuire, où elles sont aujourd'hui, et où se trouvait autrefois un petit pensionnat.

Orphelinat de la Sainte-Famille.

C'est M. de Lupé, prêtre de la Société des Chartreux, qui fonda cette maison en 1825. Elle est installée montée des Forts, 1, à Cuire, près de Lyon, dans un ancien château. Elle est dirigée par les Sœurs de la Sainte-Famille. Elle reçoit les petites filles de quatre ans à vingt et un ans, gratuitement autant que les ressources le permettent, ou moyennant une pension annuelle de 200 fr.; on leur enseigne la lingerie et le tissage de la soie.

M. de Lupé, comme nous le verrons plus loin, avait fondé, en 1822, l'Œuvre de St-Louis de Gonzague, qui comprit dans son programme les soins à donner aux jeunes filles. Elle recueillit quelques orphelines, et en 1825, M. de Lupé acheta le château de Cuire, où il les abrita. Cette petite Providence était alors dirigée par les membres de l'Association de St-Louis de Gonzague, qu'on appelait Sœurs de St-Louis. M. de Lupé mourut en 1842, et ce fut, après sa mort, un moment difficile à traverser. Celle qui était alors supérieure de la Providence de Cuire se rendit, avec trois de ses compagnes, à la maison-mère de la Ste-Famille, où elle reçut l'habit en 1844, et revint prendre sa place de supérieure à la Providence. C'est depuis lors que les Sœurs de la Ste-Famille la dirigent.

Orphelinat de St-Benoit.

L'abbaye des Bénédictines de La Rochette a, outre un pensionnat et une maison de retraite pour dames, un orphelinat fondé par elles en 1849. Il est situé Chemin de la Caille, sur la paroisse de Cuire, près de Lyon. Il reçoit les petites filles de sept à vingt et un ans, gratuitement si elles sont de la commune de Caluire et Cuire, moyennant 15 fr. par mois pour toutes les autres. — On leur apprend le métier de lingère.

En 1849, Sœur Alexis, sœur donnée des Bénédictines de La Rochette, recueillit dans la rue une petite fille abandonnée, et un peu plus tard, une pauvre femme paralysée de tous ses membres. Elle loua pour elles une chambre, dans la maison Berthaud, au numéro 15 de la rue de la Caille, en face du monastère.

En même temps que la Sœur Alexis chercha des bienfaiteurs et des bienfaitrices, elle augmenta le nombre des orphelines et des infirmes. La chambre louée ne suffisant plus, elle acheta une petite maison, voisine du couvent, et l'acheta à crédit, confiante en la Providence de Dieu.

Jusqu'en 1854, elle fut seule à la tête de cette œuvre naissante. A cette date, la communauté des Bénédictines paya la maison et tout ce que devait la Sœur Alexis, et fit agrandir les bâtiments ; dès lors, elle dirigea cette Œuvre ; une religieuse de chœur en fut chargée et les Sœurs données en remplirent les emplois.

Depuis 1854, il y a, à la maison St-Benoît, trois catégories de personnes, les orphelines, les infirmes et les dames pensionnaires, dont le prix de pension est une ressource pour l'Œuvre.

L'orphelinat a eu jusqu'à quarante enfants ; on en compte actuellement de vingt-cinq à trente. — Les infirmes sont au nombre de vingt à vingt-cinq.

Orphelinat des jeunes filles Alsaciennes et Lorraines.

Mlle Paula Gagny était née d'une honorable famille de Schlestadt. En 1871, elle partit pour son pays d'origine et revint à Lyon, à travers les lignes prussiennes, ramenant une douzaine d'enfants de deux à trois ans, inconnus ou abandonnés. L'ennemi, frappé de son courage, lui avait donné un sauf-conduit. Peu de temps après, elle part de nouveau pour l'Alsace, d'où elle ramène encore quelques enfants ; puis ce sont les autorités mêmes de l'Alsace et de la Lorraine qui lui envoient à Lyon les orphelins sans asile.

Par des prodiges d'intelligence et d'activité, elle réussit à constituer l'établissement de la rue d'Auvergne, 10, qui renferme aujourd'hui plus de soixante Alsaciennes ou Lorraines, âgées de dix-huit mois à dix-huit ans. Elle place en ville les plus âgées de ses filles dans des maisons recommandables ; elle les aide de ses conseils et les rappelle auprès d'elle quand elles ne sont pas heureuses.

Cet orphelinat est donc spécialement destiné aux orphelines de parents alsaciens-lorrains ; mais il reçoit aussi des petites filles orphelines dont les parents habitaient Lyon ou la banlieue.

L'orphelinat est absolument gratuit ; pour y être admise, l'enfant doit être enfant légitime, habitant Lyon ou la banlieue, n'avoir aucune ressource, être âgée de moins de sept ans ; l'orphelinat reçoit particulièrement les enfants âgés de deux ans environ.

Une annexe de la maison de Lyon, située à Oullins, chemin du Petit-Revoyet, 13, est destinée spécialement aux plus jeunes enfants.

Providence de Marie-Thérèse.

Vers 1820, une Providence de jeunes filles fut fondée, en haut de la montée du Chemin-Neuf, par Mlle Desmarets. Cette charitable personne consacra son temps et sa fortune à donner des soins à un certain nombre de jeunes filles pauvres des paroisses de St-Just et de St-Jean. Elle était aidée dans cette Œuvre par quelques demoiselles pieuses de ces deux paroisses, entr'autres par Mlle Poyet.

Or, les Sœurs de Marie-Thérèse qui étaient venues s'installer à Lyon en 1823-1824, au sommet du Chemin-Neuf, étaient voisines de la Providence. Desmarets. La fondatrice, mère Marie de Jésus, caressait depuis longtemps le projet de joindre une Providence aux œuvres déjà existantes dans sa communauté. En 1841, elle fit part de son projet à Mlle Desmarets, qui consentit à céder son Œuvre aux Sœurs de Marie-Thérèse. Aussitôt, dans le mur qui séparait les deux communautés, une porte fut ouverte, et peu à peu, les Religieuses vinrent remplacer les sous-maîtresses de l'ancienne Providence Desmarets, à mesure que celles-ci quittaient la maison. Mlle Desmarets garda des appartements dans la Providence, où elle mourut en 1854, à 82 ans; Mlle Poyet entra dans la Congrégation de Marie-Thérèse, mais elle mourut bientôt.

Les enfants de la Providence sont restées à Lyon jusqu'en 1878. A cette date, une fusion s'étant opérée entre des religieuses de Pélussin et les Sœurs de Marie-Thérèse, la Providence y fut transférée en grande partie. Il y a une vingtaine d'enfants, quelques-unes seulement sont à Lyon. Les paroisses de St-Just et de St-Jean ont toujours droit à un nombre déterminé de places. On reçoit les petites filles de six ou sept ans, on les garde jusqu'à vingt-et un ans ; on leur apprend la couture et la lingerie ; elles sortent avec un trousseau.

Orphelinat de la rue Hénon, autrefois dite du passage de l'Enfance.

En 1825, deux pieuses demoiselles de la paroisse de St-Denis, avaient, montée de la Boucle, 5, un atelier de tissage, où elles occupaient huit jeunes filles. A cette date, et encouragées par M. de Forcrand, leur vénérable curé, elles proposèrent à la maison-mère de St-Joseph de lui céder leur atelier avec son outillage et aussi leurs jeunes ouvrières et apprenties ; elles manifestèrent elles-mêmes le désir d'entrer dans la Congrégation de St-Joseph. La maison-mère accueillit favorablement la proposition des demoiselles Pallière et Joandet, et chercha à se procurer un local convenable. On trouva une propriété dans le passage de l'Enfance ; elle fut achetée à M. Bancillon, qui, désireux lui-même de s'associer à cette Œuvre, mit dans cette affaire la plus grande charité.

Donc la maison du passage de l'Enfance commença en 1825, et on y organisa l'ourdissage, le dévidage et le tissage. D'autres enfants de dix à douze ans furent admises, et le chiffre de ces enfants arriva jusqu'à soixante. C'est le moment de la grande prospérité de cette maison.

Mais en 1848, sous prétexte de concurrence et d'avilissement des salaires, les ouvriers tisseurs de la Croix-Rousse envahissent les Providences et les Orphelinats, saccagent tout, brûlent les métiers, vont même jusqu'à brûler les lits des enfants. L'Orphelinat n'existe plus. Il ne renaîtra vraiment qu'en 1868.

Pendant cet intervalle, les Religieuses de Saint-Joseph firent de leur maison une pension de Dames, attendant l'heure où Dieu permettrait la reprise de l'Orphelinat.

L'Orphelinat existe à nouveau, mais la maison a gardé aussi ses Dames pensionnaires. Il y a aujourd'hui une vingtaine de dames et une vingtaine d'enfants, avec une douzaine de religieuses.

Pour être admises, les enfants doivent être orphelines de père ou de mère.

Orphelinat de la Rédemption.

Madame Durand, ayant perdu son mari, voulut consacrer sa mémoire, par l'établissement d'une œuvre de charité, sur sa paroisse de la Rédemption, qui venait d'être fondée. En 1858, un orphelinat fut établi rue Montbernard, 35, pour douze orphelines, et confié aux Sœurs de St-Vincent-de-Paul.

On se tint longtemps à ce chiffre de douze. En 1864, Mme Durand mourut, et la supérieure crut le moment venu d'asseoir cette Œuvre sur des bases plus solides, en la faisant vraiment paroissiale et en la soumettant à un comité directeur. Ses efforts n'aboutirent pas; du moins le nombre d'admissions fut augmenté, et on alla jusqu'à dix-huit. Aujourd'hui, grâce à des annuités et à l'admission de quelques orphelines qui ont pu, par leurs parents ou des bienfaiteurs, donner un prix de pension ou une petite somme, les orphelines sont au nombre de vingt-cinq.

Dans toutes ces œuvres, Providences ou Orphelinats, s'il y en a quelques-unes qui sont suffisamment dotées, il en est beaucoup plus d'autres qui ne le sont pas du tout.

C'est un problème annuel à résoudre perpétuellement, et l'on ne cesse de s'étonner comment la charité chrétienne sait faire beaucoup avec peu.

Providence de N.-D de Fourvière

Cette maison, fondée en 1845, a eu ses commencements à Usson, où furent créées les Religieuses de N.-D. de Fourvière. Elle est située rue du Juge-de-Paix, 17, et reçoit les petites filles catholiques de la ville de Lyon. — 25 places.

Providence de la rue Rave.

Cette maison a été fondée, vers 1830, par une religieuse, Mère St-Charles, de la Congrégation de Saint-Joseph, qui en était propriétaire. Elle y resta un demi-siècle. Il fut un moment où il y avait à côté de la Providence un pensionnat de jeunes filles, mais l'expérience apprit que ces deux œuvres ne pouvaient pas aller de pair, et le pensionnat fut sacrifié. Le nombre des élèves a grandement varié, elles ont été douze, vingt-cinq, elles sont aujourd'hui cinquante-cinq. Elles payent une pension de 10, 15 ou 20 fr. par mois, elles doivent être orphelines de père ou de mère, elles sont admises à l'âge de six ans, et les parents les reprennent quand ils veulent.

Orphelinat de Bethléem.

Les Sœurs de la Sainte-Famille de Bordeaux se divisent en trois branches : les Sœurs de l'Espérance, qui sont garde-malades, les Sœurs de Sainte-Marthe, qui sont destinées aux Séminaires et aux collèges, et les Sœurs de St-Joseph, qui tiennent des orphelinats. Ce sont ces dernières, les Religieuses de St-Joseph de la Ste-Famille, qui dirigent l'orphelinat de Bethléem, fondé en 1860 et établi montée des Carmes, 10. Elles reçoivent les petites filles catholiques et légitimes qui ont perdu leurs parents. Les unes sont admises gratuitement, les autres sont reçues moyennant une pension de dix francs par mois.

Cet orphelinat commença modestement vers 1868, par une petite fille recueillie par une personne laïque. A cette première enfant vinrent bientôt se joindre quelques autres, et la personne qui les avait recueillies se mit en devoir de chercher des bienfaitrices et d'organiser un comité de Dames. Les efforts furent couronnés de succès. L'orphelinat occupa d'abord une petite maison en bas du passage Gay, puis cette maison devenant trop étroite, il fut transféré montée des Carmes-Déchaussés, là où est maintenant l'école d'asile.

Cet orphelinat marchait avec une certaine allure

de prospérité. Mais, hélas ! tant que le bon Dieu se servira des pauvres mortels pour faire ses œuvres, il y aura toujours, par moments, à déplorer les faiblesses humaines. Il fallut vivement retirer la direction de l'orphelinat à la personne laïque qui s'en occupait.

En cette occurrence, l'orphelinat étant entre la vie et la mort, Mgr Donnet, archevêque de Bordeaux, vint faire une visite à Mgr Ginoulhiac, archevêque de Lyon. Celui-ci fit part à celui-là de l'embarras où il se trouvait à propos de l'orphelinat de Bethléem. Le cardinal proposa à l'archevêque de prendre les Religieuses de la Sainte-Famille de Bordeaux. Les négociations aboutirent, et, en 1872, les Religieuses vinrent prendre possession de l'orphelinat de Bethléem. Ce sont elles qui transférèrent l'orphelinat au n° 10 de la montée des Carmes. Elles sont au nombre de huit, et tiennent une quarantaine d'enfants.

Ce nom de Bethléem lui vient de ce que, à l'époque de la fondation, on avait créé deux orphelinats, Nazareth et Bethléem ; le premier a disparu.

Providence des Buers.

Cette maison a été fondée en 1860 ; elle a pris son nom du lieu où elle a été établie, au chemin des Buers, 8, à Villeurbanne.

Elle est destinée aux petites filles pauvres, non-seulement à celles qui sont orphelines, mais encore aux enfants que les parents se trouvent dans l'impossibilité de nourrir et d'élever.

Elle est dirigée par les Religieuses Franciscaines du Sacré-Cœur ; les enfants y sont admises gratuitement ; elles doivent être âgées d'au moins cinq ans, être catholiques, être munies de leurs actes de naissance et de baptême, ainsi que d'une lettre du curé de la paroisse d'origine.

La maison se charge de l'entretien complet des enfants, mais les parents ou tuteurs doivent prendre l'engagement de les y laisser jusqu'à l'âge de vingt et un ans, ou de payer une somme de 300 fr. s'ils retirent l'enfant avant qu'elle n'ait atteint cet âge.

Orphelinat de N.-D. des Missions.

Les Pères Maristes, à qui sont confiées les Missions d'une partie de l'Océanie, ont eu l'idée heureuse et pratique de fonder, en 1865, une maison où devaient être formées des Religieuses institutrices destinées à leurs missions lointaines. Ce fut Notre-Dame des Missions, établie chemin de Montauban, 14.

C'est dans cette maison qu'on créa un orphelinat catholique pour les jeunes filles. Les enfants sont admises à partir de l'âge de quatre ans ; à treize ou quatorze ans, elles sont placées en apprentissage. Le prix de la pension est de 15 à 20 francs par mois, ou une somme de 500 francs une fois donnée.

Providence du Sacré-Cœur.

Cet orphelinat, fondé en 1859 et reconnu d'utilité publique en 1869, est situé rue de l'Enfance, 69.

Il est dirigé par les Dames de l'Adoration perpétuelle du Sacré-Cœur. Il admet des orphelines de six à dix ans et les garde jusqu'à vingt et un ans pour les placer comme femmes de chambre. Cette admission est gratuite autant que les ressources de la maison le permettent. Des enfants, en outre, sont admises moyennant une pension de 15 fr. par mois ou une somme de 600 à 700 fr. une fois donnée. Il y a une quarantaine d'élèves.

Providence des Cinq-Plaies.

Cette Providence, fondée en 1857, est établie, rue de l'Enfance, 67. Elle est dirigée par les chanoinesses régulières de Saint-Augustin. Elle reçoit quarante orphelines de quatre à sept ans, qui sont élevées jusqu'à vingt et un ans; on leur enseigne la couture, le repassage, et à quelques-unes le jardinage, de manière à pouvoir les placer comme femmes de chambre à la ville ou domestiques à la campagne. Spécialement affectée aux enfants de Lyon, la maison admettrait aussi des enfants étrangers à Lyon pour qui l'on paierait un trousseau et une somme de 300 à 400 fr. une fois donnée, ou bien une pension mensuelle de 10 à 15 francs.

Orphelinat des Religieuses Maristes.

Les Maristes ont leur maison-mère à Ste-Foy-lès-Lyon ; près de leur maison est établi un orphelinat tenu et dirigé par des Religieuses Maristes ou Sœurs de Notre-Dame. Cet orphelinat reçoit les petites filles orphelines, quel que soit leur lieu d'origine. Il est gratuit autant que le permettent les ressources ; il admet, en outre, des orphelines payantes, moyennant une somme de 500 fr. une fois donnée, ou une pension de 20 fr. par mois.

Providence Caille.

Cette Providence, fondée en 1841 en vertu du legs fait par M. l'abbé Caille, reconnue d'utilité publique en 1852, est destinée à l'éducation et à l'entretien complet et gratuit des jeunes garçons catholiques de la ville de Lyon et de ses faubourgs ; un quart seulement des orphelins, d'après les dispositions testamentaires du fondateur, pourront, au cas où l'on paierait pour eux une pension de 300 fr., plus une entrée de 100 fr., être des enfants n'appartenant pas à la ville de Lyon.

La Providence Caille est dirigée par les Frères Maristes et administrée par un Conseil composé de curés de plusieurs paroisses de Lyon, et de laïques élus par le Conseil.

C'est de la maison Caille qu'en 1805 le Souverain Pontife Pie VII bénit la ville de Lyon.

Providence Denuzière.

Madame Denuzière, veuve Rey-Fortier, après avoir perdu un époux tendrement aimé, perdit un fils qui était la joie de ses jours et l'espoir de ses vieux ans. Pour perpétuer la mémoire de son fils, et libre de disposer de toute sa fortune, elle voulut fonder une œuvre de bienfaisance agréable à Dieu et utile à la société. Elle s'exprimait ainsi dans son testament :

« Je veux que la maison que je possède à Lyon, place St-Pierre et rue St-Côme, forme le premier capital et la première ressource de cette fondation qui, je l'espère, s'accroîtra par d'autres dons. Un conseil, composé de sept personnes notables, dont trois seront désignées par l'Archevêque de Lyon, deux par le maire de ladite ville, et deux par l'administration des Hospices de Lyon qui les choisira dans son sein, sera chargé de l'administration de la maison des jeunes orphelins, et règlera tous les détails de cette administration. Admis dans ledit établissement depuis l'âge de cinq ans à quinze ans, les orphelins seront instruits sur les dogmes de la religion et sur l'activité du travail, en leur faisant apprendre à chacun un métier selon leurs dispositions et capacités... Je veux qu'il soit prélevé une somme de 200 francs pour chacun des orphelins, lorsqu'il aura achevé son temps ; ladite somme sera employée exclusivement à l'achat d'un métier ou d'une mécanique ou d'autres objets nécessaires à l'état que chacun aura choisi, sous l'inspection de l'administration... Je veux que la ville de Lyon profite seule de cette fondation de bienfaisance... »

Madame Denuzière mourut le 10 mai 1829 ; la fondation fut autorisée par ordonnance royale du 12 mai 1830 ; l'administration fut définitivement constituée le 10 janvier 1834, sous la présidence de M. Prunelle, maire de Lyon, et reconnue alors d'utilité publique.

Enfin l'établissement commença à fonctionner

en juin 1835, avec un seul enfant, dans une maison louée à cet effet montée du Chemin-Neuf. En 1840, il comptait 46 orphelins, sous la direction de quatre Frères Maristes.

Nous l'avons vu là jusque vers 1887. A cet époque, M. l'abbé Ruet, qui tenait une Providence de petits garçons, rue Coste, 43, et rue de l'Enfance, ne se trouvant plus en règle avec les lois nouvelles, s'arrangea pour faire venir en son lieu et place la Providence Denuzière.

Aujourd'hui, cette Providence reçoit dès cinq ans des orphelins indigents de la ville et les garde jusqu'à quinze ans. Il y a soixante places.

Selon les intentions de la fondatrice, on apprend aux enfants divers métiers.

Providence de la Conférence de St-Vincent-de-Paul.

Cette Providence, située à Oullins, route de Chaponost, reçoit les petits garçons dont les parents étaient secourus par la Société de St-Vincent-de-Paul et sont décédés.

Les enfants sont admis à partir de cinq ans, on les garde jusqu'à treize ans ; on les place ensuite en apprentissage.

Cette Providence est dirigée par les Sœurs de St-Vincent-de-Paul.

Maison de Charité pour les petits garçons

Cette Maison de Charité, située, 35, Chemin des Merlus, à Oullins, est dirigée par les Sœurs de

St-Vincent-de-Paul et administrée par une Commission libre.

Le but de cette œuvre est d'apprendre l'état de jardinier aux enfants d'ouvriers.

Pour être admis, l'enfant doit être légitime, né et domicilié à Lyon ou dans le département du Rhône, avoir cinq ans au plus le jour de l'entrée, être de santé et constitution excellentes; payer une cotisation tenant lieu de trousseau. De plus, les père, mère ou tuteur, s'engage à laisser l'enfant sous le patronage ou la direction de la Commission administrative jusqu'à l'âge de treize ans.

Les pièces à produire, bulletin de naissance, extrait de baptême, certificat de vaccination, bulletin de décès du père ou de la mère ou de tous les deux, doivent être adressées au secrétariat de la Société de St-Vincent-de-Paul, rue Ste-Hélène, 2.

Orphelinat de l'avenue de Noailles.

Je ne parle de cette maison que pour mémoire, car l'on ne peut recueillir à peu près aucun renseignement. Elle est quelquefois désignée : Orphelinat du Sacré-Cœur, tenu par les Oblates du Sacré-Cœur, mais ce n'est pas prouvé que cette appellation soit exacte. Les personnes qui tiennent cette maison sont de vraies religieuses, mais n'ont pas un costume religieux. Leur maison-mère est à Montluçon.

Elles ont un petit orphelinat de quatorze enfants, ayant appartenu à des famille déchues. Elles font le catéchisme aux enfants de la paroisse, elles ont un ouvroir qui est uni à l'Œuvre des églises pauvres. Enfin cette maison de Lyon est le siège de l'Apostolat de la prière, dont le P. Gautrelet fut le fondateur.

Cette maison de Lyon fut fondée en 1887 par Mlle de Labruyère.

La Solitude.

En 1821, M. l'abbé Besson, chapelain de la Primatiale, qui fut plus tard curé de St-Galmier, était chargé, au spirituel, des personnes détenues à la prison St-Joseph, rue d'Auvergne. S'il rencontrait souvent la pertinacité du mal, souvent aussi il trouvait d'admirables repentirs. Que de fois, en effet, il vit les inquiétudes et les justes alarmes de jeunes prisonnières qui voyaient avec peine, avec effroi même, s'approcher le moment de leur libération, lequel était en même temps le moment de nouveaux dangers. Il comprit qu'il fallait chercher un moyen de les y soustraire.

Les premières personnes à qui il s'adressa furent ses confrères de la Primatiale, et les premières aumônes qu'il en obtint furent les premières assises de l'Œuvre nouvelle. L'abbé Besson loua un modeste appartement, au prix de 700 francs, dans la maison Saunier, rue Puits-d'Ainay ; six jeunes filles libérées y trouvèrent l'asile souhaité ; elles furent placées sous la direction d'une Sœur de St-Joseph. Le travail joint à une sage économie suffisait presque à la dépense.

D'autres jeunes libérées vinrent se joindre aux premières ; en 1824, le local était trop étroit. Un Lyonnais distingué, M. Baboin de la Barollière, voulut être le bienfaiteur de ces pénitentes régénérées. Il fit l'acquisition d'une maison située dans le quartier de Montauban, au-dessus de Pierre-Scize, sur la paroisse de St-Paul. Cette maison, grâce à la charité lyonnaise, fut pourvue de métiers de tissage et de mécaniques à dévider. Plus de cent libérées y furent admises, et les demandes se multiplièrent. Quand ces jeunes filles étaient fortifiées dans l'habitude de la vertu, quand leur faute était oubliée, elles entraient dans leur famille ou étaient placées dans des ateliers chrétiens. Il était fort rare de les voir retomber.

Vers 1835, le noviciat des Sœurs de St-Joseph fut établi dans la maison de la Solitude, non pas le noviciat-général qui resta à la maison-mère, mais le noviciat des Sœurs qui étaient destinées au service des prisons ; car l'Œuvre des prisons étant une œuvre à part, on comprit qu'il fallait un noviciat particulier, séparé de celui de la maison principale, et que les Sœurs destinées aux soins des prisonniers devaient recevoir des leçons et des conseils tout autres que celles qui doivent être consacrées à l'éducation de l'enfance. Ce fut en 1819 que Mademoiselle Dupleix et quelques pieuses compagnes, qui s'étaient vouées à l'Œuvre des prisons, s'affilièrent à la congrégation des Sœurs de St-Joseph. Sous le nom de Sœur St-Polycarpe, elle retourna à la prison St-Joseph après sa prise d'habit, et fut supérieure.

L'administration de la Solitude a aujourd'hui un peu changé. Depuis un certain temps, la maison de la Solitude reçoit aussi, outre des femmes sortant de prison, toutes les jeunes filles qui demandent à entrer dans la maison, qu'elles soient ou non orphelines, déjà tombées dans le mal ou seulement exposées, à condition qu'elles manifestent un désir sincère de revenir au bien.

Les jeunes filles sont admises depuis l'âge de quatorze ans ; elles restent dans la maison, en général, jusqu'à vingt et un ans, mais peuvent y demeurer plus tard si elles le désirent.

Le Refuge de la Solitude est situé Chemin de Montauban, 29. Il y a soixante-quinze places.

C'est Mère St-Polycarpe qui fonda, à la Solitude, le noviciat dont il est question plus haut. En 1841, vu l'incompatibilité entre les exigences du service pénitentiaire et l'observance intégrale des règles de St-Joseph, la section des prisons de l'Ordre de St-Joseph émigra au Dorat, diocèse de Limoges, où commença l'Ordre de Jésus-Marie-Joseph destiné aux prisons.

Aujourd'hui, à la Solitude, il n'y a presque plus que des jeunes filles mises en préservation. Elles doivent avoir passé l'âge scolaire, c'est-à-dire treize ans. Elles sont au nombre de soixante à soixante-dix, avec une quinzaine de religieuses.

Faut-il ajouter que l'entrée à la Solitude est complètement libre ; elle est le prix d'un commencement de repentir et d'un désir d'entière conversion ; nulle coaction n'est exercée sur les personnes qui y sont admises ; il est conseillé à celles qui redoutent de nouvelles chutes, mais jamais imposé. De même, une fois entrées à la Solitude, elles sont libres d'en sortir, les portes n'en sont pas fermées comme celles d'une prison. L'ordre, le calme, la paix règnent dans ce charitable établissement.

La Compassion.

Le vice a des laideurs qui font détourner la tête ou qui imposent le silence. Ce n'est cependant pas une raison pour ne pas le combattre, ce n'est pas une raison pour n'en pas soulager les victimes.

Sans rechercher les causes qui amènent la chute de tant de jeunes filles, contentons-nous de dire qu'au fond du gouffre, il y a non-seulement la honte, mais aussi des maladies honteuses. Ces maladies sont soignées à l'Antiquaille.

Quand ces malheureuses personnes sont guéries, elles sortent, mais à la porte la spéculation les guette, l'impossibilité de changer de vie les contraint, le vice peut-être les attire encore; une rechute est à peu près inévitable.

C'est dans les rangs de ces infortunées que s'exercèrent le zèle et la charité des Sœurs de l'Antiquaille. Elles en ramenèrent quelques-unes à une vie régulière. Mais ces jeunes rachetées comprenaient elles-mêmes qu'elles ne pouvaient être réellement à l'abri des dangers de leur vie passée que dans un asile qui les soustrairait au contact du monde.

En 1824, un jeune chapelain de la Primatiale, l'abbé Dupuy, entreprit cette œuvre de rédemption. Les difficultés étaient, on le comprend, d'un ordre spécial, et elles étaient nombreuses, il n'en fut pas découragé. Il loua un appartement dans la rue des Fossés-de-Trion, au faubourg de St-Irénée; il y plaça des jeunes pénitentes. Elles furent quatre en commençant, bientôt elles furent quinze. L'abbé Dupuy leur procura du travail, et l'administration de l'Antiquaille fournit le pain quotidien. Peu après avoir jeté les fondements de cette œuvre, l'abbé Dupuy mourut.

L'abbé Lafay le remplaça. Le local de la rue des Fossés-de-Trion étant devenu insuffisant, il fut transféré dans la rue de Trion; il contint trente jeunes personnes, et les Sœurs de l'Antiquaille en eurent la direction. Déjà quelques dames s'intéressaient au succès de cette œuvre.

Un nouveau transfert devint bientôt nécessaire. Vers 1827 ou 1828, le Refuge occupa une maison entière, bâtie sous les jardins mêmes de l'Antiquaille.

En 1830, l'abbé Lafay, aumônier de l'Antiquaille, fut remplacé par l'abbé Marcel, qui se dévoua de tout son cœur à cette œuvre du Refuge.

Il eut recours à toutes les industries du zèle, et en 1839, au mois d'octobre, un nouvel asile, sous le patronage de Notre-Dame de Compassion, était ouvert dans la rue de l'Antiquaille, dans une maison et une propriété construite et achetée pour le Refuge. Un Conseil de dames en eut la direction. A ce moment, N.-D. de Compassion comptait quatre-vingt-dix pensionnaires.

Je n'ai pas besoin de dire que nulle contrainte ne force les jeunes filles à entrer au Refuge ou à y rester, et c'est un merveilleux spectacle de voir revenir solidement au bien celles qui en furent éloignées. Après quelques années d'épreuves, elles sont fortifiées dans la vertu et alors placées dans des ateliers chrétiens, où elles sont encore protégées, visitées, encouragées par les dames bienfaitrices de l'Œuvre.

Et maintenant l'Œuvre du Refuge de Compassion, après avoir passé par diverses phases, comprend trois catégories de pensionnaires : les préservées, qui, exposées au mal pour divers motifs, sont placées là par leurs parents ou les personnes qui ont autorité sur elles ; les égarées, qui ont commis des fautes, mais il faut remarquer qu'aujourd'hui aucune de ces jeunes filles n'est placée là par autorité de justice ; enfin les Sœurs de la Pénitence, qui se sont converties pleinement et qui aspirent à la vie religieuse, à laquelle elles sont admises après de longues épreuves.

Ce Refuge contient aujourd'hui cent huit pensionnaires et cinquante-huit religieuses de Sainte-Elisabeth.

Le Prado.

Dans ce qu'on appelait autrefois les quartiers excentriques, les enfants, je parle de près d'un demi-siècle, se partageaient alors en deux catégories, ceux qui allaient à l'école et ceux qui n'y allaient pas. Ne parlons pas des premiers qui, malgré les influences néfastes de leur milieu, subissaient un peu l'entraînement des salutaires exemples.

Ceux qui n'allaient pas à l'école, quelquefois travaillaient, le plus souvent vivaient à l'aventure. La rue était leur patrie, les amusements les plus détestables leur passe-temps. Le gamin existe partout, mais les plus beaux échantillons de l'espèce se trouvaient, je crois, à la Guillotière. Et ils grandissaient effrayant l'avenir, sans souci de leur âme qu'ils ne connaissaient guère, ni de Dieu dont le nom ne se retrouvait que dans leurs blasphèmes.

C'était une plaie horrible ; de nobles cœurs voulurent la guérir. Deux apôtres vinrent à la Guillotière — nous les retrouverons en parlant de la Cité de l'Enfant-Jésus — pour essayer de faire du bien aux gamins de ces quartiers. Le dimanche, ils réunissaient les enfants, leur faisaient entendre la messe, leur enseignaient le catéchisme et agrémentaient le tout de jeux variés. De plus, ils avaient toujours à demeure une vingtaine de garçons qu'ils gardaient cinq ou six mois, et à qui ils faisaient faire leur première communion. Ces deux apôtres populaires sont devenus prêtres, MM. Rambaud, qui vit encore, et Merle Du Bourg, mort au début de 1898.

Un peu plus tard, M. l'abbé Chevrier, de vénérée mémoire, quittait le vicariat de la paroisse de Saint-André pour venir aider ces deux messieurs dans leur œuvre. C'est là, dans cette humble maison de la Cité de l'Enfant-Jésus, qu'il trouva la voie définitive où il devait faire tant de bien. L'œuvre de M. Rambaud allait se transformer, comme nous le verrons plus loin. M. Chevrier voulut continuer son dévouement et ses soins aux gamins de la Guillotière. Il acheta la propriété du Prado, jadis lieu de réjouissances mal famées, et il y établit des orphelins et des enfants qui n'avaient pas fait leur première communion. Cet établissement, situé rue Sébastien-Gryphe, 135, a été successivement agrandi et perfectionné, il est toujours resté pauvre. Il contient aujourd'hui environ cent soixante-dix enfants, soit cent petits garçons confiés à des prêtres, et soixante-dix petites filles confiées à des religieuses, dans deux locaux différents, rue Sébastien-Gryphe, 75, et rue Dumoulin, 14.

Le P. Chevrier, à diverses reprises, put distinguer à travers les très nombreux jeunes gens qui passèrent sous sa direction, quelques intelligences plus particulièrement éveillées, et elles ne sont pas rares chez cette jeunesse de la Guillotière; il les mit à part et leur fit faire des études. Plusieurs d'entr'eux sont prêtres, deux sont devenus vicaires apostoliques : Mgr Pellet, des Missions africaines, et Mgr Guillermain, des Pères Blancs, mort récemment au Nyanza septentrional.

De plus, les circonstances firent de M. Chevrier un propriétaire à Limonest. Il y établit une section de ses latinistes et un petit noviciat pour former les Sœurs du Prado.

A Notre-Dame de la Roche, sur la paroisse des Sauvages, près de Tarare, il y a également deux classes de latinistes, huitième et sixième.

Patronage du Bon-Pasteur.

Ce Patronage, fondé en 1867, est établi à Ecully, hameau de la Sauvegarde. Il est dirigé par les dames du Bon-Pasteur et a pour but de préserver de la contagion du mal les jeunes filles de la classe ouvrière, de les instruire et de les former au travail.

Il reçoit cent vingt enfants environ. Il les admet à partir de l'âge de treize ans jusqu'à vingt-un ans. Il admet gratuitement les enfants pour lesquelles les parents ou les protecteurs ont pris l'engagement de les laisser à l'Œuvre jusqu'à vingt-un ans. Une petite indemnité est demandée quand ces jeunes filles ne sont placées que pour quelques années.

Elles apprennent tous les genres de travaux manuels qui peuvent leur être nécessaires, ainsi que ce qui concerne la bonne tenue d'un ménage.

A leur sortie de la maison, elles sont placées comme domestiques, lingères, etc., suivant leurs goûts et leurs aptitudes.

Patronage du Bon-Pasteur.

Ce Patronage, fondé, comme nous l'avons vu, en 1839, par l'Œuvre du patronage des jeunes filles, reçoit les enfants, âgées de sept à treize ans, qu'il serait difficile de placer dans quelque atelier. On les garde jusqu'à leur majorité.

Là, les enfants reçoivent le bienfait d'une éducation chrétienne; elles apprennent à lire, à travailler et quand elles ont donné des gages certains de leur bonne volonté, on les place dans des conditions avantageuses et honorables. Il y a cent cinquante places.

Il est situé Chemin du Pont-d'Alaï, 169, dans une maison connue sous le nom de Château du Diable.

Refuge de St-Michel.

Dans une grande cité comme la nôtre, une maison de refuge est de première utilité. Au sortir de la Révolution, tout le monde en sentait le besoin, mais la nécessité de pourvoir au plus pressé fit ajourner le projet. Ce ne fut qu'en 1811 que le Cardinal Fesch établit définitivement les religieuses de St-Michel, qui avaient déjà une maison de refuge à Paris. Un décret impérial du 29 janvier leur permit d'acquérir l'ancienne maison des Génovéfains, près de l'église de St-Irénée. M. l'abbé Goulard, vénérable curé de la paroisse St-Louis (aujourd'hui Notre-Dame St-Vincent) fit don à l'établissement d'une somme de 80.000 francs. Cette somme, accrue d'autres libéralités, permit de faire disparaître les anciennes ruines et de faire de vastes constructions. Ce refuge fut reconnu d'utilité publique cette même année 1811.

Ce refuge contient deux cents personnes et soixante religieuses. On y reçoit les jeunes filles à tout âge. On ne les rend à leur famille ou à leurs bienfaitrices qu'après un certain temps et des preuves données d'une conversion sincère.

Un certain nombre se convertissent pleinement et deviennent religieuses ; ce sont les Madeleines, qui ne sont admises à prononcer des vœux qu'après dix ans. L'esprit de pénitence est poussé chez elles à un degré effrayant.

Il y a aussi un petit orphelinat.

Toutes ces sections sont séparées. Toutes les précautions sont prises pour sauvegarder l'honneur des familles ; aucune jeune fille n'est connue sous son nom ; personne ne connaît son histoire.

Autrefois, la municipalité donnait un secours à cet établissement, et ce n'était que justice ; aujourd'hui et depuis plusieurs années, ce secours a été supprimé. L'Œuvre vit en grande partie des libéralités lyonnaises.

Le Refuge de St-Michel est situé rue des Macchabées, 69.

Œuvre des jeunes filles libérées.

Cette Œuvre, toute récente, ne date que du mois de juin 1899. Elle est établie provisoirement, 23, chemin de St-Irénée à Ste-Foy, sous le nom de Maison de famille de St-Augustin.

Les articles 4 et 5 de la loi du 19 avril 1898 permettent au juge d'instruction et aux tribunaux d'attribuer à des institutions charitables la garde des enfants qui paraissent susceptibles d'amendement et qui peuvent, de cette manière, être soustraits utilement aux dangers des maisons de correction, où les enfants déjà corrompus sont mêlés forcément à des enfants plutôt poussés au mal par les circonstances que par leur propre volonté.

La maison de famille de St-Augustin est destinée spécialement aux jeunes filles de cette catégorie, en même temps qu'elle est un refuge ouvert aux jeunes filles libérées.

D'autres refuges, il est vrai, existent à Lyon ; mais ici il y a une variante appréciable. Ce n'est pas la vie cloîtrée et monotone qui ne convient pas toujours à des natures mal équilibrées et vicieuses, c'est l'air et le mouvement, c'est la vie plus large, le travail varié, repassage, couture, jardinage. L'après-midi du dimanche est consacrée à la promenade.

La maison est tenue par les Petites Sœurs de

St-Joseph (anciennes sœurs de Citeaux). La direction appartient à un comité de dames, conseillé et secondé par un comité de messieurs.

Un prêtre donne l'instruction religieuse.

La maison de famille de St-Augustin est pour les jeunes filles ce qu'est, à Couzon, l'asile St-Léonard pour les prisonniers libérés. De plus, c'est une maison de préservation pour des jeunes filles plus particulièrement exposées.

Société de St-Joseph.

Il n'est pas rare de rencontrer des enfants qui sont, non-seulement exposés à devenir mauvais, mais qui le sont déjà devenus. Cette perversité précoce a de tout temps été un sujet d'effroi pour tous. Un prêtre de Lyon, M. l'abbé Rey, ne recula pas devant cette tâche effrayante de travailler à ramener au bien ces jeunes natures déjà dévoyées. Il intéressa à cette Œuvre quelques excellents citoyens lyonnais, négociants, magistrats, etc., ce fut le commencement de la Société de St-Joseph.

En 1835, il achetait, à Oullins, une propriété où il bâtit une maison. Des enfants de la catégorie qu'il désirait lui étaient confiés soit par les tribunaux soit par les familles. Il appelait à lui quelques ecclésiastiques pour l'aider dans son Œuvre, et comme la régénération qu'il rêvait devait se faire par la religion et le travail, il obtenait le concours d'hommes dévoués qui, sous le nom de Frères de St-Joseph, devaient être les chefs d'ateliers ou les directeurs du travail.

Cette Œuvre qui répondait à un si réel besoin eut un grand succès. Une seconde maison dût être fondée à St-Genest-Lerpt, dans la Loire, et un jour le P. Rey eut l'audace, qui ne fut pas trompée, d'acheter l'ancienne abbatiale de Citeaux et les propriétés qui l'entourent.

Cette Œuvre avait pour but de préserver du vice les enfants qui y sont trop exposés, de redresser l'éducation des enfants déjà vicieux et de leur apprendre un état qui leur permette, à leur sortie de la maison, de pouvoir se placer comme ouvriers et de gagner honnêtement leur vie. Les enfants étaient admis à partir de l'âge de neuf ans ; on leur enseignait un des métiers suivants : cordonniers, serruriers, jardiniers, bimbelotiers, tailleurs. Un certain nombre étaient admis gratuitement autant que le permettaient les ressources ; le prix de la pension pour les autres était de 400 fr.

Des événements que nous n'avons pas à qualifie ont changé cet ancien ordre de choses. Citeaux a depuis lors repassé sous la domination des Trappistes, Oullins fut cédé à la Compagnie P.-L.-M. et transféré à Brignais, laquelle école fut ensuite passée au Sauvetage de l'Enfance.

Mais la Société de St-Joseph n'a pas disparu, ainsi que nous allons le voir.

Société de St-Joseph.

Cette Société, fondée en 1835, et reconnue d'utilité publique en 1850, est tout ce qui reste de l'Œuvre de M. l'abbé Rey. Oullins n'est plus, Citeaux n'est plus, l'école de Brignais n'est plus, St-Genest-Lerpt est complètement indépendant. Que reste-t-il de la Société de St-Joseph ?

Les ouvriers et les maisons où ils exerçaient leur dévouement ont disparu, c'est vrai, mais la Société existe toujours. C'est elle qui a vendu aux Trappistes la vaste propriété de Citeaux, c'est elle qui a vendu au Sauvetage de l'Enfance l'ancien pénitencier de Brignais, qui est devenu l'école de réforme de Sacuny-Brignais.

C'est en suite d'un arrangement passé entre le Sauvetage de l'Enfance et la Société de St-Joseph, que les Sœurs de St-Vincent-de-Paul et un aumônier furent appelés à l'école de Sacuny.

Si pour le moment la Société de St-Joseph n'a pas de maison où elle puisse placer les jeunes garçons auxquels elle s'intéresse, cette association de bienfaisance atteint néanmoins son but en recueillant et plaçant dans des maisons de refuge les jeunes garçons vicieux, vagabonds et corrompus qui lui sont confiés ; en leur faisant donner gratuitement dans ces maisons une éducation chrétienne et l'instruction primaire ; en leur enseignant les professions industrielles ou l'agriculture, suivant le goût ou les aptitudes de chacun ; les garçons doivent être âgés de neuf à seize ans.

Il est très probable que la Société de St-Joseph ne tardera pas à fonder une maison où elle puisse placer elle-même les enfants pour lesquels on demande son appui.

Président : M. Gilardin, 4, place Bellecour.

Sauvetage de l'Enfance.

En 1835, on fonda, à Lyon, le Patronage des jeunes libérés du Rhône. Elle donna naissance à la Société lyonnaise pour le *Sauvetage de l'Enfance*, qui fut créé en 1890.

Son but est de rechercher les enfants moralement abandonnés pour leur procurer une éducation morale, intellectuelle et professionnelle, soit en les élevant à ses frais, soit en provoquant, s'il y a lieu, l'intervention des services publics d'assistance.

Les enfants moralement abandonnés sont ceux qui, faute d'éducation, ou par suite de mauvaise éducation, sont en danger de devenir des malfaiteurs.

Sont enfants moralement abandonnés :

Les enfants honnêtes qui appartiennent à des parents vicieux, ivrognes, prostitués, mendiants, vagabonds, condamnés, etc.,

Ceux que les parents font ou laissent mendier,

Ceux que leurs parents, par suite de maladie, de misère excessive ou d'inintelligence, sont incapables de surveiller ou faire surveiller,

Ceux qui sont orphelins ou matériellement abandonnés.

Les enfants vicieux, de parents honnêtes, ne sont pas moralement abandonnés ; ceux-là ont besoin d'être corrigés et non secourus.

Dans certains cas, la loi prononce la déchéance obligatoire de la puissance paternelle ; dans certains autres cas, cette déchéance est facultative. Dans le premier cas, la Société ne s'occupe pas des enfants, puisque ces enfants de plein droit sont à la charge de l'Assistance publique. Dans la seconde hypothèse, ou la Société trouve qu'il est bon de provoquer la déchéance paternelle, ou elle prend à sa charge les cas dans lesquels elle estime qu'il y a danger moral pour l'abandon si la déchéance n'est pas prononcée, et où cependant l'Assistance publique ne veut pas la faire prononcer.

En principe, les enfants moralement abandonnés doivent être secourus quel que soit leur âge, mais comme on ne peut pas dire qu'un enfant à son berceau, ou qu'un adulte presque homme soit en danger moral, la Société n'intervient qu'en faveur des enfants qui ont au moins sept ans, et qui n'en ont pas encore seize.

Toute personne, qui connaît ou rencontre un enfant en danger moral, est priée de le signaler à la Société.

Quand un enfant est confié à la Société, il est placé d'abord en observation dans un asile temporaire, où sont étudiées et sa valeur morale et ses aptitudes intellectuelles. Cet asile, situé rue du Béguin, 33, est dirigé par une directrice qui restera dans la suite la mère adoptive de tout ce petit monde. Le séjour à l'asile temporaire est court, il dure trois semaines environ. L'enfant est ensuite placé avec discernement, soit à la campagne, soit dans une école.

Ceux qui n'ont pas souffert de la première contagion sont placés chez des cultivateurs, pour être élevés avec et comme les enfants de la famille, et non pour être domestiques.

A ceux qui sont recueillis moins jeunes, il faut déjà une éducation réformatrice qui ne se trouve que dans une école appropriée à cette fonction. Il en est ainsi également pour tout enfant qui a une tare physique ou morale.

Pour ceux dont l'état physique est imparfait, l'Œuvre s'est assuré le concours d'établissements spéciaux. Elle a fait de même pour les petits garçons vicieux et pour les petites filles qui ont besoin d'une surveillance particulière.

Pour ceux qu'elle regarde comme facilement réformables, elle a constitué l'établissement de Sacuny-Brignais, en 1890.

L'école de Sacuny-Brignais n'est autre que l'ancien pénitencier, qui, en 1888, fut évacué par mesure générale et vendu en 1890 à la Société. Il y a maintenant sept ateliers, auxquels on en adjoindra d'autres dans la suite. Les terres (44 hectares) sont exploitées sous toutes les formes. Les Sœurs de St-Vincent-de-Paul donnent leurs soins aux enfants ; un aumônier y donne l'éducation religieuse. Il n'y a que des catholiques. — Les protestants sont placés à la colonie de Ste-Foy, en Gironde.

Le bon fonctionnement de cette maison fut apprécié en haut lieu ; le ministre de l'Intérieur autorisa l'Assistance publique à lui confier les enfants qu'elle avait sous sa garde, et le Conseil général du Rhône autorisa à y placer ceux de ses pupilles qu'on jugeait mieux placés là qu'à la campagne. Les Œuvres similaires lui envoyèrent également des élèves.

Société de patronage pour les enfants abandonnés.

Cette Société, fondée en 1830, et reconnue d'utilité publique en 1836, a pour but de veiller à l'éducation physique et morale des jeunes garçons orphelins soit de père soit de mère, soit de père et mère, soit même des enfants dont les parents trop pauvres ou trop indifférents ne prennent aucun souci.

La Société reçoit tous les garçons pauvres et abandonnés depuis leur âge le plus tendre jusqu'à l'âge de treize ans, quel que soit le domicile de leurs parents.

Elle place ses pupilles chez d'honnêtes cultivateurs, elle paie des pensions pour les plus jeunes, pensions qui diminuent à mesure que les enfants grandissent et peuvent rendre quelque service, et qui cessent tout à fait lorsqu'ils ont atteint l'âge de treize ans et ont satisfait à la loi scolaire.

Président, M. Rieussec, 10, rue Ste-Hélène.

Œuvre de Préservation et de Patronage catholique de l'Enfance.

Depuis 1889, cette Œuvre fonctionne à la Guillotière. Pour la distinguer d'autres Œuvres similaires, elle est franchement catholique, elle a l'approbation de l'Archevêque de Lyon, elle est placée sous la direction d'un comité de Dames patronnesses.

Elle n'a point pour but de fonder des orphelinats ou des patronages. Elle laisse les enfants auprès de leurs parents. Mais en même temps que, par les subventions qu'elle accorde à ces parents, elle leur vient en aide pour élever leurs enfants, elle veille à ce que ces parents accomplissent en entier leur devoir paternel.

Le membre de l'Œuvre, protecteur spécial des pupilles adoptés, veille à ce que chacun d'eux reçoive une éducation chrétienne. En même temps, il assure, autant que possible, leur avenir en les mettant en apprentissage dans des ateliers chrétiens qu'il choisit lui-même et qu'il visite fréquemment.

Les pieux fondateurs de cette Œuvre ont été guidés par cette pensée que, dans ces temps où la famille est menacée dans sa constitution même, l'enfant est plus que jamais le lien béni des époux et la sauvegarde du foyer.

Si on enlève à un intérieur les enfants qui y sont nés, on enlève peut-être en même temps des moyens providentiels de salut. Quand l'enfant est là, la mère se tient mieux, le père travaille plus courageusement. Si cette charge bienfaisante disparaît du foyer, le père et la mère sont rendus à une liberté qui peut devenir dangereuse.

Mais parfois, d'autre part, la charge est bien lourde ; l'Œuvre de Patronage et de Protection catholique de l'Enfance se propose de l'alléger.

Les annuités sont de 5 fr. Mmes Chastaing et Rambaud sont à la tête du comité directeur.

Chaque enfant est confié aux soins particuliers d'une Dame faisant partie de l'Œuvre, qui, dès lors, devient sa protectrice et peut disposer de 100 fr. par an pour pourvoir à ses besoins.

Société de Patronage pour les enfants pauvres de la ville de Lyon et de ses faubourgs.

Cette Société, fondée en 1840, et reconnue d'utilité publique en 1850, a son bureau, rue Romarin, 16. Elle a pour but de préserver les enfants pauvres de la ville de Lyon et de ses faubourgs du vagabondage et des autres suites funestes de l'abandon dans lequel se trouvent la plupart d'entr'eux ; de faciliter leur avenir en leur inspirant les principes d'une vie probe et laborieuse ; de suppléer enfin par leur éducation morale et physique soit à l'insuffisance, soit à l'incurie des parents.

Dans ce but, elle s'occupe des soins qui concernent la santé, la moralisation, la religion et l'instruction des enfants admis sous son patronage ; de leur placement dans les salles d'asile et dans les écoles, soit gratuitement, soit à ses frais ; elle pourvoit aux frais de trousseau et à ceux de maladie de chaque patronné pendant la durée du patronage ; elle leur fournit un moyen d'apprendre un état et de s'établir ; elle met chacun d'eux sous le patronage spécial d'un membre de la Société ; enfin elle encourage la bonne conduite et le progrès de ses protégés par tous les moyens qu'elle juge convenables.

Toute demande d'admission au Patronage doit être adressée par écrit, par un souscripteur, au Conseil d'administration et signée par les parents ou le tuteur, et apostillée ; un extrait de l'acte de naissance de l'enfant doit accompagner toute demande d'admission, ainsi qu'un certificat de santé et de vaccine.

Le Patronage n'admet pas les enfants âgés de moins de trois ans, ni âgés de plus de sept ans.

Un asile, situé à St-Genis-Laval, est destiné aux enfants adoptés par le Patronage et qui, dans la suite, ont perdu leurs parents.

Ecoles libres catholiques.

Autrefois les écoles primaires étaient soutenues par les autorités publiques. On sait de quelle haine de sectaire elles ont été poursuivies. Laïcisation fut un mot d'ordre. Dès lors, aucune école primaire ne dut rester sous la direction des congréganistes ; toutes ces écoles étaient condamnées à disparaître.

Les catholiques sentirent mortellement cette atteinte à leurs croyances ; ils comprirent très vivement le péril que faisait courir pour les enfants, la famille et la société, ce bannissement de l'enseignement religieux ; ils résolurent de maintenir à leurs frais ces écoles chrétiennes, où l'on parlait de Dieu, où l'on enseignait le catéchisme, où l'on faisait la prière, où le crucifix n'était pas un article inutile du mobilier scolaire, bon à être mis au tombereau.

Mais, maintenir une école, c'est un grand effort, et maintenir toutes les écoles, c'était de l'audace. Il fallait, en effet, sortir des limites ordinaires de la charité, car on se mettait dans la nécessité de créer de nouveaux locaux scolaires, de louer ou d'acheter des terrains et des maisons, d'aménager des classes, de les meubler, de payer les maîtres et les maîtresses, en un mot de réunir des ressources pécuniaires importantes.

Cette audace, les catholiques l'ont eue ; les curés des paroisses se vouèrent à cette lourde tâche, et l'on ne saura jamais ce qu'ils y ont déployé, ce qu'ils déploient encore de zèle pour la mener à bien ; leur vie pastorale se dépense presque tout entière à ce perpétuel souci. Aujourd'hui, dans chaque paroisse, une école libre gratuite pour les garçons, dirigée par des religieux, et une école libre gratuite pour les filles, dirigée par des religieuses, sont en plein exercice. L'enseignement religieux s'y donne en même temps que l'enseignement primaire. Les écoles de garçons sont au nombre de trente-neuf, dont six — voir plus loin — sont dites spéciales, où le degré d'enseignement est plus élevé ; elles sont dirigées par les Frères des Ecoles chrétiennes. — Les écoles de filles sont au nombre de quarante-huit, dont trente-neuf sont tenues par les Sœurs de St-Charles, trois par les Sœurs de Saint-Joseph, trois par les Sœurs de St-Vincent-de-Paul, et trois par les Sœurs de St-François d'Assise.

Pour aider les curés dans leur tâche, un comité des Ecoles libres catholiques gratuites se forma et fit appel à la charité des Lyonnais. Des souscriptions furent ouvertes dans les journaux, des ventes de charité, des concerts, etc., furent organisés, et chaque année, une centaine de mille francs est répartie entre les paroisses par ce comité, qui exerce sur les écoles un véritable patronage. En 1898, vingt-sept paroisses sur trente-six ont bénéficié de la répartition.

Ce comité s'occupe aussi des examens à faire subir aux élèves, examens du premier et du second degré, examens aussi d'instruction religieuse ; grâce à lui, la musique et le plain-chant sont enseignés dans ces écoles, et l'enseignement de la gymnastique contribue au développement physique des élèves.

Nul catholique ne peut douter que la première des œuvres de religion et de charité ne soit le soutien de ces écoles, parce qu'en effet, la première des œuvres, c'est l'instruction, l'éducation religieuse de l'enfant : l'enfant, c'est l'avenir ; l'enfant, c'est la France de demain.

Longtemps, le vénérable M. Brac de la Perrière a été président de ce comité ; la mort l'a pris après une vie pleine de mérites. L'honorable M. Charvériat l'a remplacé.

Société du Saint-Enfant Jésus.

Cette société ne fut primitivement composée que d'enfants, et elle fut placée sous le patronage du divin Enfant Jésus. Elle fut fondée en 1836. Elle fournissait aux enfants pauvres, qui fréquentaient les écoles des Frères, les livres d'étude, le papier, les plumes, récompensait leur application par des livres de piété, faisait pendant l'hiver des distributions de vêtements et de chaussures.

Cette société trouvait des ressources dans les souscriptions de 5 fr. des élèves de ces mêmes écoles, qui sont dans des conditions plus fortunées ; c'étaient alors les seuls souscripteurs.

Quelquefois, ces jeunes bienfaiteurs étaient réunis pour entendre de sages instructions et de généreux encouragements. On a cherché à donner du relief à ces réunions par une cérémonie bien touchante, cérémonie qui a survécu à d'autres changements, et qui est encore en usage. On choisissait un certain nombre d'enfants pauvres et bons élèves, et autant de jeunes associés de l'Œuvre, et deux à deux, protecteurs et protégés, se présentaient devant l'archevêque de Lyon, qui leur donnait un souvenir. On apprenait ainsi, dès les bancs de l'école, la solidarité des classes et l'égalité des enfants de Dieu.

Cette cérémonie existe encore, elle a lieu tous les ans. Aujourd'hui, non seulement les enfants, mais les grandes personnes donnent à l'Œuvre leur souscription.

Tout ne se borne pas à une cérémonie pieuse, le protecteur offre au protégé une somme destinée à des achats de vêtements et de livres. Cette sorte d'adoption produit les plus heureux résultats.

Cette Œuvre, intéressante autrefois déjà, est devenue, depuis les récentes lois scolaires, plus intéressante encore. Chaque année elle dépense environ 16.000 fr.

A la rentrée scolaire, une liste d'enfants pauvres est dressée dans chaque paroisse de la ville par les soins de MM. les curés et des Frères. Cette liste est remise aux visiteurs des écoles, qui sont ordinairement des membres délégués de la Société de Saint-Vincent-de-Paul. Une fois admis, l'enfant patronné reçoit toutes les fournitures classiques dont il a besoin, et la note de ses dépenses est acquittée au bureau de l'Œuvre.

Ce n'est pas tout. Un vestiaire général installé

dans une annexe de la Providence des Messieurs, rue Bourgelat, envoie aux vestiaires particuliers des paroisses différents vêtements qu'on vient réclamer sur la présentation de bo s distribués par les visiteurs des écoles. Une Sœur de Charité préside avec intelligence et dévouement au service et à l'entretien du vestiaire général.

En 1882, les Frères ont créé une école spéciale de tissage, qui est aidée par cette Société.

Société d'encouragement à l'enseignement libre et catholique.

M. Ducurtyl en est le président, et M. Goybet le secrétaire. Le titre de cette société indique assez clairement son but. Son action embrasse une vingtaine de paroisses, dans lesquelles elle subventionne des écoles congréganistes ou laïques, patronnées par le clergé paroissial, et acceptant le principe de non-gratuité.

En 1887, elle donnait 10.000 fr.

Ecoles libres payantes.

A côté des écoles libres catholiques gratuites, il y a les écoles libres catholiques payantes. D'une part, c'était alléger le lourd fardeau de la charité annuelle, d'autre part, c'était aller au-devant d'une sélection désirée par certaines familles.

Malgré tout, le prix mensuel ou annuel payé par les familles n'arrivait pas à couvrir les frais de ces écoles, il fallut encore, bien qu'en de moindres proportions, recourir à la charité. Il existe de ces écoles dans un certain nombre de quartiers.

Un comité a été établi pour patronner les écoles libres payantes. Il a son siège rue de l'Hôpital, 6, et a pour président, M. Ducurtyl.

Ecoles primaires supérieures congréganistes.

Ces écoles sont le couronnement de l'enseignement primaire. On n'y envoie que les meilleurs sujets des premières classes de quartier. C'est donc une sorte d'élite qui suit ces cours.

Il y a une école primaire supérieure par arrondissement :

1er arrondissement,		rue Pontau, 16 bis.
2e	—	rue de l'Abbaye-d'Ainay, 4.
3e	—	rue Montesquieu, 102.
4e	—	rue de la Croix-Rousse, 77.
5e	—	rue du Chapeau-Rouge, 45.
6e	—	place St-Pothin, 10.

Le petit travail de Marie.

Le petit travail de Marie a été fondé, en 1840, par M. Cattet, curé de St-Paul, et Mme Catelin. Il consiste à fournir aux ouvroirs des paroisses — voir ci-après — du travail tout coupé pour être confectionné. Il s'agit ici de petites filles qui vont aux écoles catholiques et qui, le jeudi, se réunissent sous la direction d'une ou plusieurs maîtresses pour coudre des objets de lingerie ou des vêtements faciles à faire. Ces enfants apprennent ainsi à travailler et leur travail devient leur propriété.

La seule condition demandée aux paroisses pour

bénéficier du petit travail de Marie, est l'autorisation de faire à l'église une quête à tous les offices d'un dimanche déterminé. Les ressources ainsi obtenues servent à acheter le linge, la laine, etc., qui sont les éléments premiers du travail à confectionner.

Au début, cinq paroisses furent unies pour cette fondation ; aujourd'hui, elles sont douze ; quelques-uns de ces ouvroirs fonctionnent toute l'année ; d'autres suspendent leur réunion au mois de juin.

Ouvroirs.

A peu près dans toutes les écoles congréganistes de jeunes filles, dans chaque paroisse, des ouvroirs sont établis et ouverts le jeudi. Les élèves, sous la direction de dames et demoiselles, y apprennent la coupe et la confection. Ces ouvroirs sont unis par un lien fédératif ; Mme de Boissieu est présidente de cette organisation.

Il y a aussi quelques ouvroirs laïques et chrétiens, fondés pour les élèves des écoles laïques. Entre tous, il faut signaler celui qui est établi aux confins de Sainte-Foy, et tenu par Mme Donat.

Ouvroir interne.

Cet ouvroir diffère des autres en ce que les jeunes filles qui y sont admises sont pensionnaires dans la maison. Il est situé place Dumas-de-Loire, à Vaise, et tenu par les Religieuses de St-Vincent-de-Paul. Il a été fondé en 1890. Il reçoit les jeunes filles qui ont treize ans et on les garde cinq ou six ans, pendant lesquels on leur apprend la lingerie et la broderie sur métier ; elles arrivent à faire de véritables merveilles. Ces jeunes filles sont au nombre de vingt-cinq.

Ecole professionnelle de St-Jean.

Cette école, fondée en 1887, est établie rue du Doyenné, 8, et dirigée par les Sœurs St-Vincent-de-Paul. Elle est destinée à former des jeunes filles pour les placer comme femmes de chambre. On leur apprend tout ce qui a trait à la tenue d'une maison, lessive, raccommodage, répassage.

L'école reçoit des internes et des externes. Les internes paient une pension de 15 à 25 fr. par mois, suivant les moyens de leurs parents. Les externes sont reçues gratuitement si elles prennent leur repas de midi chez leurs parents, et moyennant une rétribution de 5 fr. par mois, si elles préfèrent prendre ce repas à l'école.

Les jeunes filles sont admises à l'école à partir de l'âge de douze ans jusqu'à l'âge de dix-huit ans au maximum ; elles restent à l'école tout le temps jugé nécessaire pour apprendre leur état.

L'école contient douze places d'internes.

Œuvre de Sainte-Catherine.

Cette Œuvre remonte à l'année 1820 ; elle est paroissiale. A cette époque, de nombreuses jeunes filles venaient, dès l'âge le plus tendre, huit ou neuf ans, de pays éloignés, pour apprendre, à Lyon, le dévidage ou l'ourdissage. Ces ateliers étaient nombreux sur la paroisse de Saint-Polycarpe. Le vénérable curé, M. Gourdiat, ne voulut pas que ces enfants fussent ainsi privées de toute instruction. Il fonda, avec l'aide de demoiselles dévouées, et en particulier de Mlle Riboud, l'Œuvre de Sainte-Catherine, pour l'instruction de ces jeunes filles. On les réunit le dimanche, de dix heures à midi et demi, dans le local où les Sœurs font la classe pendant la semaine.

L'instruction donnée là fut d'abord uniquement l'instruction religieuse et la préparation à la première communion. On y faisait un catéchisme général, puis celles des maîtresses qui le pouvaient, donnaient rendez-vous chez elles pour quelques soirs de la semaine aux enfants qui devaient faire leur première communion.

On ne tarda pas à joindre l'instruction primaire à l'enseignement religieux. A l'époque où l'industrie de la soie était prospère, on a vu jusqu'à 350 jeunes filles fréquenter cette école.

Depuis lors, le nombre des ateliers a diminué, le nombre des élèves a baissé. D'un autre côté, la loi exige qu'on ne place pas les enfants en apprentissage avant l'âge de treize ans, et d'autres œuvres se sont organisées pour les catéchismes de première communion. L'Œuvre de Ste-Catherine a dû modifier un peu son programme, elle est aujourd'hui une école d'adultes, un catéchisme de persévérance, une œuvre de préservation.

Quoique l'instruction primaire soit plus répandue qu'autrefois, il arrive souvent qu'elle a été insuffisante ; l'école du dimanche comble ces lacunes.

L'instruction religieuse est quelquefois plus insuffisante encore, l'Œuvre de Ste-Catherine complète ou maintient ce qu'il faut savoir.

Enfin, grâce au bon esprit qui règne en cette école, au dévouement affectueux des maîtresses pour les élèves, au confiant abandon des élèves pour leurs maîtresses, la majeure partie de ces jeunes filles sont fidèles dans leur conduite aux bons principes qu'elles ont reçus.

Ecoles Périsse ou Ecoles du dimanche.

Trois écoles dominicales, désignées à l'origine sous le nom de « Catéchismes du dimanche », avaient été fondées vers 1830, par M. Périsse, l'une à Saint-Clair, pour les filles, la seconde à Saint-Pothin, pour les garçons, la troisième à St-Martin-d'Ainay pour les filles.

Ces écoles comptaient de nombreux élèves au moment où Mgr de Bonald vint à Lyon, et Sa Grandeur tint à présider elle-même la distribution des prix aux trois écoles réunies à St-Pothin.

Les premières maîtresses de l'école St-Clair furent Mlles Sivons, Mme et Mlle Lacuriat et Mlle Bottex. Ces deux dernières fondèrent plus tard l'Œuvre des Vieilles filles, actuellement Œuvre de N.-D. de la Salette, aux Quatre-Chemins.

L'école de St-Clair était surtout fréquentée par les apprenties en soieries ; elles y vinrent par centaines jusqu'en 1855, époque à laquelle des difficultés ayant surgi, M. Périsse abandonna St-Clair et porta ses ressources et ses aumônes à St-Nizier, où son école existe toujours, dans la rue des Forces.

Cependant les maîtresses de St-Clair n'abandonnèrent pas leur école ; elles la placèrent sous le patronage du clergé de St-Polycarpe et continuèrent à suivre le programme établi par M. Périsse. Division des élèves en quatre classes ; étude de dix heures à midi, et ensuite instruction religieuse donnée à toutes les élèves réunies. L'annexion d'Ecoles dominicales aux plus récentes paroisses de St-Bernard et de la Rédemption diminua beaucoup l'affluence des élèves de l'école de St-Clair ; celle-ci cependant continue à faire du bien à ses élèves, généralement venues de la campagne et exposées à tant de périls.

L'école de St-Martin d'Ainay a été transformée en patronage, après avoir été une école paroissiale.

L'école de St-Pothin a été transformée en un patronage de jeunes gens.

Ecole supérieure commerciale de Dames et Demoiselles.

C'est Mlle Luquin, une des rares femmes qui aient été décorées de la Légion d'honneur, qui a fondé, en 1856, les cours supérieurs et gratuits de comptabilité, subventionnés par la ville et la Chambre de Commerce. Cette école, établie d'abord rue de la République, 17, est aujourd'hui quai de l'Hôpital, 5.

La durée des cours supérieurs est de deux années. Les élèves doivent être âgées de quinze ans, elles ne sont admises au concours de l'Etat qu'à dix-huit ans.

Ecole professionnelle La Salle.

L'école professionnelle de La Martinière est une école laïque. Il a paru bon aux catholiques de créer une école semblable, sous la direction des Frères des Ecoles Chrétiennes. C'est vers 1880 qu'elle fut fondée sous le patronage des hommes les plus recommandables de notre ville.

A cette école sont admis gratuitement un nombre limité d'élèves des écoles chrétiennes de Lyon, qui ont le mieux réussi dans les classes primaires et qui désirent acquérir la connaissance théorique et pratique des industries locales. Les cours comprennent la géométrie, la trigonométrie et ses applications, le dessin, la physique et la chimie. Quand ils sont suffisamment avancés, les élèves sont admis dans les ateliers, menuiserie, forge et lime, ajustage, tissage de la soie.

Quand ils ont terminé leurs cours d'une manière satisfaisante, les élèves reçoivent un certificat d'aptitude, très apprécié des industriels ou chefs d'atelier.

C'est M. l'abbé Pain, prêtre de la maison des Chartreux et mort récemment (1899), qui est à bon droit considéré comme le fondateur de l'école La Salle. Il avait été avocat et ensuite il s'était consacré à Dieu. S'il en est qui ont la passion de l'égoïsme, il avait, lui, la passion de la charité. Il consacra sa fortune à faire le plus de bien possible. Un jour, indigné de ce qu'il vient d'apprendre, de ce que d'anciens élèves des Frères avaient dû suivre, par ordre, l'enterrement civil d'un professeur de la Martinière, il offrit aux Frères un local, une chapelle, un aumônier, c'est-à-dire son immeuble de la rue Neyret et sa personne. L'école La Salle était fondée sans autre ressource que la confiance en Dieu. On ne saura jamais quelles difficultés ont rencontrées les premiers ouvriers, mais quels consolants résultats !

Ecole professionnelle de La Martinière.

L'école de La Martinière, si aujourd'hui elle n'est plus unique en son genre, a du moins eu l'honneur d'ouvrir la voie à une méthode nouvelle d'enseignement.

Elle doit son nom au major-général Martin. Claude Martin, fils d'un tonnelier, naquit à Lyon en 1732. Il s'enrôla très jeune dans les guides du général Lally, qui se rendait dans les Indes. Les hasards de sa vie aventureuse le menèrent à Aoude, où il devint l'ami et le confident du nabab, en même temps que major-général de son armée. Cette situation lui fit faire une fortune considérable qu'on a évaluée à douze millions. Il mourut à Luknow, dans le Bengale, en 1800, partageant sa fortune entre le pays qui l'avait enrichi et le pays qui l'avait vu naître. Il laissa à la ville de Lyon une somme de près d'un million [1], à la charge par elle de fonder une école professionnelle de garçons et de filles.

Celle des garçons a été établie en 1831, dans l'ancien cloître des Augustins. On y enseigne la physique, la chimie, certains états manuels. Elle est très prospère et a acquis une certaine célébrité. Celle des filles n'a été établie qu'en 1879, rue Royale, 20, local légué à l'Institution par le docteur Gilibert.

[1] Le legs de 750.000 roupies du major Martin était devenu 1.700.000 francs en 1826, quand il a été reçu.

La Martinière n'admet que des élèves externes. La durée des études est de trois années, plus une année préparatoire. Les candidats doivent être âgés de treize ans au moins pour être admis à l'école et de douze ans pour l'année préparatoire.

Les élèves qui, à la fin de leurs trois ans, sont diplômés, sont placés par l'Ecole.

A la Martinière des filles, les élèves doivent être âgées de douze ans au moins.

La durée des études est de trois ans. L'enseignement comprend des cours généraux et des cours spéciaux. L'enseignement général comprend l'écriture, la grammaire, l'histoire, la géographie, les mathématiques, la physique, la chimie, les sciences naturelles, le dessin, les travaux manuels. — L'enseignement spécial se divise en cinq sections, et les élèves doivent opter pour l'une d'elles : commerce, dessin industriel, broderie, robes, lingerie.

Société d'instruction primaire du Rhône.

Cette Société a été fondée à Lyon en 1828, par un très grand nombre de souscripteurs, et elle a été autorisée par ordonnance royale du 15 avril 1829. Cette Société est administrée par un conseil d'administration de trente membres élus. Ce conseil d'administration nomme son bureau ainsi qu'une commission exécutive composée de dix membres.

Elle a eu autrefois une vraie prospérité, elle avait fondé de nombreuses écoles d'enseignement mutuel. Aujourd'hui elle ne dirige plus que quelques écoles.

Le Siège de la Société est rue Confort, 6.

Société d'enseignement professionnel.

Cette Société a été fondée en 1864 et reconnue d'utilité publique en 1878. Elle a pour président M. Félix Mangini ; son siège est place des Terreaux, 1.

Son but est de créer des cours d'adultes et spécialement des cours professionnels pour les ouvriers, les apprentis et les employés. Cette création leur permet d'acquérir les connaissances spéciales nécessaires à l'exercice intelligent de leur profession.

Parmi les fondateurs, relevons les noms bien connus à Lyon, unis par la charité quoique séparés par les croyances : Arlès-Dufour, Brouet, de la Saussaye, Henri Germain, Félix Mangini, Chabrières, Monet, Girardon, Riboud, Piaton, docteur Desgranges.

La Société poursuit son but par des cours, des bibliothèques, des conférences.

Les conférences sont faites tous les dimanches pendant la saison d'hiver.

La bibliothèque centrale se compose de 2.800 volumes ; elle a sept succursales qui en tout en contiennent 2.900.

Les cours ont lieu tous les jours, de 8 heures à 10 heures du soir et le dimanche matin. Ils sont établis dans tous les quartiers de la ville et de la banlieue.

Les mots enseignement professionnel peuvent être entendus diversement ; pour beaucoup, ils veulent dire travaux manuels, apprentissage plus ou moins complet de la profession. Pour la Société, ils n'ont pas ce sens; il n'y a chez elle ni travaux manuels ni apprentissage, l'enseignement professionnel n'est pas l'apprentissage d'une profession, mais, dans chaque profession, l'enseignement des connaissances théoriques nécessaires à l'exercice intelligent de cette profession.

Les ressources financières de la Société proviennent de subventions ministérielles et municipales, du Conseil général, de la Chambre de commerce, de la cotisation des sociétaires, des droits d'inscription des élèves, de dons.

Il y a 8.000 élèves qui suivent les cours; ces cours eux-mêmes sont au nombre de 150.

Ecole supérieure de Commerce.

Cette école, située rue de la Charité 34, reçoit des externes et des demi-pensionnaires. Quinze bourses, ne représentant que les frais d'études, ont été fondées par l'Etat, la Ville et la Chambre de commerce.

A leur entrée à l'école, les élèves sont groupés en trois sections, suivant qu'ils se destinent :

1° A la banque ou au commerce général,

2° Au commerce spécial des soieries,

3° Au commerce des produits chimiques.

L'enseignement comprend : les opérations de banque et de commerce, la comptabilité, l'étude des soies et soieries, la géographie commerciale, la connaissance des marchandises, l'économie politique, le droit commercial, l'histoire du commerce, les devoirs moraux du négociant, les langues vivantes. — La durée de l'enseignement est de deux ans.

En dehors de l'enseignement commercial et indépendants de lui, sont des cours de tissage théoriques et pratiques ; quarante-cinq métiers sont à la disposition des élèves. L'enseignement est d'une année.

Les élèves, qui ont obtenu le diplôme supérieur, n'ont à faire qu'une année de service militaire.

Les élèves qui, étant bacheliers, ont obtenu le diplôme supérieur, ont le droit de se présenter au concours d'admission dans les carrières diplomatiques et consulaires.

Les élèves diplômés peuvent concourir pour les bourses de séjour à l'étranger fondées par le ministre du Commerce et des Colonies.

Les élèves diplômés qui se présentent au surnumérariat des douanes ont droit à une majoration du sixième des points obtenus.

L'école recommande et patronne ceux de ses élèves diplômés qui entrent dans des maisons de commerce.

Ecole lyonnaise de tannerie.

L'Allemagne, l'Autriche, l'Angleterre, les Etats-Unis, la Belgique, l'Italie ont des centres d'enseignement technique qui contribuent au développement de l'industrie du cuir dans ces pays. Jusqu'ici la France n'en avait point. Le Syndicat général de l'industrie des cuirs et peaux de la France, établi à Paris, 10, rue de Lancry, a cherché à combler cette lacune. A Paris, on n'a pas répondu aux désirs du Syndicat ; à Lyon, la Faculté des sciences, qui a à sa disposition le nouvel et magnifique Institut de chimie, lui a fait bon accueil. En octobre 1899, l'Ecole de tannerie a ouvert ses cours à l'Institut de chimie, rue de Béarn.

Cette institution nouvelle a pour but de former des jeunes gens se destinant au commerce et à la fabrication des cuirs et peaux et aux industries annexes qui utilisent ces produits, soit comme chefs de maison, employés, représentants, commissionnaires ou directeurs d'usines et chimistes professionnels.

Les élèves doivent, pour être admis, avoir seize ans avant le 1er juillet de l'année où ils se présentent. La durée des études est de deux années. Ils doivent au préalable avoir une instruction suffisante, constatée par un examen d'entrée.

Outre les cours de chimie générale, de chimie industrielle, de physique industrielle, l'enseignement technique porte sur l'industrie du cuir, tannerie et fabrication, l'essai des cuirs, l'analyse des matières premières et fabriquées, la micrographie et l'histoire naturelle appliquée à la tannerie.

La rétribution scolaire est de 750 fr. par an.

Par leur travail, les élèves de l'école de tannerie peuvent s'assurer le bénéfice de l'article 23 de la loi du 15 juillet 1889 et ne faire qu'une année de service militaire.

Il est certain que les jeunes gens sortant de cette école et mis à la disposition de MM. les industriels par MM. les professeurs, auront devant eux un bel avenir.

Enseignement colonial.

La Chambre de commerce de Lyon, ayant décidé de créer un enseignement colonial pratique, spécialement approprié aux besoins du commerce et des industries de notre région dans leurs rapports avec les diverses colonies françaises, et plus spécialement avec nos possessions asiatiques, a inauguré, en novembre 1899, cet enseignement par des cours qui ont lieu dans une des salles du Palais du commerce, savoir :

1° Cours d'histoire et de géographie coloniales, — trois cours par semaine.

2° Cours de productions et de cultures coloniales, — un cours par quinzaine.

3° Cours d'hygiène et de climatologie coloniales, — un cours par quinzaine.

4° Cours supérieur d'anglais, — deux cours par semaine.

Ces cours sont publics et les dames y sont admises. Ils ont lieu le soir, afin de donner toute facilité aux étudiants des diverses facultés ou écoles, ainsi qu'aux jeunes gens qui, se destinant aux entreprises coloniales, peuvent, tout en les suivant, accomplir un stage dans les maisons de commerce de notre ville. Les divers cours peuvent être suivis séparément.

Les intéressés trouvent au secrétariat de la Chambre de commerce tous les renseignements désirables sur le caractère de l'enseignement et les conditions à remplir.

Ecole centrale lyonnaise.

Cette école, située quai de la Guillotière, 20, a été fondée en 1857. Elle a pour but de donner aux jeunes gens l'enseignement industriel.

L'école ne reçoit que des élèves externes. Le prix de la pension est de 700 fr. La durée des études est de trois ans. Les candidats, s'ils ne sont bacheliers ès-sciences, ont à subir un double examen, écrit et oral, constatant qu'ils possèdent ce qui est exigé par le programme d'admission.

Des bourses de valeurs diverses et des parts de bourse de 500 fr., données par voie de concours, ont été instituées, en 1863, par la Chambre de commerce de Lyon, par le Conseil général du Rhône et par le Conseil municipal.

L'enseignement comprend : la chimie analytique, la géométrie descriptive et cinématique, les travaux publics et chemins de fer, les mathématiques, la physique générale et industrielle, la géologie, la minéralogie, l'hydraulique, les machines à vapeur, l'électricité industrielle, la résistance des matériaux, la construction des machines.

Les cours sont complétés par un atelier de machines-outils mises en mouvement par une machine à vapeur.

Facultés catholiques.

On connaît les luttes des catholiques pour obtenir la liberté d'enseignement primaire d'abord, secondaire ensuite, supérieur enfin. L'enseignement primaire ne fut pas très coûteux à établir, quoique cependant le grand nombre des maîtres et la multiplicité des locaux scolaires aient exigé de grosses dépenses. L'enseignement secondaire, s'il avait dû être créé du jour au lendemain, n'aurait pu être établi qu'avec de gros sacrifices d'argent, mais avec les séminaires, les catholiques étaient prêts ; les colléges libres furent peu nombreux et furent ouverts par des associations seulement. L'enseignement supérieur demanda un effort de charité considérable ; une Université comprend plusieurs Facultés, chaque Faculté comprend plusieurs chaires, la fondation de chaque chaire demande une centaine de mille francs. Il faut ajouter l'installation, l'ameublement des cabinets de physique et de chimie, les collections d'histoire naturelle, etc. On le voit, c'étaient en perspective des dépenses énormes.

Mais si, au point de vue financier, il y avait de quoi effrayer ; au point de vue moral, il n'y avait pas à hésiter. Il fallait d'abord user d'un droit, cette seule raison était déjà suffisamment grave ; il fallait ensuite christianiser l'enseignement supérieur, former dans un esprit chrétien des magistrats, notaires, avocats, avoués, médecins, professeurs, etc., tous hommes appelés par leur situation à exercer une action prépondérante dans la société.

Il y eut un vrai courage à affronter un tel avenir. Mais si la confiance existait d'une part, la charité lyonnaise y répondit d'autre part. Toute une organisation fut créée pour obtenir des ressources, des dons généreux furent faits, et aujourd'hui, si le nom d'université a dû disparaître, si la collation des grades n'est encore qu'un désir, du moins les Facultés existent, elles vivent, et avec une énergie qui ne fera que grandir.

Patronages paroissiaux.

Ces patronages reçoivent les enfants et les adolescents, les dimanches et jours de fête, leur offre des jeux et des distractions, et leur font sanctifier le dimanche.

Il en existe dans les paroisses suivantes : Saint-Sacrement, St-Joseph, St-Pothin, St-Irénée, Saint-Pierre de Vaise, St-Paul, l'Immaculée-Conception, St-Jean, Ste-Anne du Sacré-Cœur, Saint-Bernard, St-Bruno, Le Bon-Pasteur, St-Augustin, St-Denis, St-Georges, Ste-Blandine, Le St-Sacrement, Saint-Just, Saint-André, Bellecombe, Saint-Louis de la Guillotière.

Cercles catholiques.

Après la guerre de 1870, après la Commune de 1871, où se produisit une si féroce poussée de socialisme, de nobles esprits, comme MM. de Melun, de Mun, et d'autres, effrayés de l'abîme creusé dans le monde du travail entre le patron et l'ouvrier, tentèrent de rapprocher ces deux termes de la question sociale. Les cercles catholiques d'ouvriers furent créés. Là, l'ouvrier trouva un centre de réunion, les joies de distractions honnêtes, le réconfort d'un enseignement chrétien, il jouit du contact d'hommes supérieurs qui conviennent tous ceux qui ne veulent désespérer ni de la France ni d'eux-mêmes à se rencontrer sur le terrain de la vérité catholique, le seul où les mains peuvent s'unir et les cœurs se comprendre.

Le but de ces cercles est le dévouement de la classe dirigeante à la classe ouvrière. A la tête de l'Œuvre, il y a un comité central, puis des comités locaux.

Grâce à son centre parisien et aux hommes éminents qui dirigent l'Œuvre, elle a un plan d'action et des idées de réorganisation sociale.

Le présent travail n'a pour but que de signaler les œuvres, mais non de les apprécier ni surtout de les critiquer. Néanmoins, tout en rendant un juste hommage au zèle des membres de l'Œuvre des cercles, un détail frappe quiconque étudie cette action : c'est que ses nombreux rouages donnent à sa marche quelque chose d'artificiel.

Le Comité central lyonnais comprend une centaine de membres. Plusieurs cercles sont soutenus par lui : ceux de St-Georges, de St-Bernard, de St-Augustin, de St-Denis, de Sainte-Blandine, du Prado, de St-Bruno, de St-Eucher.

Il a fondé en outre :

Une réunion industrielle.

Un syndicat agricole.

Les conférences de St-Paul et de St-Luc.

Le secrétariat du Peuple.

Les retraites d'hommes fermées.

Le syndicat mixte du bâtiment.

La corporation des tailleuses de robes et de manteaux.

L'association des modistes.

Une caisse d'épargne.

Une maison de famille.
Un comité de pèlerinage.
Des messes mensuelles.
Plusieurs journaux et revues, etc.

Un assez grand nombre de paroisses créèrent à leur tour des cercles catholiques d'ouvriers organisés à peu près de la même façon que les autres, mais leurs membres étaient de la paroisse, avaient certains devoirs de paroissiens à remplir, et ne reçoivent rien de l'Œuvre des Cercles.

Cercle de la Jeunesse catholique.

Ce cercle, spécialement destiné aux étudiants des Facultés catholiques, s'appelle cercle La Fontaine. Il est établi, 11, rue St-Dominique, depuis 1890.

Cette œuvre a un triple but :

1° Offrir aux jeunes gens un centre de réunion plein de cordialité, où ils puissent aisément se maintenir et se perfectionner dans le bien.

2° Leur faciliter la préparation du rôle qu'ils auront à remplir plus tard au service de l'Eglise et de la France.

3° Leur offrir, dès maintenant, les occasions de faire un peu de bien.

Je ne retiens que ce dernier but, et voici quel est le bien fait par ces jeunes gens :

Il est de tradition dans le cercle que ceux de ces jeunes gens qui en ont le temps, s'occupent d'œuvres de charité et d'apostolat. Ils font partie des conférences de St-Vincent-de-Paul, enseignent le catéchisme aux enfants des patronages et font des conférences aux ouvriers.

La cotisation annuelle des membres est de 35 fr., mais il est manifeste qu'elle est insuffisante, et que l'œuvre est soutenue par des libéralités lyonnaises.

Association catholique de la jeunesse.

Les Révérends Pères Jésuites ont groupé en association leurs anciens élèves et les ont dirigés dans le mouvement social qui est la caractéristique de notre époque. D'anciens élèves des Frères de la montée St-Barthélemy se sont joints aux premiers.

Ces jeunes gens sont des auxiliaires tout préparés pour la pratique des œuvres, et, de fait, leur dévouement a été mis à contribution pour les patronages. C'est à eux, sous la direction susdite, qu'est dû le récent congrès de l'enseignement. Ils ont un cercle, la conférence De Maistre, où est organisée une conférence de St-Vincent-de-Paul, et par là, ils touchent aux œuvres de bienfaisance.

Patronage des jeunes filles.

Sans parler des patronages du jeudi, plus connus sous le nom d'ouvroirs, et qui existent un peu partout — voir Ouvroirs —, au St-Sacrement, à St-André, à St-Georges, à Monplaisir, Lyon possède une œuvre très particulière, située rue des Chartreux, 9. Il est sous le vocable du Saint-Cœur de Marie et a été fondé par M. l'abbé Martin, missionnaire de la maison des Chartreux.

Voici l'idée mère qui a présidé à cette fondation. Quand les lois scolaires, qui imposaient aux écoles la laïcité et la neutralité, eurent empêché les maîtres et les maîtresses de parler de Dieu à leurs élèves, les enfants des écoles laïques furent condamnés à l'ignorance religieuse. Il n'y avait guère à compter sur l'instruction qu'ils devaient ou pouvaient recevoir dans leur famille. L'église, dit-on, est faite pour cet enseignement, que le prêtre les y appelle ! Il les y appellera sans doute, mais ils ne viendront guère. Du reste, en supposant que leur appel fût entendu, on ne pourrait jamais obtenir qu'une présence de courte durée, et certainement insuffisante.

Il fallut trouver un moyen terme, et on le trouva, en créant des lieux de réunion pour les enfants en général, pour ceux des écoles laïques en particulier, où le jeudi et le dimanche, ils pouvaient venir jouer et s'instruire des vérités de la religion.

Mais il faut le constater, toutes les bonnes volontés qui s'occupèrent de cette question, ne s'appliquèrent qu'aux jeunes garçons. Les jeunes filles, qui cependant n'en avaient pas un moindre besoin, étaient délaissées.

M. l'abbé Martin, au prix de mille efforts, voulut combler cette lacune, en fondant le patronage des jeunes filles. Au début, des personnes pieuses et dévouées l'aidèrent dans cette œuvre ; aujourd'hui, elle est confiée aux dames catéchistes.

Là, le dimanche et le jeudi, viennent les jeunes filles des écoles laïques, et celles qui y ont été élèves et qui sont aujourd'hui dans des ateliers. Elles y reçoivent l'instruction religieuse, de bons conseils, de salutaires exemples.

Œuvre de Sainte-Germaine.

Cette Œuvre, mise sous le gracieux patronage de la jeune bergère de Pibrac, est exclusivement paroissiale. Elle a été fondée en 1868, et a pour but d'encourager l'éducation chrétienne des filles pauvres de la paroisse de la Rédemption, qui fréquentent les écoles dirigées par les Sœurs de St-Vincent-de-Paul, en leur donnant les vêtements et les fournitures classiques dont elles ont besoin.

L'Œuvre est administrée par des jeunes filles, sous la direction des Filles de la Charité.

Il ne faut pas confondre cette œuvre avec une autre œuvre de Ste-Germaine, qui a son siège aux Jeunes Convalescentes et qui a pour but la protection et le placement comme domestiques des jeunes filles de la campagne venues à Lyon.

Association des Demoiselles de St-Jean.

Cette association a été fondée en 1823. Elle a pour but de secourir les filles indigentes qui sont élèves des Sœurs de St-Charles, de la paroisse de St-Jean, et d'aider l'orphelinat de la même paroisse.

Enfants de Marie.

Dans plusieurs paroisses, les Congrégations des Enfants de Marie sont de véritables œuvres de miséricorde ; elles visitent les pauvres de la paroisse.

En d'autres, comme à St-François, c'est une sorte de société de secours mutuel.

Œuvre du patronage des jeunes filles.

En 1837, Mgr de Pins, administrateur du diocèse de Lyon, d'accord avec le procureur du roi, fonda une Société de patronage pour les jeunes filles. Préserver du vice les jeunes filles qui y sont exposées par l'inconduite de leurs parents ou l'influence néfaste de leur milieu, ramener à la vertu celles qui en sont éloignées, les placer dans un des asiles pieux de la ville ou leur procurer du travail dans des ateliers chrétiens, tel était le but à atteindre.

Des dames pieuses répondirent au vœu de l'Archevêque, et, pour rendre leur action plus efficace, elles s'organisèrent d'une façon merveilleuse. Elles se partagèrent en quatre groupes : le premier fut chargé de rechercher les fonds nécessaires à cette vaste entreprise ; le second, de rechercher les jeunes filles qui sont le but de l'Œuvre ; le troisième, de rechercher les ateliers chrétiens auxquels on peut les confier ; le quatrième, de l'Œuvre de protection proprement dite, en visitant les jeunes filles placées, en les encourageant, en leur donnant de sages avis, en leur montrant qu'elles ne sont pas abandonnées.

Le nombre de ces jeunes filles fut bientôt considérable. Quelques-unes cependant étaient dans un tel état moral, qu'il était impossible de les placer dans ces honnêtes ateliers ; on ne les délaissa pas cependant. Ce fut pour elles que l'Œuvre, en 1839, a établi un refuge dirigé par les Sœurs du Bon Pasteur, et établi au chemin du Pont d'Alaï, 169.

Aujourd'hui, l'Œuvre est dirigée par un Conseil

supérieur composé d'un ecclésiastique nommé par Monseigneur, et d'une quinzaine de Dames qui se recrutent elles-mêmes. Douze bureaux chargés, soit du placement et de la surveillance des jeunes filles, soit de la rentrée des souscriptions, se partagent les divers quartiers de la ville. Le directeur est M. l'abbé Vignon, curé du Point-du-Jour, et la présidente Mme Revérony, quai Tilsitt, 19.

Les ressources consistent en des souscriptions annuelles de cinq et de dix francs.

St-Louis de Gonzague.

Cette Œuvre fut fondée, en 1822, par M. l'abbé de Lupé, prêtre de la maison des Chartreux.

Elle a un double but : le progrès spirituel de ses membres et certaines œuvres de charité.

Les personnes de dix-sept à trente ans, non engagées dans l'état du mariage, peuvent, seules, être membres de la Société.

Les Œuvres de la Société ont pour objet les grandes personnes et les jeunes filles.

Les premières, elle les retire des dangers qu'elles peuvent courir, et s'efforce de leur procurer une position sûre ; elle place, en qualité de servantes, d'apprenties, d'ouvrières, de demoiselles de magasin, femmes de compagnie, institutrices, gouvernantes, etc., celles qui recherchent ces places ; elle pourvoit de bons sujets les maisons chrétiennes qui ont besoin de domestiques, d'ouvrières ou d'employées.

Les secondes, c'est-à-dire les petites filles indigentes et exposées à des dangers moraux, l'œuvre les adopte, les place, leur alloue des secours.

A celles-ci et à celles-là, elle donne des visiteuses qui deviennent des protectrices, qui les conseillent et les encouragent.

Quand une enfant est adoptée par la Société, elle est vêtue par elle. Un vestiaire, où viennent travailler les associées, est adjoint à l'œuvre.

Cette Société étend son action sur toute la ville et fait le bien sans bruit, fidèle à cette recommandation de M. de Lupé, leur fondateur. Ce bien, cependant, est réel ; avec de faibles ressources, une centaine d'enfants est assistée annuellement.

Cette petite famille de bonne volonté a été dirigée successivement par MM. de Lupé, Tricaud, Mgr Callot, Mgr Desgeorges. Depuis 1887, c'est M. le Curé de St-Bruno qui en est le directeur.

Œuvre des Forains.

Depuis quelque temps l'attention publique a été appelée sur les saltimbanques de nos vogues, foires, marchés. On les appelle les Artistes Forains, ou plus simplement les Forains. Or, un Forain n'est pas ce qu'un vain peuple pense. Dans ces roulottes nomades, il y a de braves gens, honnêtes et moraux. Leur vie errante, malheureusement, condamne les enfants de ces familles à vivre en dehors des écoles ; de là, impossibilité d'aller au catéchisme et de faire ensuite la première communion.

Tout le monde connaît par les feuilles publiques qui en ont beaucoup parlé, la Dame noire, l'infatigable et généreuse Mlle Bonnefoy de Dardilly, foraine elle-même, et Mme Motais, d'Angers, qui s'est vouée à cette Œuvre de régénération. Elles aussi se font nomades, et là où l'on s'arrête elles s'arrêtent, dressent la tente de leur école, et reçoivent les petits forains qu'on s'empresse de leur confier.

L'Œuvre des Catéchistes de St-Jean, à Lyon, lui a donné son concours et chaque année, dans une des paroisses de Lyon, une douzaine de ces enfants faisaient leur première communion et le soir étaient reçus par l'Archevêque qui leur donnait la Confirmation.

Mais ces débuts imparfaits ont été corrigés. Les Dames catéchistes étaient forcées d'aller chercher les enfants à la vogue, de les mener à l'église qui était parfois éloignée, de les ramener à la roulotte de leurs parents. Les maîtresses n'étaient pas toujours les mêmes, et l'autorité sur ces enfants était plus difficile à conquérir. On en est arrivé au procédé de Mlle Bonnefoy. Les catéchistes de Lyon ont aujourd'hui une baraque-école et sont installés avec les Forains sur l'emplacement de la Vogue.

L'Œuvre des Forains est aujourd'hui constituée d'une manière permanente dans une vingtaine de villes. La nécessité de relier ces différentes Œuvres faisait désirer la création d'un bureau national, où se centraliseraient tous les renseignements religieux relatifs aux Forains.

Ce bureau central existe aujourd'hui à Lyon, sous la présidence de Mgr Déchelette, vicaire-général, et la direction de M. l'abbé Petit. On pourra s'y adresser pour tous les renseignements généraux relatifs à l'Œuvre.

Institut agricole de Limonest.

Cette école d'agriculture porte le nom de Paul-Michel Perret. Elle a été fondée en 1895, grâce aux libéralités de Mme veuve Perret, née Dupont de Latuillerie, en mémoire de ses regrettés défunts. Elle est établie à Limonest, dans le château de Sandar, jadis habité par la famille de Mont-d'Or et les sires de Beaujeu. Elle a à sa disposition, comme champ d'expérience, plus de quarante hectares de terrain.

Tout en étant une école payante, cette institution est une œuvre de charité qui n'aurait, certes, jamais pu être réalisée, sans la générosité insigne de Mme Perret.

L'Ecole est dirigée par les Frères des Ecoles chrétiennes ; la pension est de cinq cents francs.

Le but de l'œuvre est de faire des agriculteurs instruits en même temps que de bons chrétiens.

Son enseignement s'adresse spécialement : 1° aux fils de cultivateurs-propriétaires ou fermiers, qui se proposent de suivre la carrière paternelle ; 2° aux jeunes gens de familles aisées, qui, sans cultiver, eux-mêmes, leurs domaines, voudraient diriger leur exploitation ; 3° à ceux qui désirent devenir régisseurs ou chefs de culture.

L'enseignement théorique comprend : les questions religieuses et morales, l'agriculture générale et spéciale, l'histoire naturelle, la zootechnie, l'hygiène vétérinaire, la botanique, la géologie, la physique et la chimie agricoles, la viticulture, l'horticulture, l'arboriculture, l'économie et la législation rurales, l'apiculture, l'analyse des terres, des engrais, du vin, du lait, le français, orthographe et style, les mathématiques appliquées, l'arithmétique, l'arpentage, le nivellement, la levée des plans, le dessin graphique, la comptabilité agricole.

Pour l'enseignement pratique, les élèves effectuent, suivant un ordre établi, toutes les opérations que comporte l'exploitation du sol.

Pour être admis, les élèves doivent posséder convenablement les connaissances exigées pour le certificat d'études primaires.

Patronage des Apprentis des Chartreux.

Ce Patronage, placé sous la protection de Notre-Dame de Bon-Conseil, est situé rue des Chartreux, numéro 1. Il a été fondé en 1869, et s'occupe des apprentis.

Comment se fait-il, se demandaient certains cœurs d'apôtres, que des enfants, jusque-là gentils, aimables, purs, pieux même, changent si brusquement, quand ils abordent le monde du travail ? Malheureusement, la réponse n'était pas difficile à faire. Et la conclusion était celle-ci : il faut protéger cette faiblesse.

C'est cette pensée qui poussa des hommes de cœur et d'ardents jeunes gens à fonder, avec M. l'abbé Bernard, prêtre de la maison des Chartreux, le patronage des Apprentis. Les noms de ces hommes d'élite méritent d'être conservés ; ce furent MM. Bermond aîné, Baudrand, Evrard et Recordon. Les trois premiers moururent l'année suivante, le dernier seul survit à cette œuvre déjà trentenaire. M. l'abbé Pagani, aumônier actuel du patronage, venu dix mois après la fondation, doit, lui aussi, être considéré comme un ouvrier de la première heure.

Le but de l'œuvre est de placer l'enfant, et surtout de le bien placer, de veiller sur son apprentissage jusqu'au sein même de l'atelier, de le conserver à la vertu au moment périlleux de sa première indépendance de jeune homme, de l'instruire par des cours professés au Patronage, de contrôler sa semaine par le livret hebdomadaire du patron, de lui inspirer le goût de l'économie par la caisse d'épargne du Patronage, de lui donner enfin un centre de réunion et des joies saines.

Comme toutes les œuvres, le Patronage a passé par des moments difficiles, mais aujourd'hui il est en pleine sécurité ; plus de deux cents enfants le fréquentent, et rien qu'à le voir, on sent bien que le fréquenter, c'est l'aimer.

Les ressources sont dans la bourse de la Providence. La charité lyonnaise a suffi pour acheter l'immeuble, bâtir une chapelle, meubler le Patronage. C'est une dépense annuelle de trente mille francs.

Il existe un autre patronage pour les apprentis, montée St-Barthélemy, 14 ; un autre, à Ste-Blandine, 50, cours Charlemagne ; un troisième, enfin, 13, rue de Crémieux.

Patronage des Apprentis à la Guillotière.

Voici ce que j'écrivais en 1884 : Qui ne connaît les dangers que courent les enfants dans certains milieux ? Qui de nous n'a gémi sur l'effacement des principes chrétiens dans ces jeunes intelligences ? Qui, dans l'intime de son cœur, n'a appelé de tous ses vœux des moyens pratiques de préservation ? — L'œuvre du Patronage des Apprentis répond à ces besoins et calme ces inquiétudes. Déjà connue à Paris depuis longtemps, et à Nancy, sous une autre forme, elle n'existait pas à Lyon, lorsqu'après la guerre on songea à combler cette lacune. Un premier Patronage fut fondé aux Chartreux, un second plus tard à la Guillotière. C'est ce second Patronage, existant déjà, qui, en 1883, agrandit son action. Non-seulement il eut des réunions d'apprentis qui venaient à la maison du Patronage se distraire et s'instruire pour s'en retourner ensuite dans leur famille, mais il reçut à demeure de pauvres enfants que la misère, l'abandon ou de fâcheux exemples eussent peut-être à tout jamais privés d'un moyen d'existence honnête et honorable.

Mais dans cette voie-là, il n'est pas facile de s'arrêter, et ce petit monde intéressant ne manqua pas d'augmenter bien vite. On installa un atelier de cordonnerie, puis un d'ébénisterie, puis l'avenir eut de nouvelles exigences.

Le Patronage est établi, 13, rue de Crémieux ; il est dirigé par l'abbé Boisard, prêtre de la maison des Chartreux ; il contient soixante enfants environ.

Les enfants ne sont admis que de treize à quinze ans ; ils doivent faire au Patronage un séjour de cinq années ; ils sont nourris, logés et défrayés de tout pendant ces cinq années, moyennant la somme de deux cent cinquante francs.

Pendant les deux premières années, l'enfant est apprenti, et, comme tel, est formé auprès d'un ouvrier habile, travaillant dans l'atelier, aux métiers de menuisier, d'ébéniste, serrurier ou cordonnier. Au bout de deux ans, l'apprenti est devenu ouvrier, et son travail lui est payé à façon ; le montant en est porté à son compte, mais l'argent ne lui est remis qu'à sa sortie de l'atelier, c'est-à-dire quand il a achevé ses cinq années.

En 1892, un nouveau champ d'activité s'ouvrit au Patronage. Des négociants lyonnais offrirent à M. l'abbé Boisard, un nombre respectable d'hectares de terrains, en Tunisie, non loin de Zagohan. Dès lors, un certain nombre de jeunes gens se tournèrent du côté de l'agriculture ; ils ont, grâce aux dispositions prises par M. Boisard, une assez belle perspective d'avenir. Cet établissement agricole s'appelle Ste-Marie du Zitt. Il contient trente-cinq enfants ou jeunes gens.

La Société d'économie sociale de Paris (Société Le Play) vient de décider (juin 1899) de consacrer les revenus d'un legs fait par un de ses membres à subventionner l'établissement agricole de Ste-Marie du Zitt. Ce legs de six mille francs de revenus permettra de confier chaque année à M. Boisard six ou sept pensionnaires. Chaque année, la Société donne au plus méritant une petite dot.

Les Jeunes Incurables.

De pauvres jeunes filles, atteintes de maladies contre lesquelles la science médicale ne peut rien ou presque rien, si ce n'est dans des cas assez rares, méritent tous les égards et tous les efforts de la charité. A un âge où habituellement la santé rayonne, à cette heure riante de la jeunesse qui ne devrait connaître ni les soucis, ni les peines, être frappé d'une affection qui ne laisse que peu d'espoir, ce serait presque du désespoir, si la compassion chrétienne n'était là pour alléger cette douleur.

Mademoiselle Adélaïde Perrin fut pour les jeunes Incurables l'intendante de la Providence. Plus riche de vertus que de fortune, elle employait une bonne partie de son temps à visiter et à consoler les malades dans nos hôpitaux. Au mois de juillet 1819, elle fit connaissance d'une pauvre orpheline, que l'impuissance de la médecine obligeait à sortir de l'Hôtel-Dieu, et qui malheureusement se trouvait sans asile et sans ressources, incapable par elle-même de se procurer les objets les plus essentiels à la vie. Touchée d'une si grande détresse, Mlle Perrin devint son ange tutélaire. Mais quoi faire ? le temps pressait ; la jeune incurable devait sortir de l'hôpital dans les vingt-quatre heures. Elle sortit en effet, et fut confiée à une pauvre femme, qui elle-même trouva un secours dans celui qui était accordé à la malade. Une dame charitable vint en aide à Mlle Perrin et partagea la bonne œuvre. A peine deux mois furent-ils écoulés que deux autres jeunes incurables vinrent implorer la pitié de Mlle Perrin, qui les accueillit.

Trois incurables à soigner demandaient un autre logement que le pauvre réduit de leur gardienne. Mlle Perrin loua, à St-Georges, un appartement plus grand, et là elle reçut une quatrième incurable, précédée des généreux bienfaits de M. Julliard, curé de St-François. On reçut encore d'autres jeunes filles ; l'appartement de St-Georges devint trop petit.

Mademoiselle Perrin, qui logeait dans la maison de la Manécanterie, remarqua alors que de vastes greniers de la maison pourraient facilement et à peu de frais être convertis en chambres habitables. Les autorisations obtenues, la dépense fut faite, et les jeunes incurables y furent transférées.

Jusqu'ici le dévouement de Mlle Perrin était comme couvert d'un voile mystérieux. De charitables personnes, qui chaque mercredi se réunissaient pour travailler pour les pauvres, découvrirent son secret et adoptèrent son œuvre. Dès lors un conseil d'administration fut institué, et l'établissement de charité pour les jeunes filles incurables fut fondé. Il fut connu, il fut admiré, les souscriptions arrivèrent.

Cependant ce nouvel établissement éprouva encore quelques péripéties. Un nouveau local lui fut préparé dans la rue Vaubecour, et deux Sœurs de St-Joseph furent préposées aux soins des infirmes. A ce moment — 1825 — l'Œuvre qui ne date que de 1819, compte déjà vingt-huit jeunes filles incurables.

La maison de la rue Vaubecour devint trop petite à son tour. Au prix de mille trois cents francs, on loua la maison Capelin, dans la rue de l'Abbaye-d'Ainay, et de charitables dames abandonnèrent avec joie les aises de la vie, et vinrent s'enfermer avec les jeunes incurables pour leur donner leurs soins, à la place des Sœurs de Saint-Joseph.

Après la mort de Mlle Adélaïde Perrin, on put, grâce à la charité lyonnaise, acheter la maison Capelin pour l'aménager mieux. Les Sœurs de St-Vincent-de-Paul y furent alors appelées, mais elles ne firent que passer et furent définitivement remplacées par les Sœurs de St-Joseph, qui à nouveau en furent chargées.

Aujourd'hui, l'Œuvre est établie rue de Jarente, 6. Elle a cent quatre-vingt-dix places réservées aux jeunes filles infirmes ou incurables, incapables de gagner leur vie et d'une indigence reconnue.

La maison est dirigée par les Sœurs de St-Joseph, et administrée par un Conseil de dames. Une des conseillères est chargée de visiter les postulantes qui, sur son rapport, sont admises ou refusées.

Pour être inscrite, il faut que la jeune incurable soit native du département du Rhône, ou qu'elle y soit domiciliée depuis trois ans et qu'elle soit âgée de moins de vingt-cinq ans.

M. le Curé d'Ainay est directeur de l'Œuvre.

Jeunes Aveugles.

M. l'abbé Dassy fonda à Marseille, en 1857, la congrégation des Sœurs de Marie-Immaculée pour l'éducation des aveugles et des sourds-muets des deux sexes. On comprend sans qu'il soit besoin d'insister combien cette spécialisation était favorable au but à atteindre. Or, notre ville de Lyon, si elle était pourvue de maisons pour l'éducation des sourds-muets, n'avait pour les jeunes aveugles que l'insuffisante maison de Mlle Frachon, aux Brotteaux. Pénétré du besoin d'une fondation nouvelle, le cardinal Caverot, dès les premières années de sa présence parmi nous, appela dans notre ville les Sœurs de Marie-Immaculée. Grâce à la générosité de quelques familles lyonnaises et au bienveillant patronage de Son Eminence, les Sœurs purent s'établir, en 1879, dans un petite maison de la rue Tourette; mais bientôt cette maison étant devenue insuffisante, elles s'installèrent, en 1881, dans un local plus spacieux, sur la place Morel. Et comme les professeurs envoyés par la maison-mère de Marseille étaient formés depuis longtemps à cet enseignement très spécial, ils obtinrent de beaux résultats. Les religieuses furent contraintes de changer une troisième fois de local; elles sont établies maintenant, 49, route de St-Cyr.

Or, cette institution à Lyon est consacrée aux jeunes filles atteintes de cécité, lesquelles peuvent être reçues dès l'âge de cinq ans.

Les parents pauvres ont à s'entendre pour l'admission de leurs enfants avec la supérieure de l'établissement.

Le prix des bourses, comme celui de la pension, est de cinq cents francs.

Les parents fournissent et renouvellent à leurs frais le trousseau et les vêtements de leurs enfants. Ils ont à fournir les extraits d'actes de naissance et de baptême, et un certificat de vaccine et de bonne santé.

Œuvre des sourds-muets et sourdes-muettes adultes.

Cette Œuvre, fondée en 1850, reconnue d'utilité publique en 1859, est située Impasse des Jardins, à Vaise. Elle est dirigée par les Sœurs de St-Joseph et administrée par un Conseil de messieurs. Elle a pour but de donner asile aux sourds-muets adultes catholiques et indigents des deux sexes.

Institution des sourds-muets et des jeunes aveugles.

Cette institution, fondée en 1872, par M. Hugentobler, est située, 77, rue des Maisons-Neuves. Elle est affectée à l'éducation professionnelle des jeunes sourds-muets et des jeunes aveugles de l'un et de l'autre sexe.

Les enfants sont admis à partir de huit ans jusqu'à treize ans ; le prix de la pension est fixé de gré à gré ; les bourses, payées par les départements et les communes, sont de cinq cents francs pour les sourds-muets et de six cents francs pour les aveugles.

La méthode appliquée pour l'instruction des sourds-muets est la méthode orale, qui consiste à enseigner aux enfants à lire sur les lèvres de leurs interlocuteurs et à parler eux-mêmes. Cette méthode est la seule officiellement reconnue en France.

L'école est subventionnée par l'Etat, le département et la ville, et en reçoit les élèves boursiers.

C'est à M. Hugentobler qu'ont été confiés les élèves de Mlle Frachon par la municipalité ; il est de notre devoir d'ajouter que l'influence y est protestante, malgré la neutralité officielle.

Sainte-Elisabeth.

La Providence de Ste-Elisabeth, située rue de la Claire, 9, et dirigée par les Sœurs de St-Joseph, est destinée aux jeunes filles infirmes qui ne pourraient gagner leur vie, mais qui peuvent cependant se livrer à un travail facile, comme la fabrication des épingles et des aiguilles.

Pour être admise à la Providence de Sainte-Elisabeth, l'infirme ne doit pas avoir moins de douze ans et plus de trente ans. La maison les garde jusqu'à la mort. — Cent cinquante infirmes.

Hospice de Saint-Alban.

A Monplaisir, près de Lyon, au hameau de Saint-Alban, là où fut jadis un pensionnat renommé, existe aujourd'hui une œuvre, fondée en 1855, par M. Gabriel-François Richard, pour le soulagement de jeunes garçons pauvres, infirmes ou incurables, de cette ville. Cet établissement, dirigé par les Sœurs de St-Vincent-de-Paul et administré par un Comité de Messieurs, a été reconnu d'utilité publique en février 1875.

Les enfants, pour être admis, doivent être de Lyon, catholiques, infirmes ou incurables, âgés de plus de six ans et de moins de quatorze ans.

L'Œuvre ne soulage pas seulement les souffrances corporelles, elle s'efforce de développer l'intelligence de pauvres enfants qui lui arrivent sans aucune instruction, et dans des conditions d'infériorité intellectuelle évidente, qu'expliquent trop bien leur faiblesse physique, leurs souffrances allant jusqu'à la paralysie complète. On s'efforce de former leur cœur, de relever leur courage, de les moraliser, et, grâce à la douceur, à la persévérance des Sœurs, à l'art avec lequel elles savent tirer parti d'aptitudes intellectuelles très inférieures, l'instruction primaire de bien des infirmes est satisfaisante.

Ouvert avec cinquante infirmes, l'hospice en comptait cent en 1869. Les loyers des deux maisons qui appartiennent à l'Œuvre, place St-Nizier et quai St-Antoine, étaient régulièrement perçus ; un atelier, établi dans l'hospice pour les jeunes pensionnaires plus grands et plus forts, donnait des produits satisfaisants ; c'est le moment de prospérité de l'Œuvre. Mais après 1870, les revenus diminuant, il a fallu réduire le nombre des pensionnaires. Il se tient aujourd'hui un peu au-dessus de soixante.

Par son testament, M. Richard a placé son Œuvre sous le haut patronage des archevêques de Lyon et des curés de St-Nizier. Quatorze administrateurs sont à la nomination du préfet du Rhône.

Quelquefois les pensionnaires sortent guéris, d'autres notablement soulagés. Le titre d'incurables n'a donc pas à St-Alban une signification absolue. Combien seraient devenus réellement incurables si l'Œuvre Richard ne les eût recueillis.

Ceux des administrateurs de St-Alban, qui sont préposés aux admissions d'infirmes, sont les témoins attristés de scènes pénibles entre les petits malheureux infirmes et leurs parents, souvent aigris par ces infirmités, aussi apprécient-ils mieux que personne les résultats de cette Œuvre et estiment-ils qu'outre les services qu'elle rend aux infirmes, elle en rend aussi à la société, en prévenant probablement des actes coupables et peut-être des crimes.

Ancienne Institution des sourds-muets des deux sexes. Aujourd'hui Providence.

Cette Institution, qui a aujourd'hui les abbés Lémann pour directeurs, a été fondée par M. David Comberry, à St-Just. En 1854, elle fut transférée à la montée de Balmont, à Vaise. Il faut citer ici trois personnes d'un admirable dévouement : Mme Forestier, fille de M. Comberry, Mme Girard et le Père Charles, qui en fut longtemps l'aumônier. Avec de tels auxiliaires, l'Institution prit un développement considérable. La Providence fut fondée et confiée aux Sœurs de St-Joseph.

Cette Institution avait pour but de donner aux jeunes sourds-muets des deux sexes les bienfaits de l'éducation intellectuelle et de leur enseigner un état qui les mît à même de s'assurer par leur travail une existence honorable.

Un cours spécial d'articulation était établi pour apprendre aux élèves qui avaient des dispositions le langage articulé.

L'Institution était située dans un parc, à proximité de Lyon ; deux corps de bâtiments tout à fait distincts étaient destinés, l'un aux garçons, l'autre aux filles.

Les principales branches de l'enseignement étaient

la grammaire, l'écriture, le dessin linéaire, le calcul, les éléments d'histoire, la géographie, l'instruction religieuse.

La durée ordinaire des études était de six ans.

L'établissement possédait divers ateliers, où les enfants apprenaient les métiers les plus analogues à leur goût, à leurs aptitudes et au choix de leurs parents.

L'âge d'admission était de huit à quinze ans.

Les enfants devaient être munis de leur acte de naissance et de baptême.

La pension pour l'année scolaire était de six cents francs; des sourds-muets pauvres étaient admis gratuitement.

Les bourses, fondées par l'administration ou des personnes charitables, étaient de cinq cents francs.

Telle était autrefois cette œuvre; aujourd'hui, les abbés Lémann, pour des considérations particulières, l'ont laissée tomber. Aujourd'hui, c'est une Providence, tenue par les Sœurs de Saint-Sorlin, qui a remplacé l'Institution des sourdes-muettes.

Société d'assistance et de patronage pour les sourds-muets et les aveugles.

Cette Société, fondée en 1883, a son siège social rue des Maisons-Neuves, 77. Elle a pour but de procurer aux jeunes sourds-muets et aux jeunes aveugles nécessiteux le double bienfait d'une bonne instruction primaire et de l'apprentissage d'un métier.

La Société seconde et complète les efforts faits

dans ce même but par la ville de Lyon, le département du Rhône et les départements voisins.

Elle prend sous son patronage direct l'Institution des sourds-muets et des jeunes aveugles de Lyon fondée par M. Hugentobler, son directeur.

Elle pourvoit dans la mesure de ses ressources au trousseau des enfants indigents placés dans l'Institution et à l'enseignement professionnel des élèves, au terme de leurs études. Elle crée des bourses, des demi-bourses et des quarts de bourse en faveur des enfants plus ou moins abandonnés, et en général elle encourage et seconde l'Institution par son appui moral et matériel.

Chaque élève aveugle reçoit à titre d'encouragement la moitié du produit net de son travail à l'atelier. Ce pécule est géré par le Conseil d'administration de la Société, et il en est tenu compte à l'élève à sa sortie de l'école.

Les jeunes Convalescentes.

Les personnes qui se vouent à la visite des hôpitaux avaient compris la nécessité d'une œuvre de Convalescentes. La charité lyonnaise, si ingénieuse à trouver et à organiser des secours pour les misères de tous genres, ne pouvait manquer de venir en aide à cette classe si intéressante d'infortunées.

On sait, en effet, l'encombrement de nos hôpitaux. L'administration est obligée de se montrer sévère pour les convalescents ; un délai est fixé, passé lequel la sortie est de rigueur. Or, il arrive souvent que des malades, qui ont épuisé, avant d'entrer à l'hôpital, leurs dernières ressources, sont dans le plus complet dénûment au moment d'en sortir, que vont-ils devenir ? Et si ce sont des jeunes filles, quel péril ! Ou d'horribles privations, ou des ressources infâmes.

Cette désolante alternative a ému des âmes généreuses, qui, en 1844, fondèrent cette Œuvre pour offrir aux jeunes convalescentes sortant des hôpitaux une maison pour les recueillir et une charité attentive pour ménager leur faiblesse, en attendant le complet rétablissement de la santé.

Pour atteindre pleinement son but, l'Œuvre a trois conditions à remplir et elle les remplit : donner aux convalescentes les soins que leur état exige ; nourrir leur âme en leur faisant connaître et aimer la vertu ; enfin, après leur guérison, leur trouver une place.

Les commencements de l'Œuvre ont été humbles, obscurs, laborieux. Quelques dames, n'écoutant que les inspirations du premier Pasteur du diocèse, en jetèrent les premiers fondements, y consacrant leurs ressources et leur vie. Ce sont encore des personnes libres, c'est-à-dire nullement liées par des liens religieux, qui ont la direction de l'établissement.

Ces dames ont fait l'acquisition, en 1855, montée St-Barthélemy, 27, de l'ancienne maison de la Providence, tenue avant la Révolution par les Religieuses Trinitaires, qui y revinrent même fort peu de temps en 1804 et qui cédèrent la place aux Religieuses Carmélites.

L'Œuvre de Ste-Anne, annexe de l'Œuvre des Jeunes Convalescentes, est devenue un véritable patronage. Les jeunes filles, en effet, qui sortent de convalescence et qui ne sont pas assez fortes pour aller travailler dans les ateliers, sont occupées dans la maison à des travaux de couture et de lingerie, et forment la section de Ste-Anne.

Celles qui, ayant passé par la convalescence, sont placées au dehors et viennent le dimanche passer leur journée ou leur temps libre à la maison, forment la section de Jeanne d'Arc.

Du reste, plusieurs œuvres très vivantes sont organisées dans cette maison. Nous en parlons en leur lieu et place.

Fondation Mazard.

Le nom d'Etienne Mazard, qui naquit à Lyon en 1660, est un nom cher à la chapellerie lyonnaise. Jusqu'à lui les manufactures de chapeaux n'employaient, à Lyon, que de la laine ordinaire ; il entreprit d'établir l'usage du castor, qui avait si bien réussi à Londres. Il se transporta en Angleterre, y étudia la fabrication, ramena des ouvriers et arriva bien vite à la fortune.

Mais c'est aussi un nom respecté dans les annales de la bienfaisance lyonnaise. Par son testament du 21 avril 1735, il légua à la Charité de Lyon une somme de cent cinquante mille francs, à la charge de doter, tous les ans, de cent cinquante livres chacune, trente-trois pauvres filles, dont une de Taluyers et trente-deux de la ville de Lyon, et ce, en l'honneur des trente-trois années que le Sauveur a passées sur la terre.

Par ses délibérations, le Conseil général d'administration des Hospices a décidé que l'attribution des dots aux paroisses bénéficiaires serait fixée comme il suit :

Paroisse d'Ainay . . . . 1 dot.
— de Ste-Croix . . . . 1 »
— de St-Bernard. . . . . 1 »
— de Ste-Blandine . . . . 1 »
— de St-Bonaventure . . . . . . 3 »
dont deux à des filles de chapeliers.
— du Bon-Pasteur . . . . 1 »
— de St-Bruno . . . . 1 »
— de St-François . . . . 2 »
— de St-Georges. . . . . 2 »
— de St-Irénée . . . . 1 »
— de St-Jean . . . . 3 »
— de St-Just . . . . 2 »
— de St-Louis . . . . 3 »
— de St-Nizier . . . . 5 »
dont deux à des filles de chapeliers.
— de St-Paul . . . . 3 »
— de St-Pierre . . . . 2 »
— de St-Polycarpe . . . . 1 »
— de Taluyers . . . . 1 »

D'après les intentions exprimées dans le testament de M. Mazard, la fondation s'exécute ainsi :

Les Conseils de fabrique dressent et certifient, conformément au modèle qui leur est envoyé, la liste des jeunes filles qu'ils jugent dignes de participer au bienfait du fondateur.

Ils ne peuvent y inscrire que des jeunes filles devant avoir plus de quatorze ans et moins de seize ans, le 25 mars de l'année où se fait la distribution.

La liste contient trois aspirantes pour chacune des dots attribuées à chaque paroisse. Les aspirantes doivent être des filles indigentes, de bonnes mœurs, nées à Lyon, sur la rive droite du Rhône, d'un légitime mariage et de parents domiciliés en cette ville.

Pour les paroisses de St-Nizier et de St-Bonaventure, il est formé deux listes distinctes, l'une pour les filles de chapeliers exclusivement et l'autre pour les filles de toutes professions.

Pour les paroisses d'Ainay et de Ste-Croix, les Conseils de fabrique alternent leurs présentations qui sont ainsi faites : première distribution, la paroisse d'Ainay présente deux jeunes filles et la paroisse de Ste-Croix une seule; deuxième distribution, la paroisse de Ste-Croix présente deux jeunes filles et la paroisse d'Ainay, une seule.

Les listes sont adressées à l'administration centrale des Hospices, avant le 1er mars, délai de rigueur ; elles doivent être accompagnées de l'acte ou du bulletin de naissance de chaque aspirante.

Le dimanche qui précède la fête de l'Annonciation, toutes les jeunes filles, maintenues sur les listes par le Conseil, se rendent à l'Hospice de la Charité, à l'heure qui leur est indiquée. Elles sont introduites, paroisse par paroisse, devant le Conseil général de l'administration réuni en séance publique.

Les dots attribuées à chaque paroisse sont tirées au sort par les aspirantes elles-mêmes, suivant l'ordre de leur inscription sur la liste du Conseil de fabrique de leur paroisse.

Le Conseil général d'administration des Hospices a décidé qu'une croix en argent, d'un modèle spécial, serait remise à toutes les jeunes filles qui seraient jugées par lui dignes de participer au tirage de la Fondation Mazard.

Le jour de l'Annonciation, les trente-trois jeunes filles dotées doivent venir avant huit heures du matin à l'Hospice de la Charité.

On remarquera que dans cette répartition toute la rive gauche du Rhône est exclue des bienfaits de la Fondation Mazard.

Fondation Pléney.

M. Pléney, négociant, fit par testament une fondation dont l'objet est de distribuer chaque année des livrets de caisse d'épargne d'une somme de cinq cents francs aux jeunes gens des deux sexes, âgés de vingt ans au moins, qui sont indiqués par le Tribunal des Prud'hommes et le Conseil général des Hospices de Lyon, comme ayant soutenu par leur travail et leur dévouement prolongés leurs frères et sœurs orphelins, ou leurs parents malheureux. Ces jeunes gens doivent être domiciliés à Lyon depuis trois ans au moins.

Cette fondation a commencé à être appliquée en 1861. Ceux qu'elle intéresse doivent s'adresser à la mairie centrale, place des Terreaux.

Fondation Gomy. — *(Voir le Perron).*

La Fondation Gomy a créé, au Perron, un service de dix lits en faveur de garçons incurables de cinq à dix-huit ans, désignés par la ville de Lyon.

Ces incurables sont présentés à l'admission par l'administration municipale, suivant les intentions du testateur, et sont agréés par le Conseil d'administration des Hospices.

L'admission ne peut être prononcée qu'autant qu'il est produit un certificat d'un médecin des Hôpitaux de Lyon, chef de service, désigné par l'administration hospitalière, constatant que le candidat est réellement incurable et que son affection n'est pas de nature à réclamer des soins médicaux et chirurgicaux assidus, ni à compromettre le repos ou la sécurité des autres malades.

Fondation Courajod. — *(V. le Perron).*

Fondation Grillet. — *(V. le Perron).*

Fondation Carra. — *(V. le Perron).*

Fondation de l'Administration. — *(V. le Perron).*

Fondation Gustel-Thival.

En vertu du testament de M. Gustel-Thival, décédé à Lyon en 1825, le Conseil d'administration des Hospices de Lyon distribue chaque année, au mois d'octobre, des vêtements à trente enfants habitant la circonscription de l'ancienne rue des Pierres-Plantées (Grande-Côte).

Fondation Bonafous.

La fondation de M. Bonafous consiste en une dot de mille francs au profit d'une jeune fille pauvre, laborieuse et honnête, de la paroisse St-Pierre, et dont le mariage doit se célébrer le 26 septembre, c'est-à-dire deux mois après l'admission des demandes.

Les demandes doivent être adressées ou à la mairie du premier arrondissement, ou à M. le curé de St-Pierre, avant le 25 août, terme de rigueur.

Maisons de famille.

Tous les ans, à la sortie des collèges, un grand nombre de jeunes gens viennent à Lyon continuer leurs études aux Facultés catholiques, aux Facultés de l'Etat, à l'Ecole de Commerce, aux cours préparatoires de St-Cyr, de l'Ecole des Beaux-Arts, etc.

Mais à l'heure de l'entrée dans la vie sérieuse et publique, à l'heure où tant de dangers nouveaux attendent le jeune homme, c'est de la manière dont il emploiera ses premières années de liberté que dépendront à la fois son avenir et l'honneur de son nom et de sa famille. Aucune illusion sur ce point n'est possible. Dès lors, tout en se préoccupant d'organiser à Lyon le séjour de leurs fils, les parents, s'ils sont chrétiens, doivent chercher à placer les jeunes gens dans un milieu tel que leur éducation morale et religieuse puisse se compléter.

C'est pour donner cette sécurité aux parents qu'ont été créées les maisons de famille.

La première fut celle de Jeanne d'Arc, qui a passé par bien des variations. En 1887, elle fut fondée à St-Georges, rue St-Georges, 44, au Cercle ; c'était la maison de famille rudimentaire. En 1889, elle quitta St-Georges pour s'établir, 18, quai de l'Archevêché, où elle ne resta que quelques mois. L'année suivante,

1890, elle émigra, 16, rue du Plat, sous le nom de maison de famille St-Irénée; elle devint ensuite la maison Lacordaire, et enfin, en 1894, la maison Jeanne d'Arc. Elle vient de disparaître (1899) ou plutôt d'émigrer encore, rue de l'Abbaye-d'Ainay.

La Société lyonnaise des Maisons de famille s'est en effet constituée et a fondé récemment, avec le concours des Pères Dominicains, deux maisons de famille, destinées aux étudiants des Facultés et écoles supérieures de Lyon. Elles sont situées l'une, 10, rue de l'Abbaye-d'Ainay, c'est l'ancienne maison Jeanne d'Arc, qui a M. l'abbé Roche pour directeur, l'autre, 29, rue Cavenne, sous la direction du P. Crapelet, dominicain. Les repas sont pris en compagnie du Directeur.

Une autre maison, sous la direction des Frères Maristes, a été fondée en 1895, 28, rue de la Charité et, 32, rue Ste-Hélène. Outre les appartements ordinaires, elle possède une salle de jeux, un salon de lecture et des classes pour les répétitions communes.

Le bienfait des maisons de famille n'a pas été limité aux seuls étudiants, il s'étend aussi aux employés de commerce, aux ouvriers et aux demoiselles de magasin.

La maison du Bon-Pasteur, située rue du Bon-Pasteur, 28, et dirigée par M. l'abbé Savel, offre aux employés le logement et la nourriture à des prix modestes.

Une autre maison de famille, pour les demoiselles employées de commerce, demoiselles de magasin, ouvrières, et tenue par les religieuses de Notre-

Dame-Auxiliatrice, — voir plus loin — vient d'être transférée de la place St-Clair à la rue Bossuet.

La maison des Jeunes Convalescentes, montée St-Barthélemy, 27, a aussi une maison de famille à prix très réduit.

Enfin, dans un autre ordre de faits, il y a, rue de la Fromagerie, une maison de famille pour les jeunes maçons. Elle a été créée sur la demande et grâce à l'initiative des entrepreneurs du syndicat du bâtiment. Elle est patronnée par le comité et administrée par les ouvriers eux-mêmes. Les jeunes maçons y sont reçus jusqu'à l'époque de leur service militaire. Ils y trouvent, dans de bonnes conditions d'hygiène et de morale, la pension et le logement à un prix égal à celui qui serait payé ailleurs ; ils y trouvent de plus, au point de vue professionnel, des cours techniques pour perfectionner leurs connaissances, et au point de vue religieux, la garde et les secours dont ils ont besoin.

CHAPITRE III

ADULTES

Œuvres militaires. — Prévoyance. — Travail. — Placement. — Malades. — Œuvres hospitalières et annexes. — Infirmes et Incurables — Pauvres. — Distribution de secours. — Bureaux de bienfaisance. — Œuvres diverses. — Fondations.

Notre-Dame des soldats.

Ce fut en 1874 que fut légalement organisée l'aumônerie militaire; jusqu'à cette date, l'armée de Lyon n'avait eu que des aumôniers volontaires, je serais plus exact en disant qu'un aumônier volontaire, l'abbé Faivre, aumônier du camp de Sathonay, d'impérissable mémoire.

Mais cette loi de 1874 fut bientôt rapportée, l'aumônerie fut supprimée. Les aumôniers étaient cependant bien décidés à continuer leur œuvre, mais il leur manquait des ressources.

C'est alors que fut créée, par M. l'abbé Clot, sous le haut patronage du cardinal Caverot, l'Œuvre de Notre-Dame des soldats. Calquée sur l'Œuvre de la Propagation de la Foi, qui a servi de modèle pour tant d'autres œuvres, elle s'adresse à tous les diocésains et leur demande une aumône d'un sou par semaine. Ce fut le premier élément des ressources de l'Œuvre, élément qui serait sans aucun doute resté insuffisant si Dieu n'avait donné aussi sa bénédiction, et sa bénédiction, c'est la prospérité des œuvres.

Notre-Dame des soldats fut fondée en 1877; son

but est d'obtenir des ressources ; ces ressources sont consacrées à l'établissement de cercles militaires et de salles de réunion, à l'installation de bibliothèques, à l'achat de livres, au fonctionnement des écoles du soir, à la création de salles de jeux variés, même d'un théâtre, et par là, à faire échapper le soldat aux innombrables dangers qui l'entourent, à entretenir les pratiques de religion qu'il avait dans sa famille, à sauvegarder sa foi chrétienne, à conserver l'intégrité de ses mœurs, à développer l'amour généreux du devoir, de la discipline, du dévouement.

L'Œuvre s'intéresse aux garnisons de St-Etienne, de Montbrison et de Roanne. Elle dépense annuellement vingt-cinq mille francs. Elle a à sa disposition un petit journal, l'*Ami du soldat*, qui entretient les souscripteurs et les bienfaiteurs de ses améliorations et de ses progrès.

Ainsi organisée, l'Œuvre est sous le patronage du clergé paroissial. Le directeur est M. l'abbé Clot, aumônier militaire, rue de la Part-Dieu, 88, au siège de l'Œuvre.

Il faut signaler ici un heureux résultat obtenu dans sa paroisse par M. le curé de St-Augustin. Il est parvenu à grouper, à leur retour du service, un certain nombre de ses paroissiens, qui forment une section du cercle paroissial, et qui sont organisés en société locale de secours mutuels.

Cercles militaires.

L'Œuvre militaire a ouvert cinq cercles dans la ville de Lyon : 88, rue de la Part-Dieu, au siège de l'Œuvre ; au camp de Sathonay ; aux Chartreux, impasse du Cloître ; à Perrache, 5, cours Charlemagne, et à St-Irénée, rue des Anges, 30. L'Œuvre vient aussi en aide aux cercles militaires de Saint-Etienne, Grande-Rue-St-Roch, 96, et de Montbrison et de Roanne.

Le cercle de la Part-Dieu, à proximité des Casernes, est vaste et bien aménagé ; de grandes salles de lecture et de jeux, une vaste chapelle bien fréquentée, une belle salle de spectacle, des salles d'ombrage attirent un nombreux public militaire.

Celui du Camp devient très florissant et jouit d'une heureuse popularité dans cette agglomération de près de deux mille hommes.

Celui des Chartreux, à proximité des 157e et 158e régiments d'infanterie, est peut-être moins connu, mais on sent qu'une vie nouvelle le fait tressaillir et il ne tardera pas à tenir honorablement sa place.

Celui de Perrache réunit tous les soirs, et le dimanche surtout, de nombreux soldats casernés dans les environs.

Celui enfin de St-Irénée, voisin du 121e régiment d'infanterie, le plus jeune des cercles militaires, est de plus en plus fréquenté.

Ces bons résultats sont également obtenus à St-Etienne, Montbrison et Roanne.

Faut-il ajouter un mot sur l'esprit de ces maisons de famille militaire ! Il n'y a pas longtemps (10 et 25 mars 1899), le *Correspondant* contenait un article qui a dû certainement être remarqué du monde militaire ; il traitait de *quelques questions intéressant l'hygiène morale de l'armée*. L'auteur anonyme parle incidemment des maisons de famille militaires et regrette le caractère religieux de ces maisons. Il voudrait les voir exister, mais laïques; ainsi, croit-il, elles seraient plus fréquentées. Me sera-t-il permis d'écrire que c'est un rêve, une utopie, une chimère ? Quelques tentatives ont été faites dans le sens demandé, on a couru à l'effondrement. Il faut qu'on se convainque partout que le cercle militaire n'est pas un lieu d'embauchage religieux; il faut qu'on se convainque partout de cette vérité fondamentale de l'Œuvre : quiconque porte l'uniforme de soldat français peut entrer ici sans payer et sans se préoccuper d'idées religieuses. Le soldat est ici dans sa maison.

La Croix-Rouge.

La Société de la Croix-Rouge est une Société de secours aux blessés des armées de terre et de mer. Elle tire son nom de son symbole, croix rouge sur fond blanc. Elle s'est fondée aussitôt après la signature de la Convention de Genève du 22 août 1864.

En 1870, grâce à la générosité française qui lui donna quinze millions en quelques semaines, elle répondit à tout ce qu'on pouvait attendre d'elle. Elle a fait plus tard parvenir aux corps expéditionnaires du Tonkin et de Madagascar cinq cent mille francs, et comme elle est internationale, elle a fait parvenir ses dons jusque dans la presqu'île des Balkans. Elle peut se rendre ce fier témoignage qu'elle a sauvé des milliers de vie.

Elle ne comptait d'abord que des hommes, mais en 1887, elle s'est adjoint un comité de dames, à la tête duquel se trouvent les femmes et les veuves des maréchaux et amiraux de France. Elle comptait, en 1888, cent trente-six comités d'hommes et cinquante-un de dames.

La Société est représentée dans le département du Rhône par un comité d'hommes et par un comité de dames. Le siège de la Société est rue du Garet, 9.

Le comité des Messieurs distribue des secours importants aux victimes de la guerre ; mais il avait à faire davantage depuis que la paix avait semblé sérieusement menacée.

Il s'est assuré, par de nouvelles démarches, le concours de toutes les communautés religieuses de Lyon et de la banlieue, au nombre de quarante, dont les locaux, déjà tout aménagés, fourniront un total de deux mille cinq cents lits. Soixante et un docteurs ont bien voulu se mettre à la disposition du comité. Le service des infirmiers et infirmières est largement assuré par la coopération des Hospitaliers-Veilleurs et des Religieuses. Enfin, tout un cadre d'aumôniers, approuvés par l'autorité diocésaine, promet le meilleur fonctionnement du service religieux.

Le comité des Dames du Rhône s'occupe de recueillir des adhésions, et de fonder des sous-comités. Grâce au zèle déployé, la lingerie des blessés a pris de l'importance.

Chacun sait que dans la poursuite d'une œuvre de bienfaisance, il y a un puissant intérêt à ne pas diviser les efforts et les ressources, aussi éprouva-t-on quelque étonnement, lorsqu'on vit, en 1879, naître deux œuvres similaires, l'Union des Femmes de France et les Dames françaises, lesquelles ne semblent différer de la Croix-Rouge que par l'éloignement des idées religieuses.

Le Comité de la Croix-Rouge lyonnaise a organisé un cours à l'usage des infirmiers et associés de l'Œuvre.

Il donne aussi des pensions et des secours aux anciens militaires. Bibliothèque dans les hôpitaux.

Petites filles des soldats.

L'Œuvre des petites filles des soldats est aussi connue sous le nom d'Ouvroir de St-Maurice. Elle est née en 1857, et eut pour fondateur l'abbé Faivre, dont le nom est resté légendaire à Lyon, et pour premier protecteur un soldat, le général de Courtigis.

On comprend facilement à quels sentiments, à quelles préoccupations obéirent ces deux vaillants cœurs. L'Etat a une réelle sollicitude pour les enfants des soldats, quand ce sont des garçons ; mais si ce sont des filles, il ne s'en inquiète pas. Et cependant, il n'est pas besoin d'insister pour comprendre combien est difficile l'éducation d'une jeune fille dans un milieu qui ne lui est guère favorable. Ne dites pas qu'on la placera au moment opportun dans un pensionnat ; le pensionnat le plus modeste demandera trois ou quatre cents francs par an, et le trousseau, et les fournitures classiques, c'est une grosse somme, une somme irréalisable pour un soldat.

Il y avait donc quelque chose à faire, et l'Œuvre des petites filles des soldats fut créée. Elle a pour but de recevoir les petites filles des soldats mariés de l'armée active, et de leur donner une instruction religieuse, intellectuelle et professionnelle, afin de les préserver des dangers inséparables de la vie de caserne et des camps. Il y a là des filles de sous-officiers, maîtres d'armes, sergents de la justice militaire, tambours-majors, gendarmes, cantiniers, et comme l'établissement est unique en son genre, elles viennent des quatre coins de la France.

L'Œuvre fut reconnue d'utilité publique le 16 janvier 1861. Elle est établie dans le village de Sathonay, voisin du Camp, dans un vieux castel généreusement prêté depuis le commencement de l'Œuvre, par la noble famille de Virieu. Elle reçoit les enfants dès l'âge de six ans, et les garde jusqu'à dix-huit ou vingt et un ans, selon les termes de la convention passée avec la famille. Elle ne demande aux parents ni trousseau, ni redevance annuelle, mais une seule et unique mise de fonds de cent quatre-vingts francs, exigible à l'entrée de l'enfant dans la maison. C'est presque toujours la femme du général gouverneur qui est présidente de l'Œuvre.

On se demande comment, en 1880, le budget de la guerre a eu le courage de refuser à cette Œuvre si intéressante l'allocation annuelle qu'il lui avait donnée jusque-là.

L'Aumônerie militaire coloniale.

Ce n'est pas ici le lieu de rappeler l'honorable tentative qui fut faite, en 1874, pour organiser l'Aumônerie militaire en France, et ce qui fut fait ensuite pour la diminuer et la supprimer. Il est, du moins, permis de s'étonner qu'on s'obstine à vouloir ignorer le côté moral et religieux, si nécessaire dans toute agglomération d'hommes.

Et si la présence de nos aumôniers devrait être jugée si vraiment utile à nos soldats, combien plus nécessaire devrait-elle l'être dans nos colonies, et surtout dans nos colonies de formation ! On fait partir nos soldats pour des pays lointains, où la fièvre est endémique, où les pirates abondent ; on s'efforce de les munir de tout ce qui leur est nécessaire au point de vue matériel, on ne s'occupe pas de leur âme. Combien de ces partants seront fauchés là-bas par la mort, sans avoir la dernière consolation de voir un prêtre.

Vivement émues de cet état de choses navrant, des mères chrétiennes de Lyon ont conçu le dessein d'y porter remède, au moins en ce qui regarde le Tonkin. Grâce aux sympathies qu'elles ont rencontrées, elles ont recueilli de généreuses souscriptions, et dans le Haut-Tonkin, elles ont fait élever de modestes chapelles et ont assuré le service religieux dans plusieurs postes qui en étaient totalement dépourvus. — C'est l'Œuvre de l'Aumônerie militaire coloniale.

Elle a commencé à fonctionner en novembre 1894, sous la protection de S. E. le cardinal Coullié. Elle n'a été établie à Paris qu'en 1897.

Le comité central a son siège à Lyon. Mme Giraud-Novallet en est la présidente. Le Père Leserteur, au séminaire des Missions étrangères, 128, rue du

Bac, à Paris, centralise l'argent du comité et le fait parvenir aux évêques des colonies.

Société des Œuvres de mer.

Cette Société naissante n'était pas la moins nécessaire, ses œuvres sont des plus sympathiques.

Quoiqu'à Lyon nous soyons loin de la mer, nous avons lu ce que les auteurs ont écrit sur la grande pêche, la pêche à Terre-Neuve ou en Islande. Il n'est pas de récit plus navrant. De Dunkerque, de Paimpol, de Fécamp, de Cancale, etc., partent de nombreuses flottilles, ils sont huit à dix mille marins qui vont mener là-bas, dans le fond des horizons brumeux, une vie qui est une véritable torture journalière. Les voilà de longs mois — un grand nombre d'entr'eux du moins — sans nouvelles, sans médecin, sans prêtre, n'ayant pour réconfort que la perpétuelle eau-de-vie qui les brûle.

On a eu, à plusieurs reprises, l'idée de soulager ces misères; les premières tentatives ne furent pas heureuses. On ne se découragea pas ; en 1894, une campagne commençait pour grouper les bonnes volontés. En 1895, un bateau-hôpital fut mis en chantier; en 1896, il prenait la mer et allait porter aux flottilles les secours du médecin et du prêtre, et en même temps du facteur de la poste pour les lettres à distribuer ou à expédier en France.

En 1895, une maison de famille pour les pêcheurs fut construite à St-Pierre et Miquelon, elle eut le plus grand succès. L'Œuvre ne remplira totalement ses désirs, que lorsqu'elle aura plusieurs navires-hôpitaux, et surtout navires-hôpitaux à vapeur, et quand elle aura établi des maisons de famille dans tous les endroits de pêche. Mais on comprend quelles sommes réclament ces vastes projets.

D'après cet exposé, on comprend mieux le but de la Société des œuvres de mer : porter les secours matériels, médicaux, moraux et religieux aux marins français et étrangers, et plus spécialement à ceux qui se livrent à la grande pêche.

Pour atteindre ce but, elle arme des navires-hôpitaux qui croisent sur les lieux de pêche aux époques convenables ; chacun d'eux aura un médecin et un aumônier.

Le siège de l'Œuvre est 5, rue Bayard, à Paris.

Elle a été reconnue d'utilité publique le 7 décembre 1898.

Plusieurs villes ont déjà établi des comités locaux, Lyon a le sien, à la tête duquel est Mme Dagaud, 8, quai de la Guillotière. Il n'est qu'à son début, mais quand il sera plus connu, la charité lyonnaise ne manquera pas de lui témoigner sa sympathie.

Sociétés alimentaires des IIIe et VIe arrondissements.

La Société alimentaire du VIe arrondissement a été fondée en 1891, et a son établissement, 3, rue Louis-Blanc ; celle du IIIe a été fondée en 1894, et a son établissement place du Pont, 8.

Cette Association est destinée à procurer aux employés de commerce et aux ouvriers qui sont obligés de prendre leurs repas au restaurant une nourriture saine, abondante, et à très bon marché.

Fourneaux économiques.

Les Fourneaux économiques distribuent des portions de viande, de légumes et de bouillon aux indigents, moyennant un prix très modique, ou bien en échange de bons qui leur ont été donnés par des personnes charitables.

Il y a, à Lyon, trois de ces établissements : le premier, rue Duguesclin, 97, et le second, quai Saint-Vincent, 59, sont dirigés par les Sœurs de St-Vincent-de-Paul. Le troisième était autrefois Grande-Rue de la Croix-Rousse, 12, placé, lui aussi, sous la direction des mêmes religieuses ; il fut transféré sur la place de la Croix-Rousse, puis fermé. Les Sœurs de St-Joseph de Cluny l'on rouvert, il y a une quinzaine d'années.

Ces deux derniers fourneaux de la Croix-Rousse et de St-Vincent ne fonctionnent que pendant la mauvaise saison.

De plus, il y a eu, pendant des hivers spécialement rigoureux, il n'y a pas longtemps, les Fourneaux Economiques de la Presse, dont les frais étaient couverts par des souscriptions ouvertes dans les journaux, des fêtes populaires, des subventions municipales ; ils n'existent plus.

Logements économiques.

La Société des logements économiques a pour but de procurer aux ouvriers un logement salubre et à bon marché, où ils puissent vivre honnêtement avec leur famille.

Il existe actuellement dix groupes de logements

économiques se divisant en soixante-treize maisons qui contiennent près de huit cents logements :

1er groupe (quartier de la Mouche), comprenant deux maisons rue des Asperges, trois rue St-Jérôme, trois rue de la Lône.

2e groupe (quartier de la Part-Dieu), six maisons rue de la Rize, cinq rue Neuve-La-Villardière, trois rue d'Essling, deux rue de la Bannière.

3e groupe (quartier de Vaise), six maisons rue des Nouvelles-Maisons, deux rue St-Didier, deux rue Cottin.

4e groupe (quartier St-Georges), deux maisons sur la montée des Epies.

5e, 6e et 7e groupes (Brotteaux), trois maisons rue Louis-Blanc, trois rue de Crillon et quatre rue du Parfait-Silence.

8e groupe (Oullins), neuf maisons rue de la Gare, une rue des Ecoles.

9e groupe (Villeurbanne), quatorze maisons rue Kœcklin.

10e groupe, appelé Louis-Blanc, trois maisons rue Dussaussoy.

Le Secrétariat du peuple.

Le Secrétariat du peuple fonctionne à Lyon, depuis le 26 février 1888 ; il est un épanouissement de l'Œuvre des Cercles. Il fut établi d'abord à la Croix-Rousse, rue Grataloup, dans le local de l'école des Frères.

Les loisirs manquent à l'ouvrier, astreint à un travail incessant, pour s'occuper avec soin de ses affaires ; les connaissances lui font souvent défaut pour défendre ses intérêts. Aussi ses droits risquent-ils d'être lésés par des gens plus habiles ou plus expérimentés. S'il cherche autour de lui la protection et l'appui affectueux dont il a besoin, il ne trouve d'ordinaire que des hommes disposés à l'aider, seulement à condition qu'il paie bien.

Qu'il s'agisse d'une difficulté juridique à résoudre, d'une contestation avec son propriétaire, d'une réclamation à faire sur sa cote d'impôt, d'un petit héritage à recueillir, de discussions de famille, d'un deuil imprévu, d'un prêt imprudent, ou même plus simplement d'une lettre d'affaire à écrire, d'une convention à établir, d'une pétition officielle à rédiger, l'ouvrier est presque également embarrassé. Les connaissances spéciales nécessaires lui font défaut, et la conscience de cette ignorance l'effraie.

Lorsque par suite de circonstances, aujourd'hui malheureusement trop fréquentes, il en est réduit à faire entrer son vieux père à l'hospice ou chez les Petites-Sœurs des Pauvres ; s'il a charge d'orphelins qu'il voudrait placer dans un bon établissement ; si une longue maladie, sans le réduire à l'indigence, lui fait désirer d'utiliser quelqu'une des institutions de bienfaisance de notre ville, s'il veut faire partie d'une Société de secours mutuel, d'un patronage, d'un cercle catholique, s'il a des démarches à faire pour régulariser un mariage, il est le plus souvent fort embarrassé. Le Secrétariat du peuple est appelé à lui rendre tous ces services.

Donner à nos ouvriers l'aide et les conseils dont ils peuvent avoir besoin dans la pratique ordinaire de la vie, empêcher qu'ils ne soient isolés en face d'adversaires plus riches ou plus adroits, mettre, en un mot, à leur service, gratuitement, l'expérience et les lumières d'hommes instruits et éclairés, tel est le but du Secrétariat du peuple.

Pour faciliter le fonctionnement de cette institution, on a établi, dans chaque quartier, un ouvrier honorable qui a le titre de délégué de quartier ; c'est à lui que doivent s'adresser tous ceux qui désirent avoir recours au Secrétariat du peuple. C'est ce délégué qui les accompagnera au bureau du Secrétariat, les présentera, les recommandera.

Le bureau est confié à des hommes ayant de l'expérience et des connaissances spéciales, magistrats, avocats, notaires, etc. Il est divisé en trois sections : la section juridique, consultations gratuites données par des avocats, magistrats, notaires ; la section médicale, visites à domicile, consultations gratuites, médicaments à prix réduit ; la section de bienfaisance ou bureau de renseignements, renseignements sur les œuvres existantes ou sur les ateliers ou usines où l'on peut se procurer du travail.

Le Secrétariat est ouvert à tout ouvrier, homme ou femme, sans distinction de professions ou d'idées religieuses ou politiques.

Il y a, à Lyon, trois bureaux du Secrétariat du peuple :

1° Secrétariat de Bellecour, rue du Peyrat, 1, au siège du Comité de l'Œuvre des Cercles catholiques, pour le centre de la ville et la rive droite de la Saône.

2° Secrétariat de la Croix-Rousse, place de la

Croix-Rousse, 8, salle de la Perle, pour la Croix-Rousse, le Bon Pasteur, St-Bernard et les Chartreux.

3° Secrétariat du Prado, rue Bouchardy, 5, pour les Brotteaux et la Guillotière.

Le Secrétariat est ouvert tous les dimanches, de 9 heures à 11 heures du matin.

Bureau central des renseignements de bienfaisance.

Ce bureau, fondé en 1895, et autorisé la même année, a son siège, rue de l'Hôpital, 6. Il donne des renseignements confidentiels sur la situation des indigents qui sollicitent des secours ; il fait connaître aux personnes qui s'intéressent à un malheureux, malade, orphelin, vieillard, etc., l'œuvre la plus propre à le secourir ; il prête son concours aux œuvres existantes ou en voie de formation, en leur fournissant tous les renseignements dont elles peuvent avoir besoin.

Œuvre catholique de protection et de secours.

Cette Œuvre a pour but de venir promptement et efficacement en aide, sans distinction de religion ou de nationalité, à ces milliers de personnes abandonnées, sans position, sans famille, que des épreuves de tout genre jettent sur le pavé de nos grandes villes, sans ressource, sans asile, quelquefois sans pain.

Elle est comme un trait d'union entre les diverses œuvres, vers lesquelles elle dirige les détresses spéciales qu'elles sont destinées à soulager. A cet effet, un bureau central est ouvert à Lyon, 5, place St-Jean, de 9 heures à 10 heures, les mardi, jeudi et samedi pour les hommes, et de 3 à 5 heures pour les femmes, tous les jours, excepté les jeudi et jours fériés.

L'organisation de l'Œuvre, qui n'est qu'à ses débuts, puisqu'elle date de novembre 1899, sera complétée, dans la mesure où ses ressources le lui permettront, par un ensemble d'établissements spéciaux, maisons d'hospitalité, de famille, de convalescence, où, en attendant une situation moins précaire, les personnes qui n'auraient pu être accueillies par les œuvres similaires déjà existantes, trouveront un gîte sûr, du travail si elles sont valides, des soins si elles sont malades, et toujours, quel que soit leur cas, une protection aussi dévouée que désintéressée. C'est par là surtout que cette Œuvre se distinguera heureusement de l'Œuvre précédente.

M. le chanoine Nugue, curé de la Primatiale, est directeur de l'Œuvre.

On peut signaler à l'Œuvre les détresses dont on aurait connaissance et qui sembleraient dignes d'intérêt.

Caisse de prêts.

Il en existe deux. L'une est une création annexe de l'Union corporative de la Fabrique lyonnaise ; l'autre dépend de la Chambre de commerce. C'est de celle-ci que nous parlons. Elle a été instituée en faveur des chefs d'atelier de la Fabrique d'étoffes de soie de la ville de Lyon, autorisée et reconnue comme établissement d'utilité publique le 9 mai 1832.

Elle est destinée à leur venir en aide quand une suspension générale ou particulière du travail, ou tout autre cause privée ou publique, les mettrait dans la nécessité momentanée de vendre à vil prix tout ou partie des ustensiles de fabrication garnissant leurs ateliers. Elle vient aussi en aide aux chefs d'atelier qui désirent perfectionner ou renouveler leur outillage, par des prêts qui sont consentis à des conditions déterminées. Une des conditions pour être admis à ce bienfait est d'être chef d'atelier domicilié à Lyon.

Le chef d'atelier qui désire obtenir des avances de la Caisse des prêts, ou son aide pour transformer son outillage ou pour se libérer d'un créancier qui lui a fait des avances à cet effet, doit faire une demande adressée à la Commission exécutive de la Caisse des prêts; on fait une enquête sur sa demande, et la Commission décide s'il y a lieu à accorder le prêt demandé. S'il s'agit d'avances pour la transformation de l'outillage, le prêt est assez élevé; l'emprunteur doit offrir un répondant. Naturellement, la Caisse de prêts s'entoure de toutes garanties.

Les avances faites sont sans intérêt si les fonds de la Caisse le permettent; en tout cas, si un intérêt devient exigible, il ne doit pas dépasser quatre pour cent.

Les remboursements peuvent se faire par fractions, pourvu que cette fraction ne soit pas au-dessous de dix francs.

Œuvres de prévoyance.

Ces œuvres sont en général des Sociétés de retraite pour la vieillesse. Elles sont toutes fondées sur ce principe : une économie modique et régulière pendant les années où la santé et le travail ne font pas défaut, afin d'avoir une certaine somme annuelle, fixée par des règlements, quand arrivent les jours impuissants de la vieillesse.

Ces Sociétés deviennent très nombreuses, on ne saurait les énumérer toutes :

Retraite pour la vieillesse,
Le Denier des Vieillards,
Les soutiens de la vieillesse,
L'Union des familles,
La Famille lyonnaise,
La Boule de neige,
Le Sou par jour, rue Terraille, 5,
Les Prévoyants de l'avenir, rue Confort, 19, — Société fondée en 1830,
La Fourmi, section lyonnaise, rue Centrale, 10,
La Fourmi lyonnaise, 2, quai des Célestins,
L'Avenir du Prolétariat, rue Victor-Hugo, 1,
La Caisse mutuelle d'épargne et de prévoyance, rue Ferrandière, 31,
La Caisse nationale populaire, 10, rue Palais-Grillet,
La Coloniale, rue de l'Hôtel-de-Ville, 76,
L'Epargne foncière de France, 5, rue Constantine,
La France prévoyante, 27, rue de l'Arbre-Sec,

La Glaneuse, 136, boulevard de la Croix-Rousse,
La Prévoyante, rue Ferrandière, 30,
Les Prévoyants de l'Union, rue Vauban, 68,
Le Ruisseau, place du Griffon, 8,
La Solidarité, rue de la Barre, 4,
La Tortue, 41, rue de l'Hôtel-de-Ville,
L'Universelle, 91, rue de l'Hôtel-de-Ville, — Société fondée en 1888, etc., etc.

Les Sociétés coopératives sont aussi des œuvres de prévoyance et d'économie.

Ces Sociétés ne visent pas à faire des bénéfices. Elles achètent les marchandises en gros, les revendent au détail au prix coûtant, avec la seule majoration nécessaire pour couvrir les frais d'installation et de personnel.

Il y a surtout des coopératives pour la boulangerie, la boucherie et l'épicerie; on n'en peut être le client qu'à des conditions déterminées.

Caisse des retraites des ouvriers en soie.

Une Société de secours mutuel pour les ouvriers en soie est établie dans la ville de Lyon. Une caisse de retraite y est annexée. Les détails qui régissent ces deux institutions ressemblent à ceux des autres Sociétés, et je n'en parlerais pas si je n'avais à signaler un acte remarquable de bienfaisance, à l'honneur de la Chambre de commerce de Lyon.

Le fonds social en effet est composé, outre les cotisations annuelles, les dons, legs et donations possibles, d'une somme annuelle de soixante mille francs, allouée, sur l'excédent des recettes de la Condition des soies de Lyon, par la Chambre de commerce, qui se réserve le droit de modifier tous les dix ans le chiffre de son allocation.

Société humanitaire.

Les soutiens de la vieillesse de tous corps d'états. — Siège rue Paul-Bert, 51.

Cette société a été fondée par M. Joseph Michon, le 1er août 1888. Le but est essentiellement de fonder un établissement pour les vieillards des deux sexes. Elle assure à toutes les personnes ayant versé mensuellement durant 15 années consécutives, une somme variant de un à deux francs, un logement viager et non meublé, ou un secours annuel permettant à l'ouvrier économe de se créer par lui-même, un bien-être pour ses vieux jours ; de plus, elle assure les frais d'inhumation et un secours à la veuve ou aux enfants orphelins.

Tout Français, habitant Lyon, est de droit admissible à faire partie de la société ; les femmes sont admissibles également. La cotisation est d'un franc dix centimes par mois et par part ; on peut souscrire pour deux parts, et la durée du versement est de quinze ans au moins. Les secours annuels sont calculés au prorata des versements. Il faut, de plus, avoir 50 ans d'âge.

Assistance mutuelle lyonnaise.

Cette association, fondée en 1872, a son siège rue Ferrandière, 27. — Elle a pour but de réunir et de distribuer des ressources de toute nature pour soulager, sans distinction religieuse, sociale, politique ou professionnelle, les souffrances de la population lyonnaise pendant la durée des crises qui suspendent le travail du commerce et de l'industrie à Lyon, ou à l'occasion d'événements extraordinaires, tels que inondations, incendies, épidémies, etc. En temps normal, elle vient en aide aux habitants de Lyon qui se trouvent momentanément dans le besoin et qu'un secours exceptionnel et opportun a chance d'empêcher de tomber ou de rester dans la misère ; elle les assiste, après enquête, par des secours et surtout des prêts en argent, en matières premières, en instruments de travail, en leur procurant du travail, etc.

La société est administrée par un Conseil composé de cinquante membres. Le Conseil peut augmenter ou diminuer le nombre de ses membres. Le Conseil délibère, quel que soit le nombre des membres présents. Il a les pouvoirs les plus étendus.

Le dernier rapport de l'Assistance mutuelle, présenté par M. Aynard, son président, fait connaître que plus de neuf cents demandes lui ont été adressées, et que sur ce nombre, après enquête sérieuse, trois cent quatre-vingt-dix ont été prises en considération. Ces trois cent quatre-vingt-dix prêts se sont élevés à la somme de dix-sept mille francs ; cent quatre-vingts ont été consacrés à des achats de machines à coudre, de mécaniques, d'outils divers, de montages de métiers de soierie, deux cent dix ont été des prêts d'argent, et le rapport fait remarquer que ceux-ci sont généralement le mieux remboursés.

Le Conseil municipal donne à cette œuvre une subvention annuelle de mille cinq cents francs.

Association Alsacienne et Lorraine.

Cette association, fondée en 1870, a son siège, rue Ferrandière, 48.

Après la guerre, les habitants de l'Alsace et de la Lorraine eurent à choisir l'une de ces deux alternatives : ou changer de nationalité, ou s'exiler. Un grand nombre se réfugièrent à Lyon, et Lyon les accueillit avec la plus grande sympathie.

Les alsaciens-lorrains formèrent une société de secours, qui devint, en 1891, l'association Alsacienne-Lorraine. Le but est resté le même : 1° donner des secours aux Alsaciens-Lorrains, établis à Lyon ou de passage, et venir en aide aux militaires sortant du service ou y entrant ; 2° la célébration, chaque année depuis 1872, d'une chère coutume alsacienne, la fête de l'arbre de Noël, qui est encore une fête de charité.

Cette association secourt en moyenne quatre cents compatriotes chaque année.

Sociétés de secours mutuels.

Les sociétés de secours mutuels, par certains côtés, doivent être considérées comme des œuvres de bienfaisance, bienfaisance restreinte puisqu'elle ne s'exerce que sur un nombre limité de personnes ayant satisfait à certaines conditions, mais bienfaisance réelle puisqu'on y trouve l'assistance à domicile et des indemnités pécuniaires revenant aux associés.

Un comité général des sociétés de secours mutuels est établi rue de la République, 84.

Les sociétés de secours mutuels sont toutes fondées sur le même principe : moyennant une cotisation annuelle variable, les sociétaires reçoivent en temps de maladie, gratuitement, les soins du médecin, les remèdes et une indemnité quotidienne variable aussi.

Voici le tableau des sociétés de secours mutuels lyonnaises, avec leur numéro d'ordre :

1. Société protestante.
2. Tailleurs de pierres.
3. Maîtres tisseurs.
6. Divers Etats.
8. Maîtres tisseurs.
9. Ouvriers Peigniers.
10. Ouvriers en soie.
11. Ouvriers fondeurs.
12. Fabricants d'étoffes de soie.
13. Cabaretiers.
14. Arts et Métiers.
15. Chapeliers.
17. Société israélite.
18. Ouvriers en soie.
19. Anciens militaires.
20. Chefs d'ateliers divers.
21. Tous arts.
22. Ouvriers en soie.
23. Divers états.
24.
25. Chefs d'ateliers tisseurs.
26. Union.
27. Ouvriers chapeliers.
28. Veloutiers.
29. Garçons de caisse et de magasin.
30. Arts et Métiers.
31. Typographes.
32. Maîtres patentés (bâtiment).
33. Crocheteurs du Port-St-Vincent.
36. Tous Arts et Métiers.
37. Cordonniers.
39 Ouvriers cartiers.
40 Mécaniciens sur bois.
41. Tous arts.
43. Fabricants d'étoffes de soie.

44. Arts et Métiers.
45. Amis de la paix.
46. Maîtres jardiniers.
47. Menuisiers.
48. Arts et Métiers.
49. Garçons de caisse et de magasin.
52. Marchands bouchers.
54. Maçons.
55. Pêcheurs et baigneurs.
56. Anciens militaires.
58. Ouvriers cordonniers.
59. Patrons coiffeurs.
60. Divers.
62. Ouvriers de divers états.
64. Fabricants de soieries.
65 Ouvriers de divers états.
66. Ouvriers de divers états.
67. Ouvriers en soie.
68. Patrons ramoneurs.
69. Patrons tripiers.
70. Doreurs.
72. Mécaniciens.
73. Cordonniers.
74. Graveurs dessinateurs et metteurs sur bois.
75. Ouvriers teinturiers.
78. Tailleurs de pierres.
80. Tullistes.
81. Arts et Métiers.
82. Cochers et divers.
83. Anciens compagnons cordonniers.
84. Ouvriers menuisiers de Lyon.
85 Maîtres ouvriers.
86. Maîtres pour la fabrique des soieries.
87. Tous états.
88. Divers.
90. Tous états.
91. Imprimeurs lithographes.
92. Amis de la paix.
93. Tous états.
94. Ouvriers en soie.
95. Tous états.
96. Dite d'Archimède.
97. Tisseurs.
98. Divers états.
98 bis. Caissiers et employés.
99. Anciens compagnons menuisiers.
100. Tailleurs de cristaux.
101. Divers états.
102. Garçons de magasin, hommes de peine.
103. Garçons de magasin, hommes de peine.
104. Maîtres menuisiers-Marchands de meubles.
105. Menuisiers.
107. Ouvriers fondeurs.
108. Etats divers.
109. Imprimeurs sur étoffes.
110. Divers.
111. Musiciens.

112. Employés de commerce.
113. Ouvriers peintres-plâtriers.
114. Vieux amis de la Croix Rousse.
116 Tous états.
117. Union des Arts et Métiers.
118. Ouvr. en parapluies.
119. Tous arts et métiers.
120. Crocheteurs.
121. Tous corps d'état.
122. Maitres tisseurs.
123. Amis de l'industrie.
124. Marbriers-sculpteurs.
126. Médecins du Rhône.
128. Divers.
130. Bienfaisance.
131. Divers.
132. Tonneliers.
133. Arts et Métiers.
134. Sapeurs-pompiers.
135. Saint-Nicolas. — Ouvriers des ports.
136 Divers.
138. Horticulteurs.
139. Ouvriers bijoutiers.
140. Ouv. rubanniers.
141. Employés de voirie.
142. Horticulteurs et agriculteurs du IVe arrondissement.
143. Instituteurs. Institutrices.
144. Mécaniciens et chauffeurs.
145. Sauveteurs médaillés.
146. Ouvrières de la manufacture des tabacs.
148. Ouvriers cordonniers-bottiers.
149. Chapeliers.
150. Epargne et Prévoyance pour la vieillesse.
152. Tapissiers de Lyon.
153. Commis d'agents de change.
155. Maitres tailleurs.
156. Arts et Métiers.
157. Jeunes gens israélites.
158. Ouvriers chaudronniers.
159. Ouvriers tanneurs.
162. Ouvriers cartonniers.
163. Arts et Métiers.
164. Cuisiniers.
167. Voyageurs de commerce.
169. Tous corps d'état de Monplaisir.
171. Garçons de salles.
172. Divers.
173. Peintres en voitures.
174 Secours mutuels (Italiens).
175. Tous corps d'état.
176. Machinistes et conducteurs d'appareils à vapeur.

180. Marchands de chiffons.
182. Horticulteurs de l'Est.
183. Employés de la soierie lyonnaise.
184. Ouvriers carrossiers.
187. Tailleurs de pierres.
188. Tireurs d'or et guimpiers.
189. Menuisiers de Lyon.
193. Tourneurs de chaises.
194. Boulangers.
195. Machinistes au chemin de fer.
196. Confiseurs-pâtissiers.
198. Ouvriers serruriers.
199. Papetiers et régleurs.
200. Industriels et commerçants.
202 Agents des chemins de fer.
203 Employés de banque, soieries et teinture.
204. Industrie des bâtiments.
205. Marchands de charbon.
207. Marchands de vin.
208. Dames de tous corps d'état.
209. Arts et Métiers.
210. Jeunes soldats.
211. Blanchisseuses.
212. Amis du Génie.
217. Fraternelle.
219. Employés de banque.
223. Mutualité suisse.
224. Ouvriers chocolatiers.
225. Garde nationale (anc. soc. de la 5e du 7e B.)
227. L'Amitié. (Employés de commerce).
228. Coiffeurs.
229. Demoiselles employées de commerce.
230. Agents et ouvriers du P.-L.-M.
232. Fourreurs, apprêteurs et lustreurs.
233. Ouvriers cimenteurs.
235. Compositeurs, imprimeurs et empl. d'imprimerie.
236. Liquoristes.
237. Anciens marins et équipages.
238. La Concorde.
239. Cochers, valets de chambre.
240 Ouvriers en instruments de musique
241. Voituriers et camionneurs.
242. Société de retraite pour la vieillesse.
243. Batellerie (Rhône et Saône).
244. La Franc-Comtoise.
246. Le bâtiment.

247. Anciens militaires ayant fait campagne.
248. Arts et Métiers
249. Le sou par jour.
250. Anciens militaires de la marine.
251. Garçons bouchers et similaires.
252. Employés de chemins de fer.
254 Enfants de Saône-et-Loire.
255. Anciens militaires du 42e de ligne.
262. Anciens cuirassiers.

En tout, environ trente mille membres.

Voici à peu près le programme d'après lequel sont généralement formées les sociétés de secours mutuels :

1° Donner les soins du médecin et les médicaments aux membres participants ;

2° Leur payer une indemnité pendant la durée de la maladie ;

3° Accorder des secours pécuniaires à ceux qui deviendraient infirmes ou incurables avant l'âge où ils sont admissibles à la pension de retraite ;

4° Leur procurer des moyens d'instruction et des délassements utiles, bibliothèques, cours, conférences, etc.

5° Constituer une caisse de pensions viagères de retraite.

6° Pourvoir à leurs funérailles.

7° Donner un secours une fois payé aux familles des membres décédés.

Cependant les articles 4 et 7 ne se retrouvent pas toujours dans les diverses sociétés de secours mutuels.

Au sommet de toutes ces sociétés de secours mutuels, est le *Comité général des sociétés de secours mutuels et de retraite de Lyon*, établi pour juger les différends qui peuvent s'élever entre les sociétés et les sociétaires.

Corporation des employés de la soierie lyonnaise.

Cette corporation, constituée en vertu de la loi du 21 mars 1884, a son siège social à Lyon, rue Ste-Catherine, 17. Elle se compose spécialement des employés de la fabrique, elle peut admettre aussi les employés des industries qui s'y rattachent.

Elle a pour but de poursuivre l'amélioration constante des intérêts moraux et matériels des employés, d'établir entre les membres de l'Union corporative de la soierie lyonnaise, fabricants, employés et tisseurs, un lien de solidarité et de fraternité chrétienne qui leur permette de se prêter un mutuel appui dans l'exercice de leurs devoirs professionnels, afin de créer et de soutenir des institutions économiques.

Un article des statuts ajoute : La corporation, trouvant dans les principes religieux et moraux de ses membres les plus sûres garanties pour atteindre le but qu'elle se propose, en fait une condition essentielle d'admission.

Les Conseils des fabricants, des employés et des tisseurs agissent de concert pour faciliter une entente cordiale sur toutes les questions générales intéressant l'Union corporative.

La fête religieuse patronale est le 15 août.

Union corporative de la Fabrique lyonnaise.

Au groupe des tisseurs lyonnais, vinrent s'adjoindre deux autres groupes : l'Union chrétienne des fabricants de soieries, qui compte une centaine de membres, et la Corporation des employés de la Fabrique lyonnaise, qui grandit tous les jours. Ces trois groupes réunis forment l'Union corporative de la Fabrique lyonnaise. L'Union comprend donc les fabricants, les employés et les tisseurs. Il est facile d'en comprendre l'importance; cette association mixte sur le terrain industriel ne peut que promouvoir le rapprochement des classes diverses, avec la charité chrétienne pour base.

Une caisse de prêts est établi par l'Union corporative de la Fabrique lyonnaise.

Syndicat mixte du commerce et de l'industrie.

Il a été fondé en 1891. Il existait à Paris depuis 1887. Il a pour but d'unir, sur le terrain de leurs intérêts professionnels, les employés catholiques pratiquants de Lyon et principalement ceux qui font partie des œuvres de persévérance.

Pour accomplir efficacement cette Œuvre mutuelle, le Syndicat offre à tous ses membres les avantages de ses divers services, qui sont le placement, la coopération, les secours mutuels et les relations professionnelles.

Par le placement, le Syndicat procure à ceux de ses associés qui sont sans place, ou qui désirent améliorer leur situation, des emplois dans des maisons de commerce de premier ordre.

Par la coopération, les syndiqués obtiennent sur leurs achats, dans les maisons qui ont un traité avec le Syndicat, pour eux et leur famille, des escomptes qui réduisent sensiblement leur dépense.

Syndicat mixte du bâtiment.

Née en 1888, cette association de patrons et d'ouvriers des diverses industries qui se rattachent au bâtiment est franchement chrétienne. Sans parler du côté religieux de cette union, il faut dire cependant que tous promettent de favoriser les institutions destinées au bien-être moral et professionnel de la classe ouvrière. Les patrons embauchent de préférence les membres du Syndicat. Le Syndicat constitue un patrimoine corporatif duquel les membres ouvriers sont seuls appelés à bénéficier. Ce patrimoine est formé par des retenues sur le montant réglé et encaissé de certains travaux : 1 o/o sur les travaux qui sont confiés aux patrons en tant que membres du Syndicat, et 2 o/o sur ceux qui leur viennent directement du Syndicat.

La cotisation annuelle est de dix francs pour les patrons, et de trois francs pour les membres ouvriers.

Le siège social est rue du Peyrat, 1, au rez-de-chaussée. C'est là que se font les cours, les conférences d'étude faites par des hommes compétents sur toutes les matières qui peuvent intéresser les industries du bâtiment. C'est là aussi que se trouve le registre d'embauchage pour les membres ouvriers ; c'est là enfin qu'on peut s'adresser pour les soumissions de travaux.

En outre, le Syndicat a fondé pour ses membres un lit à l'hôpital St-Joseph ; il favorise de tout son pouvoir la participation de ses membres aux œuvres de prévoyance, sociétés de secours mutuels, caisse de retraite, etc. Il donne des primes à chaque titulaire d'un livret, ainsi qu'aux pères de famille qui ont au moins trois enfants.

Patrons catholiques.

Cette Association a été fondée en 1871, elle a son siège rue Ste-Catherine, 17.

Son but s'explique par la date de sa fondation. Au lendemain de nos malheurs, elle a voulu rapprocher le patron de l'ouvrier, elle a voulu, dans le labeur commun, établir les principes chrétiens qui doivent régner dans le monde du travail et de l'industrie.

Pour atteindre ce but, elle a multiplié les moyens d'action ; elle a fondé l'Union corporative de la Fabrique lyonnaise qui comprend trois groupes : les fabricants, les employés et les tisseurs ; puis le Syndicat mixte des patrons et employés du commerce et de l'industrie ; puis enfin des écoles du soir, une bibliothèque de bons livres, un bureau de placement gratuit pour les employés et domestiques. Elle soutient la cause du repos dominical et entretient plusieurs écoles.

La bibliothèque de l'Association ne contient pas moins de dix mille volumes, traitant de tout ce qui intéresse le commerce, l'industrie, la science et la littérature. Elle a plus de six cents familles abonnées et près de cinq mille lecteurs.

Des bibliothèques, dites circulantes, ont été créées dans des paroisses rurales, c'est-à-dire que la bibliothèque de l'Œuvre est prêtée à ces paroisses par morceaux. Un envoi de livres est fait ; quand ces livres sont lus, la paroisse les renvoie à l'Œuvre, qui fait un second envoi, et ainsi de suite.

Les écoles entretenues par l'Association sont l'école congréganiste de la rue Centrale, 41 ; l'école laïque de la rue de Sèze, 64 ; l'école du soir de la place St-Pothin ; l'école du dimanche, place Saint-Polycarpe.

L'Association depuis sa fondation a dépensé plus de deux cent mille francs en bonnes œuvres.

Bureau de placement catholique.

L'Association des patrons catholiques a adjoint à son œuvre un bureau de placement appelé à rendre d'importants services. Il est situé au siège de l'Œuvre, rue Ste-Catherine, 17.

Il place annuellement un millier d'hommes et un millier de femmes.

Le Bureau est entièrement gratuit pour ceux qui demandent des ouvriers et des employés, comme pour ceux qui sollicitent des places ou du travail.

Le Bureau est ouvert, pour les hommes, tous les jours, excepté les dimanches et fêtes, de 8 heures à 10 heures du matin ; pour les femmes, aux mêmes jours, moins le jeudi de chaque semaine, de 2 heures à 4 heures du soir. Le Bureau des dames est tenu par une dame.

Les maisons ou ateliers qui demandent des ouvriers ou employés doivent être franchement catholiques, être dirigés selon les principes et les lois de l'Eglise.

Ceux qui ont recours au Bureau, doivent être catholiques, français ou naturalisés français, avoir une bonne conduite dûment attestée, posséder des aptitudes professionnelles suffisantes, et produire de bonnes références. Les mineurs doivent être âgés de treize ans au moins et être autorisés ou présentés par leurs parents.

Œuvre des domestiques alsaciennes-lorraines.

Nous avons expliqué, en parlant de l'orphelinat des Franciscaines, de la montée des Forts, 12, à Cuire, la raison de la présence de ces religieuses à Lyon. Avant la guerre, elles s'occupaient de l'Œuvre des Allemands qui se réunissaient aux Brotteaux, sous la direction des Pères Capucins. Après la guerre, elles continuèrent à s'occuper des alsaciennes, et lorsqu'elles émigrèrent de la rue Vauban à Cuire, deux d'entr'elles restèrent à Lyon pour seconder les domestiques alsaciennes. Elles sont installées dans un modeste local, 160, rue Vendôme, où elles reçoivent, en attendant qu'elles trouvent une place, et à un prix modique, les domestiques alsaciennes-lorraines.

Il faut aussi signaler ici Mlle Knickenberg, 8, rue Vaubecour, qui s'occupe également du placement des domestiques allemandes.

Les tisseurs lyonnais.

Cette Association date de février 1886. Elle a pour but :

1° D'améliorer les intérêts matériels et moraux des membres de l'Association ;

2° de fournir, à titre de location et sur sa demande, à tout chef d'atelier faisant partie de l'Association, les ustensiles nécessaires à tout travail de tissage qui lui sera confié ;

3° de rechercher tous les moyens pour procurer à ses adhérents la vie à bon marché ;

4° d'arrêter l'émigration des ouvriers de la ville à la campagne par les moyens ci-dessus ;

5° de fournir par son bureau, soit aux fabricants, soit aux membres adhérents, aux uns les métiers et aux autres la recherche facile du travail ;

6° de rétablir la vie de famille qui existait autrefois dans l'atelier, c'est-à-dire que l'ouvrier ou compagnon y soit attaché à démeure fixe comme nourriture et comme logement ;

7° de former de bons apprentis qui, plus tard, deviennent des ouvriers suivant les désirs et les vœux de la corporation.

Le siège de la corporation est situé rue des Capucins, 6. Un employé est chargé de recevoir et de donner tous les renseignements utiles, soit aux membres de la fabrique, soit à ceux de la corporation, chefs d'ateliers ou ouvriers.

La corporation s'est mise sous le patronage de N.-D. de Fourvière ; c'est assez dire son esprit franchement chrétien.

Les résultats ont été surprenants. Après un an

d'existence, la corporation comptait mille membres, chefs d'ateliers, trois mille métiers, un magasin de remisses assez nombreux, une société coopérative, La Fraternelle.

Chaque année, la Corporation des tisseurs lyonnais distribue des primes aux chefs d'ateliers qui forment des apprentis, ainsi qu'aux ouvriers et ouvrières travaillant un temps déterminé dans le même atelier.

La corporation a ces avantages pour ses adhérents : prêt de remisses, caisse de secours, caisse de prêts, secours médicaux.

Associations d'anciens élèves.

Il y a, à Lyon, plusieurs associations d'anciens élèves ayant étudié dans la même maison ou le même établissement.

Associations des anciens élèves :

De l'école centrale, quai de la Guillotière, 20.

Des écoles supérieures municipales, rue Pléney, 1.

Des Frères, rue Neyret, 1.

Du Lycée de Lyon, rue de l'Arbre-sec, 27.

De l'école supérieure de commerce et de tissage, rue de la Charité, 34.

De l'école des Beaux-Arts, rue de la Platière, 3, et une seconde, rue Grenette, 45.

Des Chartreux, quai de la Pêcherie, 14.

De l'Enseignement professionnel.

De la Martinière, rue Ste-Catherine, 17.

Des Minimes. — Des Frères, aux Lazaristes.

Avec des variantes, ces sociétés ont à peu près

toutes la même fin : conserver et au besoin renouveler ou établir des relations amicales entre les anciens élèves d'une même institution, venir en aide aux anciens camarades et à leur famille; aider à l'éducation des fils des moins fortunés, exercer même une influence salutaire sur les élèves actuels.

L'Association des anciens élèves des Frères se propose surtout le patronage de l'école La Salle.

Œuvre de Sainte-Germaine.

L'Œuvre catholique de Ste-Germaine a été fondée en 1895. Elle a pour but d'offrir aux jeunes filles, qui viennent à Lyon pour s'y placer comme domestiques, un asile sûr, où elles trouvent, avec la nourriture et le logement, les moyens pour se former au service comme cuisinières ou femmes de chambre.

Les conditions nécessaires pour se présenter à l'œuvre sont les suivantes :

Etre âgée de dix-sept ans au moins et de vingt-cinq ans au plus, avoir une bonne santé, être assez forte pour faire le travail d'un service ordinaire, être munie de bons renseignements, notamment d'une lettre de recommandation du curé de la paroisse.

Le siège de l'œuvre est à la maison des Jeunes convalescentes, montée St-Barthélemy, 27.

Le dimanche, si leurs maîtresses leur en donnent la permission, ces jeunes filles peuvent venir le passer dans la maison qui les a accueillies ; cette réunion forme un véritable patronage. Elles sont visitées dans leur place, et si, pour de justes raisons, elle la quitte, la maison leur offre à nouveau l'hospitalité et les aide à se replacer.

Il y a quelques années, l'Association des patrons catholiques, craignant avec raison l'influence protestante de l'Union des amies de la jeune fille, a offert une subvention à l'œuvre de Ste-Germaine, pour qu'elle voulût bien se substituer à l'Union. Les jeunes domestiques étaient accueillies par l'œuvre, logées et entretenues à ses frais pendant les quelques jours nécessaires pour leur trouver une place.

Ce côté de l'Œuvre vient tout récemment d'être transformé par la création suivante.

Œuvre internationale catholique pour la protection de la jeune fille.

On voit dans les gares, et même dans les compartiments de chemin de fer, des pancartes jaunes, avec ce titre : *Union internationale des amies de la jeune fille*. Qu'est-ce que c'est ?

Le 21 septembre 1877, vingt-deux dames de sept pays différents, réunies à Genève, à l'occasion du premier congrès de la Fédération britannique, posèrent les bases d'une Union internationale, ayant pour but de former un réseau de protection autour de toute jeune fille appelée à quitter la maison paternelle pour chercher ailleurs son gagne-pain, quelles que puissent être sa religion, sa nationalité, ses occupations. Cette Union, une fois créée, eut son comité central à Neufchâtel.

Si les avertissements de l'Union sont multipliés dans les gares, c'est que l'expérience a fait connaître de quels abominables trafics sont victimes les naïves jeunes filles venant de la campagne dans nos grandes villes pour y trouver une place.

Cette œuvre, protestante dans son origine, est restée protestante, même dans les milieux catholiques. Il a fallu remédier à ce mal, car on ne tarda pas à s'apercevoir de l'influence protestante sur les nouvelles débarquées. Sur la demande de l'Association des patrons catholiques, l'Œuvre de Ste-Germaine fit cette œuvre catholique.

Mais tout récemment (fin 1899), vient d'être fondée à Lyon une œuvre plus directe encore de protection de la jeune fille sous le nom d'Internationale catholique. Son but est de relier entre elles. par un lien commun, toutes les œuvres et institutions locales qui ont pour objet le placement, la protection, le patronage des jeunes filles catholiques : institutrices, employées, demoiselles de magasins, ouvrières, domestiques.

L'Œuvre est donc en rapport avec toutes les œuvres utiles à cette protection, avec les Dames de la Retraite pour les institutrices, avec les Dames du Sacré-Cœur de la rue Boissac pour les institutrices anglaises, avec les Dames auxiliatrices pour les demoiselles de magasin, avec la Direction des Blandines, rue Tramassac, pour les domestiques, etc.

Le siège de l'Œuvre est situé 27, montée Saint-Barthélemy, où se trouve un lieu de réunion pour celles qui le dimanche ont des moments de liberté ;

mais il y a, place Carnot, 2, pour toutes les jeunes filles, quelleque soit leur destination, un bureau de renseignements. Là, on leur donne les informations dont elles peuvent avoir besoin selon les circonstances, sur les institutions, maisons hospitalières, de convalescence, de bienfaisance, sur les patronages et autres lieux de réunion catholiques, sur les bureaux de placement qui méritent toute confiance, sur les consulats de leur pays d'origine, si elles sont étrangères, etc. Ce bureau est placé près de la Gare, pour être à la portée des arrivantes.

Cette œuvre est sous le haut patronage de S. E. le Cardinal. Soit par la distinction et le dévouement des personnes qui sont à la tête de l'Œuvre, soit par le bien qu'elle est appelée à faire, elle est digne de toutes les sympathies.

Les Blandines.

L'Œuvre de Ste-Blandine a été fondée en 1838, par M. l'abbé Ozanam, alors vicaire à St-Pierre. Elle accueille toutes les filles munies de la recommandation de leur curé, qui viennent à Lyon pour se placer en qualité de domestique. L'établissement est situé 10, rue Tramassac; il est dirigé par les religieuses de St-Charles, qui facilitent le placement de ces jeunes filles dans des maisons chrétiennes et honorables.

L'Œuvre les reçoit moyennant une rétribution de cinquante centimes par jour; la nourriture se paie à part et le prix en varie suivant le nombre de portions qu'elles veulent prendre. Les domestiques qui ont déjà servi doivent être, pour être admises dans la maison, munies d'excellents certificats.

Œuvre des Institutrices libres.

Si l'on songe à tout ce qu'il y a de délicat dans la situation d'une jeune fille appelée à être institutrice dans une famille, on comprendra tout ce qu'il y a de charité à favoriser leur placement dans des milieux honorables.

Les Dames de la Retraite, place de Fourvière, qui sont en relation avec les meilleures familles de la région, pouvaient mieux que toutes autres prendre en mains les intérêts de cette classe intéressante de personnes. Elles établirent chez elles l'Œuvre des Institutrices libres, qui a déjà près d'un demi-siècle d'existence. Elles reçoivent des familles les demandes de sujets, et des institutrices les demandes d'emploi, à condition, cependant, que ces dernières aient donné leur nom et fassent partie de l'Œuvre.

Œuvre de Marie-Auxiliatrice.

Les Religieuses de Marie-Auxiliatrice ont fondé une maison destinée à recevoir, à des conditions modérées, les jeunes filles obligées de demander au travail leurs moyens d'existence en dehors de la famille. Cette maison a été 1, place St-Clair, et 23, rue de l'Orangerie; elle est aujourd'hui rue Bossuet, 11.

Les jeunes personnes, munies de bons certificats,

sont reçues sous la seule condition morale d'accepter la direction et les conseils des religieuses, de mener une vie régulière, soit au dedans, soit au dehors de la maison et de s'employer à un travail sérieux dans leur intérêt propre. Elles ne contractent pas d'engagement et demeurent toujours libres de se retirer.

Le dimanche, les jeunes filles sont tenues à assister aux offices dans la chapelle de la communauté ; elles participent ensuite aux récréations, promenades à la campagne, ou études qui leur sont procurées par les religieuses pour les délasser ou leur procurer des connaissances utiles, selon leur position. Toute jeune fille qui mérite de sérieux reproches, est invitée à quitter la maison.

Afin de venir en aide d'une manière plus efficace à ces jeunes filles, la société de Marie-Auxiliatrice a fondé l'Œuvre du secours mutuel, qui, moyennant une légère cotisation annuelle de la part de ses associées, met à leur disposition les avantages suivants :

1° Après trois mois de stage et le deuxième versement trimestriel, la jeune fille a droit, en cas de maladie ou de blessures entraînant incapacité de travail, d'être admise à l'infirmerie, où elle trouve gratuitement les médecins, les remèdes et les soins dévoués que réclame son état.

2° En cas de chômage, la jeune fille associée loge dans la maison, si elle le désire, jusqu'à ce qu'elle trouve une situation ; son séjour peut, s'il est nécessaire, se prolonger pendant un mois.

Les sociétaires sont invitées à fréquenter le plus souvent possible la maison de l'Œuvre.

Le travail de Marie.

C'est une des plus anciennes et des plus intéressantes inventions de la miséricorde des dames lyonnaises. Procurer un travail facile de couture à de pauvres mères de famille auxquelles il vient en aide, malgré la modicité de sa rétribution ; ouvrir au produit de ce travail une exposition et une vente permanentes ; assurer et recueillir des annuités qui permettent l'achat des matières premières qui sont livrées au travail, telles sont les préoccupations de l'Œuvre. — Une partie de ce travail est vendu au public, dans un magasin situé rue de la Platière, 20 ; une autre partie est vendue dans une vente de charité organisée à cet effet par les dames de l'Œuvre. Cette Œuvre fut fondée en 1821.

L'Assistance par le travail.

Cette œuvre fut fondée en 1890. A ses débuts, elle fut établie aux Charpennes, puis transférée quai Jean-Jacques-Rousseau, ensuite rue de la Ruche-aux-Feuillants, à Monplaisir, enfin transportée définitivement là où elle est aujourd'hui, rue Louis Blanc, 59.

Le but de cette Œuvre est de procurer aux ouvriers sans travail le logement et la nourriture pendant au moins huit jours, en leur permettant ainsi de trouver un travail définitif.

Tout homme qui se présente avec une carte détachée d'un carnet à souche, carnet mis à la disposition de tous les souscripteurs, est accueilli dans cet Ouvroir. Cette carte, qui coûte un franc cinquante et qui n'est payée par le bienfaiteur que dans le cas où elle est utilisée par son protégé, donne à celui-ci le droit de rester au minimum huit jours dans la maison, où il est logé et nourri, à condition toutefois qu'il fabrique de midi à six heures du soir, 50 paquets de bois d'allumage dits « petits fagots ».

La matinée est laissée à l'homme pour lui permettre de chercher du travail.

Cette œuvre prit naissance à Paris, dans le dernier mois de 1870, pendant le Siège. Le maire du VIIIe arrondissement, l'un des plus riches de la capitale, donnait beaucoup de secours et les donnait gratuitement. Les nécessiteux, surtout les femmes et les enfants, car les hommes étaient aux bastions, y venaient en foule. L'hiver était rude, et les bataillons avaient autant à souffrir du froid de la saison que du feu de l'ennemi. On eut l'idée de faire confectionner aux femmes que l'on assistait, des ceintures et des gilets de flanelle pour les soldats défenseurs de Paris. — Ainsi naquit l'Assistance par le travail, œuvre fondée par M. Mamoz.

Œuvre lyonnaise de l'hospitalité de nuit.

Le but de l'Œuvre, est d'offrir pour la nuit un abri gratuit et temporaire aux hommes sans asile. Ils y sont reçus sans distinction d'âge, de nationalité ou de religion, à la seule condition qu'ils observent, sous peine d'exclusion immédiate, les mesures de moralité, d'ordre et d'hygiène prescrites par le règlement intérieur.

L'entrée de l'établissement a lieu tous les soirs, de sept à neuf heures. Il est situé rue Louis-Blanc, 57, à l'angle de la rue Tête-d'Or. Chaque homme hospitalisé reçoit en entrant une douche de propreté, pendant que ses vêtements sont passés à l'épuration. Le dortoir est une grande salle qui contient une centaine de lits.

En 1898, sept mille deux cent quarante-quatre hommes ont reçu l'hospitalité pendant vingt-deux mille sept cent quatre nuits. On y a donné huit mille quatre cent quarante-quatre douches.

A côté de l'asile de nuit, est installée l'Œuvre de l'Assistance par le travail, qui, de l'avis unanime, a fait faire un grand pas à la question générale de l'assistance.

Hospitalité par le travail.

Deux œuvres sont ici réunies en une seule et par là accroissent la somme de bien qu'elles sont appelées à faire. L'Hospitalité par le Travail a deux sièges à Lyon, l'un pour les hommes, l'autre pour les femmes.

Le but de l'Œuvre est de procurer aux ouvriers sans travail le logement et la nourriture pendant au moins huit jours, en leur permettant ainsi de trouver un travail définitif.

Tout homme qui se présente avec une carte détachée d'un carnet à souche, carnet mis à la disposition de tous les souscripteurs, est accueilli dans l'asile. Cette carte, qui coûte un franc cinquante et qui n'est payée par le bienfaiteur que dans le cas où elle est utilisée par son protégé, donne à celui-ci le droit de rester au minimum huit jours dans la maison, où il est logé et nourri, à condition toutefois qu'il fabrique, de midi à six heures du soir, cinquante paquets de bois d'allumage, dits « petits fagots ».

La matinée est laissée à l'homme pour lui permettre de chercher du travail.

En 1898, il y a eu sept mille trois cent quarante-quatre hommes hospitalisés, dont six mille trois cent soixante-dix-sept Français et neuf cent soixante-sept étrangers. Le total des nuits d'hospitalité est de vingt-deux mille sept cent quatre. Mille trois cent cinquante-cinq hommes ont été assistés par le travail ; ils ont fabriqué deux cent quatre-vingt-un mille quatre cent quarante-cinq margotins, dont la vente a produit un bénéfice de onze mille quatre cent quatre-vingt-neuf francs, qui a suffi à couvrir les frais de nourriture des assistés. Un grand nombre de placements ont été opérés et de nombreux vêtements distribués.

L'obligation du travail, imposée à tous les hôtes valides de l'asile de nuit, a pour effet d'en écarter les vagabonds et les mendiants professionnels ; cette œuvre, comme on le voit, concourt grandement à supprimer la mendicité pour toute personne valide et de bonne volonté.

L'Asile pour les femmes, fondé en 1890, est situé rue Jacques-Moyron. Il reçoit les femmes et les enfants de passage à Lyon, ou qui s'y trouvent momentanément sans place et sans abri. Les femmes peuvent coucher trois nuits de suite de trois en trois mois ; on leur donne une soupe le soir, avant le coucher.

Depuis le mois de juillet 1892, cet asile emploie quotidiennement un certain nombre de femmes au blanchissage du linge, ce qui lui permet, grâce au petit profit qu'on en retire, de garder les femmes les plus dignes d'intérêt pendant un temps plus long et de les nourrir jusqu'au moment où elles ont trouvé à se placer. — Cet asile est devenu ainsi une œuvre d'assistance par le travail et de placement pour les domestiques.

En 1898, mille soixante femmes et quatre-vingt-dix-sept enfants ont été hospitalisés. Le total des nuits d'hospitalité est de sept mille quatre cent vingt-deux. — Cent quatre-vingt-six femmes ont été assistées par le travail ; ce travail est le blanchissage du linge et la fabrication de boules d'allumage. Le bénéfice de ce travail a été de trois mille quatre cent douze francs. — Cet établissement, administré par des dames patronnesses, est un centre très utile de charité. Quatre-vingt-trois femmes ont été placées et vingt-neuf rapatriées.

La Samaritaine.

Voici une œuvre récente, qui comble un vide constaté par de nombreuses âmes généreuses, mais, il faut le dire, qu'on n'osait pas créer. Parmi les jeunes filles qui ont commis une faute, toutes ne sont pas tombées par perversité ; beaucoup peut-être d'entr'elles n'ont qu'à se reprocher leur faiblesse, leur crédulité, leur imprudence, mais le repentir a suivi de près la faute, et avec le repentir, la résolution bien ferme de fuir toute occasion dangereuse.

Ce sont des coupables qui ont besoin d'indulgence, des faiblesses qui ont besoin d'être soutenues, sous peine de rechute probable. M. l'abbé Robert, premier aumônier de la Charité, qui voyait de près le mal, eut la généreuse audace de chercher le remède. Avec le concours commun de femmes d'élite et de l'Administration des Hospices, il fonda l'Œuvre de la Samaritaine en 1891. Cette œuvre a pour but de fournir aux jeunes filles dont je viens de parler, les moyens de retrouver une place dans la société.

L'Œuvre offre un asile aux filles repentantes dès le jour où, repoussées par leur famille ou congédiées par leurs maîtres, et cependant encore incapables d'obtenir leur admission immédiate à la Charité, elles ont la douleur de constater qu'il est trop tôt et trop tard. Recueillir alors, sans distinction de croyances religieuses, ces pauvres créatures qui portent le lourd fardeau d'une seule faute et qui ont de cette faute un regret sincère et profond, les préserver du découragement, les sauver de l'infamie, les arracher peut-être à la tentation du désespoir et du suicide ; en tout cas, leur ménager le contact d'un milieu sain et bienfaisant, et les préparer à remplir les devoirs de la maternité, tel est le premier but de l'Œuvre.

Elle en a un second et même un troisième. A nouveau, elle recueille ces filles-mères au sortir de la Charité ; elle essaye, si la chose est possible, de régulariser la situation par le mariage avec le père de l'enfant. — Si le mariage n'est pas possible, elle s'étudie par une intervention discrète et efficace, à leur faciliter la rentrée au foyer paternel, ou la reprise de quelque honnête occupation.

Elle a aussi organisé un vestiaire qui permet de les pourvoir de vêtements ; enfin, elle paye les frais de retour au pays natal. — Et même après leur sortie de l'asile de l'Œuvre, elles sont visitées par les dames du bureau.

L'Œuvre a son bureau rue Victor-Hugo, 2, au premier. Elle est dirigée matériellement par un Conseil d'administration. La direction morale et religieuse est confiée au premier aumônier de la Charité.

L'asile de l'œuvre est à la campagne, et c'est avec satisfaction que l'on constate la persévérance des Samaritaines dans le bien.

Le budget de l'œuvre est d'environ vingt-cinq mille francs, s'appliquant à cent trente samaritaines environ.

Société de patronage pour les prisonniers libérés.

Cette société s'est fondée, en 1889, avec la Société lyonnaise pour le sauvetage de l'enfance ; par conséquent, son bureau actuel est rue de la Préfecture, 1. Son but est de combattre en France l'accroissement de la criminalité.

On a remarqué bien souvent que les libérés sont très exposés, au sortir de la prison, à commettre quelque nouvelle faute soit par découragement, soit par dénument, soit par la défiance qu'ils inspirent. S'ils ne trouvent pas de travail, c'est la faim, et la faim est mauvaise conseillère.

La Société s'occupe donc principalement du placement des libérés à l'expiration de leur peine; elle les soutient moralement et leur accorde, quand il y a lieu, une assistance matérielle.

Elle étend son action sur tout le département du Rhône, et même sur tous les libérés, d'où qu'ils viennent.

Elle exhorte les condamnés à s'efforcer d'obtenir leur réhabilitation, et les recommande quand ils sont dans les conditions exigées par la loi.

Elle accorde sa protection à tout libéré dont la conduite a été satisfaisante pendant le cours de sa peine et qui manifeste l'intention sincère de vivre honnêtement.

Elle assure les secours qui sont nécessaires à chaque individu et elle l'aide à trouver un emploi en rapport avec ses aptitudes physiques et professionnelles.

Elle fait même plus : elle accorde, selon les circonstances et selon les ressources dont elle dispose, des secours aux familles des détenus en cours de peine et qui, par cela même, se trouvent privées de leur soutien.

Les secours consistent en bons de logement et de nourriture, et en distribution d'effets d'habillements, de linge et chaussures. Elle donne le moins possible des secours en argent.

Elle réconcilie les libérés avec leurs familles et leurs anciens patrons; elle cherche à les rapatrier quand c'est possible.

Non seulement cette œuvre tend la main à celui qui est tombé, mais elle s'efforce aussi de prévenir la chute. Les *sans-travail*, grâce à elle, échappent au vagabondage.

En 1893, les secours de cette société se sont répartis sur près de mille individus, elle a dépensé une dizaine de mille francs, qui représentent trois ou quatre fois leur valeur, grâce à différents concours donnés à la Société.

Patronage Saint-Léonard.

Cet asile a été fondé en 1864, près de Lyon, sur les rives de la Saône et non loin du village de Couzon, en faveur des libérés adultes, en faveur surtout de ceux qui sont soumis à l'interdiction de séjour. Ce fut une institution laïque, celle des Hospitaliers-Veilleurs, qui ouvrit cet asile. Elle était ainsi fidèle à sa vocation, puisque, déjà avant la Révolution, elle s'occupait à visiter les prisonniers. Elle mit cette œuvre sous le patronage de saint Léonard, parce que le grand officier de la cour de Clovis s'était particulièrement occupé des prisonniers, au pays de Limoges.

Le Conseil d'administration de cette œuvre, aussi nouvelle que singulière, s'empressa d'en confier la direction à M. l'abbé Villion, qui depuis seize ans donnait son dévouement aux colonies agricoles d'Oullins et de Citeaux. On comprend aisément l'immense service que cet asile rend à la société et aux libérés qui y viennent chercher leur réhabilitation par leur retour au bien.

Cet asile a reçu jusqu'à ce jour plus de trois mille libérés, auxquels il a donné du travail. Ce travail consiste dans la fabrication des chaussures clouées ; une partie des pensionnaires est employée aux travaux agricoles, soit à St-Léonard, soit à l'établissement du Sauget, domaine agricole situé dans l'Isère et fondé vers 1886.

Si pour certains libérés admis dans cet asile, il y a eu quelques mécomptes, ce qui est inévitable, la grande majorité s'est laissé guider et est rentrée définitivement dans le bien.

L'asile cite avec fierté, et il en a le droit, qu'en 1870, quarante-cinq de ces réfugiés ont couru au secours de la défense nationale, plusieurs sont morts glorieusement sur le champ de bataille, l'un d'eux a gagné la croix d'honneur à Champigny.

Cet asile a été reconnu d'utilité publique en 1868. Le Conseil d'administration est composé de douze membres ; le directeur est un prêtre nommé par le Conseil et agréé par l'Archevêque et le Préfet. Il continue à donner les résultats les plus satisfaisants.

C'est le premier établissement de cette nature fondé en France.

On y reçoit les libérés adultes entre vingt et un et quarante ans. Les libérés doivent jouir d'une bonne santé, avoir bonne vue, ne pas être gauchers ou infirmes, s'engager à résider au moins six mois (et sept, s'il s'agit d'un libéré conditionnel) dans l'asile ; ne pas avoir passé dans un dépôt de mendicité ; avoir un certificat de bonne conduite de la prison qu'ils quittent.

Le patronné touche dix pour cent du produit de son travail, plus quarante centimes, tous les lundis. A l'expiration de son engagement, le montant des retenues est inscrit au pécule à titre de gratification.

Le patronné est entretenu de tout ; il a une sortie libre les dimanches et jours de fêtes, de deux heures à six heures en hiver, de deux heures à sept heures en été.

Il peut espérer être placé si ses efforts et ses antécédents le permettent, mais seulement à la fin de son engagement.

Cette Œuvre a pour but la réhabilitation morale et même légale des libérés.

Le nombre des patronnés varie de cinquante à soixante ; deux mille six cents libérés ont à l'heure actuelle bénéficié de ce patronage.

Œuvre des pauvres malades.

De toutes les œuvres de charité que la piété lyonnaise a su inventer pour venir en aide aux malheureux, il n'en est pas de plus intéressante que celle des pauvres malades.

Ce sont les infortunés atteints de maladies chroniques qu'elle secourt : des dames dévouées vont visiter ceux qui, ne pouvant ni travailler, ni être admis dans les hôpitaux, à cause du caractère de leurs affections, se voient réduits à la plus grande détresse ; elles leur apportent du pain, de la viande, du charbon, et ce qui vaut mieux encore, des encouragements, de bonnes paroles, l'aumône du cœur.

Cette œuvre fut créée par saint Vincent de Paul, alors qu'il était curé de Châtillon-les-Dombes ; lorsque la Révolution éclata, elle était florissante dans presque toutes les villes de France et à Lyon notamment : les archives de nos paroisses en font foi.

Disparue dans la tourmente, elle reprit naissance dans les salons de Mme Swetchine, et quelque temps après, sur l'initiative de Mgr de Bonald, on réorganisa cette institution.

Ce sont les paroisses de St-Jean et de St-Georges qui furent secourues les premières, grâce à la Sœur Calamand, la regrettée supérieure des Sœurs de Saint-Vincent-de-Paul du Doyenné.

Peu à peu toutes les paroisses de notre ville voulurent organiser aussi cette œuvre précieuse. Les pauvres sont d'abord visités par les Sœurs de la paroisse, qui les indiquent ensuite aux Dames faisant partie de l'Œuvre.

L'Œuvre fournit aux malades des secours en médicaments, en argent ou autres, et, s'il en est besoin, une garde-malade lorsqu'ils sont dans un complet abandon.

S'adresser aux Sœurs de la paroisse ou à la cure.

L'Œuvre est organisée dans les paroisses de Saint-Jean, St-Georges, St-Paul, Ste-Blandine, La Rédemption, St-Pierre de Vaise, St-Joseph, Ste-Croix, St-Sacrement, St-Louis, Ste-Anne.

Dans les autres paroisses, il y a toujours des Sœurs chargées de visiter les malades.

Malades visités à domicile.

L'Œuvre des pauvres malades visités et secourus à domicile par des dames charitables est peu connue ; elle fait peu de bruit et beaucoup de bien. Des dames au vêtement laïc pénètrent plus facilement dans des milieux hostiles au prêtre, à la religion, à Dieu ; elles n'éveillent pas une défiance malheureusement trop naturelle aux malades peu chrétiens. L'action de ces âmes généreuses a donc une place à part, très distincte. Elles évitent tout ce qui aurait l'air d'être un échange entre les secours d'une part et les actes de religion d'autre part, et cette prudence n'empêche pas, tant s'en faut, les résultats chrétiens. Rien que sur les trois paroisses de St-Denis, de St-Bernard et de St-Augustin, l'Œuvre visite annuellement plus de cinq cents malades. Elle fera plus de bien encore quand elle sera plus connue, quand elle aura plus de ressources et de visiteuses.

S'adresser aux curés de St-Augustin, St-Denis et St-Bernard.

Le Manteau de St-Martin.

Cette œuvre, fondée à l'Hôtel-Dieu, en 1856, a été reconnue d'utilité publique en 1864. Elle a pour but de fournir aux indigents qui, après guérison, sortent de l'Hôtel-Dieu ou de la Charité, des vêtements, des chaussures, des bons de pain et de viande, et même tout autre secours dans la limite des ressources de l'Œuvre.

Le nom du vénérable abbé Avril, premier aumônier de l'Hôtel-Dieu et fondateur de cette Œuvre, doit être religieusement conservé. « Nous voyons, disait-il, à chaque instant des convalescents renvoyés de l'Hôtel-Dieu pour faire place à de plus malades, et ces malheureux, qui, pour éviter une rechute, auraient tant besoin de vêtements chauds et confortables, n'ont le plus souvent que des haillons sordides, sous lesquels ils grelottent. A peine ont-ils franchi le seuil de l'Hôtel-Dieu, que leur santé est à nouveau compromise. Il y a là une lacune ; cette lacune, il faut la combler. »

Il avait pour confidente de ses pensées, Mlle Tabard, qui, elle, ne s'attarda pas à des considérations de prudence ; immédiatement, et avant la fondation de l'Œuvre, elle fonda l'ouvroir du Manteau de St-Martin, où des dames travaillèrent à la confection de vêtements pour les convalescents pauvres.

En décembre 1855, M. Avril obtint la triple approbation de l'archevêque, du préfet et des hospices civils. L'Œuvre était fondée.

La distribution des vêtements et autres secours se fait par les soins d'une sœur hospitalière, qui est plus compétente que personne pour connaître les besoins des partants. — A l'Hôtel-Dieu, une partie des objets distribués aux femmes sont confectionnés par des dames charitables qui se réunissent chaque semaine dans une salle de l'Hôpital pour travailler en commun.

L'Œuvre est administrée par un conseil de Messieurs.

Les Charlottes.

Ce nom n'a plus aujourd'hui, à Lyon, qu'une signification amoindrie ; il rappelle cependant une œuvre de charité qui fut autrefois très vivante, et dont il reste quelques traces.

Sous la Grande Révolution, alors que les prisons

étaient remplies d'ecclésiastiques, Charlotte Dupin, servante d'un prêtre de la paroisse d'Ainay, fut incarcérée dans la prison de Roanne; son crime était d'être la domestique de son maître. Sa détention fut courte, c'est vrai, mais elle lui apprit ce qu'avaient à souffrir les prisonniers. Rendue à la liberté, elle s'imposa l'obligation de soulager les misères de ceux dont elle avait partagé la captivité. Elle obtint la permission de les visiter. Elle leur portait des vivres, des vêtements, qu'elle quêtait pour eux, et qu'elle mettait en réserve dans son domicile de la rue Vaubecour, jusqu'au jour où elle se présentait de nouveau à la prison. Quelques filles pieuses, aussi pauvres qu'elle, se joignirent à elle, et comme elle et avec elle, quêtèrent des vêtements et des vivres, et les portèrent aux prisonniers.

Souvent Charlotte servit d'intermédiaire entre les prisonniers et leur famille; plusieurs fois, elle porta aux prêtres emprisonnés des hosties consacrées. C'est elle aussi qui indiquait aux malheureux qui allaient à la mort les endroits où, dans le trajet, se trouvaient des prêtres déguisés pour leur donner une dernière absolution; il y en avait jusqu'au pied de l'échafaud.

Après la Révolution, Charlotte et ses pieuses compagnes continuèrent leur œuvre, mais les dons devenant plus nombreux, les distributions plus fréquentes, l'Œuvre des Charlotte s'agrandit et se régularisa. Le petit appartement de la rue Vaubecour, devenu insuffisant, fut abandonné, et l'on s'établit dans la rue Sala, maison Maupetit Alors toutes les prisons de la ville, Roanne, St-Joseph, les Recluses, eurent les visites et les distributions des Charlottes Ai-je besoin de dire que Charlotte et ses compagnes parlaient de Dieu et de religion dans ces visites? elles faisaient la prière, elles obtenaient des conversions.

Charlotte Dupin mourut en 1805, mais son œuvre lui survécut. Pendant les guerres de l'Empire, des milliers de prisonniers militaires traversèrent Lyon ou y séjournèrent; ils furent secourus par les Charlottes. En 1811, pendant plusieurs semaines, plus de 4.000 soupes furent quotidiennement distribuées. Une maladie contagieuse éclata dans les prisons, surtout à la Commanderie de St-Georges, où les prisonniers avaient été entassés, les Charlottes se firent garde-malades. Des dames de Lyon voulurent venir à leur aide; la vénérable Mme Dartigues, la mère de celui qui fut le fondateur de la paroisse de Ste-Blandine, y trouva la mort

L'Œuvre, ayant pris plus de consistance, tendit à se régulariser. Un Conseil de direction fut formé de quelques dames lyonnaises; Notre-Dame de Bon-Secours fut choisie pour patronne de l'Œuvre, et, avec l'approbation du cardinal Fesch, les Charlottes prirent un modeste costume religieux.

La pieuse Julian, qui succéda à Charlotte Dupin, ayant réussi à économiser une assez forte somme d'argent, dans la prévision que le local de la rue Sala ne tarderait pas à être insuffisant, eut l'heureuse idée d'acheter un terrain et d'y faire bâtir une maison aménagée selon ses vues (1822). Cette maison est celle qui, aujourd'hui, à l'angle de la rue

Victor-Hugo et de la rue Ste-Hélène, abrite une Providence de petites filles. Cette Providence, continuation de l'Œuvre des Charlottes, fut primitivement fondée par elles en faveur des petites filles, dont les parents expiaient en prison des crimes commis.

Vers 1835, le costume des Charlottes disparut; elles résistèrent quelques années par respect pour leur fondatrice, mais finirent par se soumettre à l'autorité ecclésiastique qui leur ordonna de s'incorporer à la congrégation des sœurs de St-Joseph.

Les Charlottes embrassèrent aussi les hôpitaux dans l'ardeur de leur zèle. Chaque dimanche, elles allaient deux à deux dans les salles de l'Hôtel-Dieu, et là, elles consacraient une partie de leur journée aux soins les plus répugnants et en apparence les plus malpropres; elles peignaient les malades, les lavaient, etc., et leur faisaient quelque lecture pieuse, en les encourageant à la patience et à la résignation.

Ces Charlottes des hôpitaux existent toujours. Ce sont de pieuses ouvrières qui, le dimanche, vont dans les diverses salles de femmes de nos hôpitaux pour leur donner tous les soins de propreté. C'est tout ce qui reste, avec la Providence ci-dessus, mais modifiée, de l'ancienne Œuvre des Charlottes.

Cette Providence fonctionna jusqu'en 1848; à cette date, elle fut licenciée et supprimée. Mais l'Œuvre des Prisons durait encore.

A son tour, en 1867, l'Œuvre des Prisons ayant été enlevée aux Sœurs de la rue Bourbon, celles-ci fondèrent l'orphelinat qui existe encore aujourd'hui.

Hôpital St-Joseph.

Nul n'ignore qu'en nos temps bouleversés on a disputé à l'Eglise sa place marquée au chevet des malades, qu'on a voulu en bannir le crucifix où est cloué le grand Maître de la douleur, que les aumôniers d'hôpitaux sont soumis à des règlements d'administration capables d'entraver la liberté de leur ministère, que souvent enfin les hommes éminents par la science, qui ont le soin des malades, sont indifférents, pour ne rien dire de plus, aux choses de la Religion.

A Lyon, nous avons eu moins à souffrir de cette main-mise laïque et vexatoire, mais l'administration des hospices, malgré tout, a eu à subir certaines exigences.

De là, l'idée, survenue dans l'esprit de nos évêques de la région universitaire, de la création d'un hôpital franchement catholique. La première résolution en fut prise en 1888; c'était une œuvre colossale. On se mit généreusement au travail, et en 1894, le 15 novembre, l'hôpital était inauguré sous le patronage de S. Joseph, patron du cardinal Foulon, archevêque de Lyon.

L'hôpital St-Joseph, situé à la Guillotière, entre les rues de la Lône, Parmentier, de Béarn, et Raulin, occupe un terrain de cinq mille mètres carrés. Les bâtiments sont en forme d'U, et satisfont à toutes les exigences actuelles de l'hospitalisation. Il contient cent vingt lits, répartis en nombre égal pour les hommes et pour les femmes. Chaque salle n'a que douze lits. — Il est desservi par les Sœurs de St-Vincent-de-Paul.

C'est à l'hôpital St-Joseph que viennent s'initier au service des ambulances, et surtout au pansement des blessés, les infirmière, sprésentées par le Comité lyonnais des dames de la Croix-Rouge, appartenant, du reste, à des Congrégations religieuses.

Il va sans dire que l'achat des terrains, la construction des bâtiments, la fondation des lits, l'entretien de la maison et du personnel, ont demandé des sommes énormes. La charité lyonnaise catholique les a fournies.

Le Manteau de St-Joseph.

La création de l'hôpital de St-Joseph devait infailliblement amener la création de l'Œuvre du Manteau de St-Joseph. Elle est copiée sur celle du Manteau de St-Martin, donne aux convalescents de l'hôpital St-Joseph les mêmes secours, est organisée de la même façon, mais tout récemment on a défendu à cette œuvre de prendre le titre de Manteau de St-Joseph, dans la crainte d'une confusion possible, qui serait profitable à celle-ci et nuisible à celle-là.

Une autre Œuvre connexe s'occupe aussi des convalescents sortis de l'hôpital ; elle a pris le nom d'Œuvre de St-Joseph. Elle est composée de jeunes gens dévoués, qui chaque dimanche vont les visiter et cherchent à soulager les misères qu'ils rencontrent.

Hôpital St-Luc.

Cet hôpital, destiné à recevoir les malades qui veulent se faire traiter selon la méthode homœopathique, a été fondé en 1869, par M. le docteur Emery.

Il est situé, 20, quai Claude-Bernard et est desservi par les Sœurs de St-Vincent-de-Paul, au nombre de six.

L'hôpital reçoit des malades payants; il reçoit gratuitement les malades indigents.

Le prix de journée pour les payants est de deux francs. De plus, des chambres particulières sont mises à la disposition des malades qui désirent être soignés à part. Les prix sont variables, dix francs et au-dessous.

Les communes, les chefs d'atelier, les sociétés de secours mutuel, les compagnies industrielles, les établissements charitables, etc., peuvent se mettre en rapport avec le personnel médical de l'Hôpital St-Luc.

Il y a des consultations gratuites tous les jours, de neuf heures à midi, et le lundi de une heure à trois heures pour la dermatologie, et le mardi et le jeudi, de 3 heures à 6 heures, pour les maladies des yeux, du nez, des oreilles et de la gorge.

4 salles; 48 lits. — Deux salles pour les hommes et deux pour les femmes, avec vingt-quatre lits dans chaque section.

Sanatorium d'Hauteville.

Le Sanatorium d'Hauteville (Ain) est une création de la Charité lyonnaise pour le traitement des phthisiques adultes et nécessiteux des deux sexes. C'est une œuvre des plus touchantes. Au moment où j'écris ces lignes, elle est en voie d'exécution;

quand ces lignes paraîtront, elle sera en plein fonctionnement.

La guérison de la phthisie est la noble préoccupation du monde médical. C'est un fléau qui ne peut être comparé qu'au choléra, encore le choléra est-il localisé et temporaire. On attribue à la phthisie le cinquième des décès.

Le public croit à l'incurabilité de la tuberculose ; les maîtres de la médecine disent, au contraire, qu'elle est *évitable* et *curable*.

On a traité longtemps la tuberculose comme une simple débilité, à laquelle on opposait une médication tonique et reconstituante. Les résultats étaient médiocres. Les travaux de Pasteur mirent le monde savant sur une nouvelle voie, et l'on sait quelle émotion s'est emparée des âmes, lorsque fut découverte la tuberculine de Koch.

Mais la bactériologie, qui est sûrement la méthode féconde dont bénéficiera l'avenir, n'a pas, grâce à de trop hâtives conclusions, tenu toutes ses promesses En attendant, on reconnaît que la cure d'air, la cure climatologique, est la médication la plus active de la tuberculose pulmonaire. De là, la création des Sanatoria.

Les Sanatoria ne sont pas les Curhaus, les stations climatologiques, les villas de convalescence, où vivent pêle-mêle les malades et les bien portants. Ce sont des établissements ouverts seulement aux tuberculeux, soumis à une discipline rigoureuse, où toutes les dispositions et toutes les règles sont prises pour la guérison et l'amélioration des malades.

En Allemagne et en Suisse, les Sanatoria sont

nombreux. En France, nous n'en possédons que deux, encore sont-ils bien modestes, celui du Canigou, dans les Pyrénées-Orientales, et celui de Durtol, près de Clermont-Ferrand, tous deux créés par le docteur Sabourin. Un troisième est en voie de construction à Angicourt (Oise), pour les tuberculeux de la ville de Paris dont la guérison est possible. Il faut avouer que c'est bien insuffisant.

Cette insuffisance, la charité lyonnaise va la corriger.

M. le docteur Desmarest, originaire d'Hauteville et ancien interne distingué des hôpitaux de Lyon, avait, dès longtemps, remarqué la bienfaisante influence du climat de son pays sur les phthisiques qui y venaient séjourner.

Il crut qu'il y avait lieu de faire bénéficier un plus grand nombre de Lyonnais des avantages de cette station climatologique. Il soumit ses vues à M. H. Sabran, président du Conseil d'administration des hospices de Lyon, lequel concilia à ses projets la bienveillance de notables Lyonnais et le patronage ardent et convaincu de M. F. Mangini. Il fut décidé que l'on érigerait à Hauteville, par souscription, un Sanatorium modèle pour le traitement des tuberculeux nécessiteux des deux sexes.

Les premiers souscripteurs se constituèrent en Association de bienfaisance. Leur société, dite Sanatorium lyonnais, a son siège à Lyon ; elle comprend des membres sociétaires et des membres donateurs ; elle est administrée par un comité de dix-huit à vingt-quatre membres, dont le président d'honneur est et sera le président du Conseil d'administration des hospices civils de Lyon, et dont le bureau actuel a M. Mangini pour président. — La maison sera probablement ouverte au printemps de 1900. Par une faveur exceptionnelle, cette œuvre, qui n'est pas encore en activité, a été reconnue comme établissement d'utilité publique par un décret du 5 août 1899.

Le Sanatorium est situé sur un plateau, à neuf cent dix mètres d'altitude, au pied d'une forêt de sapins, dans des conditions climatologiques très appréciées. Il pourra recevoir cent dix lits. Il ne recevra que des malades susceptibles de guérison. Un laboratoire y sera adjoint, où seront étudiées toutes les questions relatives à la tuberculose.

Il est, dans cette œuvre, un détail touchant qu'il faut signaler. L'Œuvre ne se contente pas de vouloir guérir les tuberculeux indigents, qui sont curables, c'est-à-dire qui débutent dans la maladie. Elle sait que ce malade est encore un travailleur, et que son travail peut encore faire vivre lui et les siens. C'est donc souvent une famille qui souffrira du départ de son malade et de son soutien. Elle consent bien au départ, c'est vrai, parce que de deux maux il faut choisir le moindre, mais quelle pénurie va se manifester pendant ces mois d'absence! L'Œuvre y a pensé, elle se propose de protéger la famille du malade en lui donnant des secours pécuniaires, en créant des bourses de santé.

La générosité des Lyonnais ne faillira pas en face de cette grande œuvre.

Association Valentin Haüy.

Cette Œuvre prend place parmi les plus intéressantes.

Valentin Haüy (1745-1822), frère de l'abbé Haüy, le célèbre minéralogiste, eut le premier l'idée d'employer, pour l'instruction des jeunes aveugles, des signes en relief appréciables aux doigts. Il ouvrit en 1784, à Paris, rue St-Avoye, un établissement où il appliqua sa méthode. Il s'expatria en 1806 et alla à St-Pétersbourg et à Berlin fonder des établissements analogues. Il revint en 1817.

Grâce à lui, depuis un siècle, les aveugles ont commencé à devenir autre chose que des êtres encombrants ; aussi n'est-il point encore dans nos mœurs de leur donner libéralement instruction et travail, ni de les admettre volontiers aux emplois qu'ils peuvent remplir. Parfois même les enfants aveugles demeurent privés de l'éducation la plus rudimentaire ; certains parents plus tendres qu'éclairés, d'autres, durs et grossiers, condamnent le pauvre petit aveugle à une immobilité physique et intellectuelle, fatale pour l'âme comme pour le corps. Il est donc nécessaire d'agir sur l'opinion publique, de patronner en tous lieux les aveugles, enfants ou adultes : une vaste association peut seule entreprendre une pareille tâche. Contrairement à l'opinion reçue, l'Etat ne vient en aide qu'à un très petit nombre d'aveugles, environ deux mille, et ils sont plus de quarante mille en France. Il existe, comme nous venons de le voir, plusieurs œuvres qui font un bien réel aux catégories, mais elles sont forcées de restreindre leur action à ces catégories, tandis que l'Association Valentin Haüy embrasse toute la question des aveugles.

Elle exerce son patronage sur tous les aveugles dignes d'intérêt qui lui sont signalés, ou qui ont recours directement à elle :

Sur les enfants, pour surveiller leurs premières années et parfois les arracher à des parents qui les maltraitent ou les exploitent, pour leur procurer livres et appareils d'écriture, les préparer à l'école spéciale et les y faire admettre ;

Sur les adultes susceptibles d'apprendre un métier, pour leur faciliter cet apprentissage ;

Sur les adultes ayant déjà une profession, pour les aider à se procurer des instruments de travail, des matières premières, une clientèle ;

Sur les vieillards ou impotents, pour les faire hospitaliser, pour leur procurer un travail facile et les faire secourir.

Cette Association a son siège central à Paris, 31, avenue de Breteuil. Elle existe aussi à Lyon, rue de l'Hôpital, 6. — A Paris, l'Association comprend plusieurs œuvres ; à Lyon, où elle n'est encore qu'à l'état d'embryon, elle n'en a que quelques-unes, qui se compléteront sûrement à l'avenir. — Ne parlons que de ce qui se fait à Lyon :

1° L'Association fournit gratuitement, à tous ceux qui lui en font la demande, renseignements et conseils. Elle leur indique les procédés et appareils simples et peu coûteux, à l'aide desquels les personnes qui ont la vue affaiblie, peuvent lire, écrire et calculer en laissant reposer l'organe fatigué. Elle tient aussi à leur disposition divers jeux appropriés, des revues périodiques et une bibliothèque circulante nombreuse et variée. Ces ouvrages sont publiés en type Braille ;

2° Ayant constaté par des travaux de statistique sévère que près de la moitié des aveugles en France (dix-huit mille sur quarante mille) doivent leur infirmité à une inflammation des yeux qui survient peu de temps après la naissance, elle donne aux mères, qui ne veulent pas que leurs enfants courent ce danger, les conseils les plus sages et les plus éclairés.

3° Elle a organisé, pour assister les aveugles par le travail : 1° la fabrication de sacs en papier ; 2° pour les mères de famille, la confection facile de vêtements de laine, jupons, bas, chaussettes, couvertures, etc.

4° Elle a établi une caisse des loyers, qui a pour but de faciliter aux aveugles nécessiteux le paiement de leur loyer personnel ; elle accorde son aide, à certaines conditions établies par elle, sous forme de prime trimestrielle, proportionnée à l'effort fait par eux pour le paiement de leur loyer.

Le Calvaire.

Hospice pour les femmes atteintes de plaies incurables, quels que soient leur âge et leur religion.

Ce fut au mois de mai 1843 que quelques dames recueillirent au faubourg de St-Irénée, rue Videbourse, 12, de pauvres femmes incurables et dénuées de ressources. Il n'y avait pas seulement à secourir de grandes infortunes, il fallait encore panser des plaies dégoûtantes, des chancres, des ulcères infects, remuer sur leurs grabats ces membres putrides, lutter contre les défaillances physiques et morales, non pas de temps en temps, mais tous les jours, mais à toute heure. Or, voilà ce qu'ont pu faire des personnes accoutumées aux aises de la vie ; elles ont, avec le plus humble et le plus candide dévouement, renouvelé ces prodiges de charité auxquels l'Evangile nous accoutume, et que S. Jérôme, au IV° siècle, louait dans d'illustres matrones de Rome, qui comptaient parmi leurs ancêtres les vainqueurs du monde.

Il n'y a pas là l'ombre d'hyperbole, et Dieu nous garde de louer la vertu par l'exagération dans ce que nous disons ici du courage que déploient de généreuses dames, qui se sont chargées de soulager de si profondes souffrances, de consoler, avec de tendres paroles et des mains doucement charitables, tant de pauvres femmes incurables et délaissées. Nous avons entendu de ces nobles garde-malades des choses à confondre la délicatesse mondaine, et nous pourrions citer des paroles d'une modestie charmante échappées à celles-là mêmes qui avaient surmonté les plus horribles répugnances en pansant des chairs en lambeaux, en soignant de pauvres créatures dont le corps n'était plus qu'une vaste plaie.

En 1843, le nombre des malades était de cinq seulement ; l'année suivante, il avait plus que doublé, et l'établissement, cherchant un local plus vaste et mieux aéré, l'archevêque de Lyon mit provisoirement à la disposition des Dames de l'Œuvre, la maison dite des Bains-Romains, rue des Farges, le 5 mai 1845 ; elles étaient dix-sept.

Pour être membre de cette Association, il suffit de faire chaque année une offrande qui a été fixée à vingt francs.

Les personnes qui veulent s'intéresser plus efficacement encore aux pauvres femmes incurables, et fournir le moyen d'augmenter le nombre des places, en créant à cette Œuvre des ressources pour l'avenir, peuvent, en qualité de fondateur ou de fondatrice, déposer un don de cinq cents francs.

L'Œuvre reçoit avec reconnaissance tous les dons en nature, tels que linge vieux ou neuf, vêtements de femmes, bois de lits, couvertures, matelas, provisions de ménage.

Ce sont des Dames veuves qui ont la part active dans l'Œuvre.

L'Œuvre a été reconnue d'utilité publique en 1863, et elle occupe son local actuel, 22, rue du Juge-de-Paix, depuis le 2 juillet 1853.

L'honneur de cette fondation revient à Madame veuve Garnier, née Chabot, et comme les origines sont toujours intéressantes, apprenons que Madame veuve Garnier fit son apprentissage de dame du Calvaire, en soignant, montée de la Glacière, une pauvre femme, qui n'était plus qu'une ruine infecte au physique et au moral.

Le besoin de se dévouer aux incurables ne fit que grandir en son âme. Elle soumit ses idées et ses projets à S. E. le cardinal de Bonald, qui lui dit : Allez en avant et comptez sur moi. Votre Association s'appellera Association des Dames du Calvaire.

L'Œuvre se compose : 1° de personnes *associées* qui, par leurs sympathies et par une rétribution annuelle, concourent à l'existence de l'hospice et participent au bien qui s'y fait ; 2° de Dames veuves *zélatrices*, qui acceptent la mission de travailler régulièrement à l'augmentation des associées et à l'accroissement des ressources ; 3° de Dames veuves *agrégées*, qui, non contentes du zèle déployé au dehors, viennent aussi prêter, dans une certaine mesure, leur concours au travail intérieur de l'hospice ; 4° de Dames veuves *sociétaires* qui résident dans l'hospice et se dévouent de leur personne, jour et nuit, au soin des malades et au gouvernement de la maison.

Les Dames sociétaires ne sont pas des religieuses, elles n'en ont pas le costume, elles ne font aucun vœu, ni perpétuel, ni temporaire. Elles ne renoncent pas entièrement à leur famille, à leurs biens, à leur liberté. Mais, ces différences constatées, on peut dire qu'il y a peu d'endroits à Lyon où l'on puisse trouver une plus grande somme de vertus.

Le Calvaire fut le premier établissement de ce genre établi en France.

Hospice de la Croix.

L'Hospice de la Croix est le Calvaire des Hommes. Il a été fondé, en 1878, par les demoiselles Faurite, pour les hommes atteints de plaies incurables, quel que soit leur âge.

Des hommes perclus de douleurs, couverts de plaies, atteints de l'infirmité qui affecte la moëlle épinière, achevaient tristement leur misérable vie. Isolés, sans ressources, parfois même sans un asile, privés des soins délicats que réclamait leur santé, car on ne les recevait dans aucun hôpital, ils mouraient le plus souvent avec des malédictions sur les lèvres. On voit donc tout le bien quç fait l'Hospice de la Croix.

Une maison de la rue des Farges, à St-Just, fut le berceau de l'Œuvre. Le premier homme qui fut admis était un vieillard de 77 ans, dont les jambes étaient couvertes de plaies ; le second, un homme de 50 ans, entièrement paralysé du côté droit.. Au moment de la fondation, l'hospice n'avait que trois lits.

La maison de la rue des Farges étant devenue insuffisante, vu le nombre de malades qui demandaient à être hospitalisés, il y eut un premier exode à la montée de Fourvière. Aujourd'hui l'Hospice est installé dans un bel établissement, 8, rue du Juge-de-Paix, où sont trois belles salles de malades, peut-être même quatre aujourd'hui.

L'autorité ecclésiastique protège cette Œuvre et la sympathie lyonnaise lui est acquise, elle s'affirme par des souscriptions et des annuités.

Le service des pauvres incurables est fait par des demoiselles.

Asile du Sacré-Cœur.

Mademoiselle Desbat a fondé vers 1895, à Saint-Fons, où elle possédait une petite maison, un refuge destiné à recevoir toutes les misères qui se présenteraient à elle, et en particulier celles qui seraient refusées ailleurs. Les commencements furent modestes, mais dans cet ordre de choses, le progrès ne se fait jamais attendre. Aujourd'hui, ce refuge a été transféré à Vénissieux, où une grande maison a été construite. Là sont reçues les personnes incurables sans plaie, autant que le comportent les ressources de l'établissement, et même au-delà.

Les conditions d'admission sont variables, mais la première, c'est d'avoir été refusé par tout autre établissement. Aujourd'hui on y compte une cinquantaine de malades.

Les Incurables des Sœurs Franciscaines.

Quelques manuels disent que les Religieuses Franciscaines de la route d'Heyrieux reçoivent les jeunes filles malades atteintes de maladies chroniques, qui ne leur permettent pas d'être reçues dans les hôpitaux.

Ce n'est pas exact. Les Religieuses Franciscaines, fondées à Couzon (Rhône), en 1839, par M. l'abbé Moyne, qui y a été curé de 1834 à 1854, prirent le nom de Religieuses de la Propagation de la Foi. Elles s'établirent à Lyon, à Monplaisir, et vers 1886, sur la route d'Heyrieux, 179, où elles construisirent un assez vaste local. Elles reçoivent des femmes ou des filles de tout âge, qui sont incurables, mais qui n'ont pas de plaie, moyennant une pension qui varie avec les exigences des malades. Un certain nombre sont dans des chambres séparées. Celles qui sont moins fortunées couchent dans des dortoirs ; le prix de pension de ces dernières est de deux francs par jour. Il y a de quinze à dix-huit religieuses et de quarante à cinquante malades.

Dispensaire général.

Tous les malades pauvres ne peuvent pas se faire soigner dans les hôpitaux ; ceux qu'une raison quelconque retient dans leur maison ne seront pas abandonnés.

De charitables et savants médecins de notre ville, frappés des considérations que faisaient valoir certains malades pour ne pas quitter leur milieu, s'émurent de ce délaissement forcé ; ils communiquèrent leurs charitables appréhensions à d'honorables citoyens de notre ville, et le Dispensaire fut fondé ; c'était en 1818.

Le Dispensaire a pour but de faire administrer à domicile et gratuitement tous les secours de la médecine, de la chirurgie, de la pharmacie, aux malades indigents munis de la carte d'un souscripteur. Chaque souscripteur peut faire soigner douze malades pendant un mois, ou un malade pendant un an.

Le Dispensaire eut bientôt toute la faveur des Lyonnais, et un conseil d'administration de vingt membres élus, fut formé, comprenant les plus honorables citoyens et les médecins les plus renommés. — La carte de souscripteur coûte 30 fr.

La pharmacie du Dispensaire fut créée en 1819. — Dès 1821, les médecins reçurent à leur domicile les malades indigents. — Plus tard, le Dispensaire établit un service de veilleuses pour la nuit.

Le 27 décembre 1833, une ordonnance royale accordait au Dispensaire la personnalité civile et le titre d'établissement d'utilité publique, permettant ainsi l'augmentation des ressources de l'Œuvre par des dons ou des legs. De 1833 à 1858, les libéralités recueillies s'élevèrent à quarante-six mille francs. L'administration acquit alors la maison portant le numéro 20 de la rue de la Poullaillerie, et y établit le siège de l'institution, les bureaux, les salles de consultation et la pharmacie.

Une subvention fut accordée par la ville, puis suspendue, puis rétablie, puis définitivement supprimée. La charité lyonnaise s'y substitua.

Aujourd'hui, les dépenses annuelles du Dispensaire atteignent soixante mille francs.

La pharmacie est régie par un praticien habile, assisté de dix religieuses de la Congrégation de St-Joseph, qui y sont établies depuis 1826. Elles savent s'acquitter de leurs multiples et difficiles fonctions avec une patience et une douceur de caractère admirables. C'est à elles, en effet, qu'incombe le soin d'inscrire les malades, de délivrer les médicaments, de distribuer les linges, de faire les pansements, etc.

Pour l'organisation du service médical à domicile, la ville de Lyon est divisée en douze circonscriptions. Chaque circonscription est desservie par un médecin chargé de visiter les malades pauvres qui y sont domiciliés.

Les soins du médecin au domicile des malades ne sont accordés que sur la recommandation d'un souscripteur de l'Œuvre. Il en est de même pour les médicaments.

Tout malade indigent peut se présenter aux consultations spéciales ci-dessous ; mais pour avoir droit aux médicaments gratuits, il faut être muni d'une carte de bienfaisance.

Huit consultations gratuites sont ouvertes au Dispensaire :

1° Lundi et vendredi, à midi : maladies des yeux ;

2° Lundi et vendredi, à une heure : maladies des femmes ;

3° Lundi et jeudi, à trois heures : maladies des enfants ;

4° Lundi, à huit heures : maladies des dents et de la bouche ;

5° Mardi et vendredi, à dix heures : maladies du larynx, du nez et des oreilles ;

6° Mardi et vendredi, à cinq heures : maladies des voies génito-urinaires (hommes) ;

7° Mercredi, à trois heures : maladies nerveuses ;

8° Jeudi, à huit heures : maladies de la peau.

Une école de garde-malades a été créée au Dispensaire en 1889. Les cours ont lieu le samedi soir à huit heures.

Dispensaire spécial.

Le Dispensaire général a donné l'idée du Dispensaire spécial. Celui-ci fut fondé en 1841, par le docteur Munaret ; il a son siège place de la Trinité, 1.

Le Dispensaire spécial est, lui aussi, entretenu par des souscriptions particulières ; son but est d'accorder gratuitement les secours de la médecine, de la chirurgie et de la pharmacie, aux indigents vénériens, ou atteints de maladies de peau.

La distribution cellulaire de cet établissement, permet à chaque malade de se rendre aux consultations et de se retirer sans être vu.

Les remèdes sont fournis gratuitement par les hôpitaux.

Les consultations ont lieu à onze heures, le mardi et le vendredi pour les hommes, et le mercredi pour les femmes.

Dispensaire dentaire.

L'école dentaire a ouvert, à Lyon, un dispensaire, où les nécessiteux et indigents de la ville de Lyon reçoivent gratuitement tous les soins que réclament la bouche ou les dents malades.

Ce Dispensaire, qui est à ses débuts, est ouvert trois fois par semaine, de huit heures à dix heures du matin, les mardi, mercredi et vendredi. Il est à croire qu'on ne se bornera pas à ces trois jours, quand le Dispensaire sera plus connu. Il est situé, 38, rue Vaubecour.

Dispensaire ophthalmologique.

Ce Dispensaire, situé quai St-Clair, 10, a été fondé en 1877 par l'oculiste renommé, M. le docteur Dor.

Il comporte une polyclinique, à laquelle sont admis, trois fois par semaine, tous les indigents qui s'y présentent, et une clinique qui comporte un nombre restreint de lits.

Dispensaire des Quatre-Chapeaux.

Il est tenu par les Sœurs St-Charles, anciennement, 66, rue de l'Hôtel-de-Ville, aujourd'hui rue Ferrandière.

Remèdes gratuits pour les malades de la paroisse de St-Nizier.

Dispensaire des ouvriers en soie.

Les ouvriers qui font partie de la Société de secours mutuels des ouvriers en soie, ont une pharmacie, desservie par les Sœurs de St-Vincent-de-Paul, sur la place des Capucins. Ils y reçoivent gratuitement les remèdes pour les malades de la Société.

Infirmerie de St-Jean.

Ce petit hôpital, situé rue du Doyenné, 8, et dirigé par les Sœurs de St-Vincent-de-Paul, a été fondé par M. Magloire Martin, pour les femmes indigentes des paroisses St-Jean et St-Georges.

Deux consultations gratuites par semaine ont lieu pour les malades du dehors.

Sainte-Marthe.

Les religieuses de Ste-Marthe ont été créées à Dijon en 1828; elles vinrent s'établir à Lyon en 1856, au pied de la montée du Chemin-Neuf. Leur maison est un hôpital payant, où viennent les malades qui, ne voulant pas aller à l'hôpital, ont besoin cependant des soins du médecin qu'ils demandent.

Le service intérieur est fait par les religieuses de Ste-Marthe.

Tous les jours, de huit heures à dix heures et de deux heures à quatre heures, excepté le dimanche et le mardi, on y fait gratuitement les pansements.

Institut Saint-Louis.

L'Institut St-Louis est une maison chirurgicale fondée, en 1888, par le docteur Poulet, Grande-rue de la Guillotière, 105, afin de pouvoir offrir à tous les malades la même certitude de guérison qu'aux opérés des hôpitaux les mieux organisés. Par certains côtés, cet institut peut et doit être considéré comme un établissement charitable..

Les chirurgiens ont fait créer, dans quelques hôpitaux, des salles d'opérations et un matériel répondant aux nécessités de l'antisepsie; mais ces ressources, payées par l'assistance publique, ne sont destinées qu'aux malades pauvres. Une organisation de ce genre, ouverte à toutes les classes de la société et où tous les chirurgiens peuvent venir opérer, comble une véritable lacune.

L'Institut est organisé de façon à pratiquer dans toute sa rigueur l'antisepsie et l'asepsie.

• Les malades reçoivent à leur gré les soins d'une religieuse, d'une infirmière laïque ou d'un infirmier.

L'Institut St-Louis n'est pas un hôpital; les malades y occupent des chambres particulières ou des salles à plusieurs lits.

Dans les chambres particulières, les malades

peuvent recevoir librement leur famille et leurs amis comme dans un domicile privé, jusqu'à six heures du soir; avec l'assentiment de l'administration, leurs parents peuvent passer la nuit avec eux. Dans les salles occupées par plusieurs malades, les visiteurs ne sont admis que de midi à six heures du soir.

Aucun chirurgien n'est spécialement attaché à l'établissement, tous les chirurgiens peuvent y venir opérer et soigner des malades dans des conditions égales pour tous ; ils disposent de toutes les ressources matérielles de la maison, ainsi que de son personnel auxiliaire, d'après l'ordre d'inscription de leur demande faite au directeur de l'établissement.

Sans parler des honoraires dus au chirurgien et qui sont fixés directement entre lui et le malade, le prix de journée est très variable, depuis six francs cinquante jusqu'à vingt-cinq francs.

Les Camilliens.

Les prêtres de St-Camille ont fondé, en 1864, Chemin de Francheville, 96, une maison uniquement destinée aux messieurs malades et convalescents ; on y est admis à tout âge.

Le prix de la pension est de quatre francs, et de trois francs cinquante par jour, pour les pensionnaires qui n'exigent pas des soins particuliers et assidus.

Villa Saint-Antoine.

Lorsque le service intérieur de l'asile de Bron fut laïcisé, les religieuses du Verbe Incarné qui en étaient chargées, fondèrent à Villeurbanne, rue de la Reconnaissance, 29, une maison de santé, qui s'appelle Villa St-Antoine.

On y reçoit une vingtaine de femmes aliénées.

Saint-Jean-de-Dieu.

La maison de santé, connue sous le nom de Saint-Jean-de-Dieu, a été fondée en 1824; elle est située route de Vienne, 206. Elle est appropriée à toutes les exigences du traitement des maladies mentales pour les hommes.

Les pensionnaires sont divisés par classes, selon leurs diverses formes d'affection et suivant le prix des pensions.

Pour qu'un malade puisse être reçu dans l'établissement, il faut présenter une demande d'admission, un certificat de médecin et l'acte de naissance du malade.

Le prix de la pension est variable.

Classe supérieure, en pavillon distinct, depuis dix francs par jour.

Classe bourgeoise, première division, six francs; deuxième division, quatre francs; troisième division, trois francs. Classe industrielle, deux francs.

Les Petites Sœurs de l'Assomption.

Les Petites Sœurs de l'Assomption ont été fondées par le R. P. d'Alzon, en 1862. Elles furent appelées à Lyon, en 1882, par le Cardinal Caverot, et leur premier local fut au n° 260 de l'avenue de Saxe, en plein quartier ouvrier.

Les Petites Sœurs de l'Assomption sont des garde-malades des pauvres à domicile. Elles se consacrent exclusivement et entièrement, le jour et la nuit, au soin des malades pauvres à domicile. Elles font le ménage, la cuisine, s'occupent des enfants ; en un mot, elles deviennent les servantes du pauvre et de sa famille. Elles n'acceptent aucune rétribution, aucune nourriture. Elles ont souvent l'occasion et la consolation d'y pratiquer les œuvres spirituelles les plus touchantes : conversions et retours à Dieu, abjurations, baptêmes, premières communions, réhabilitations de mariages, etc.

Cette forme de la charité est, comme on le voit, très pratique et très appropriée aux besoins de notre temps.

Ces Petites Sœurs sont aidées par des dames charitables. Elles ont aujourd'hui deux maisons, l'une rue Rachais, 41, et l'autre rue de Cuire, 82.

La Maison-Mère est à Paris.

Elles vont jusqu'à nourrir, soit avec leur argent, soit à l'aide de dons, les pauvres gens chez lesquels la Providence les a envoyées.

Malheureusement, elles sont encore trop peu nombreuses.

Religieuses Garde-malades.

1° Les Religieuses de Bon-Secours, fondées à Lyon, en 1835, par le chanoine Gabriel, ont leur Maison-Mère, rue Ste-Hélène, 3. Un certain nombre de ces Sœurs est destiné aux soins des malades pauvres, les autres servent dans les familles, où elles sont demandées, à des prix variables.

2° Les Religieuses du Bon-Secours, dites de Troyes, fondées en 1840, à Arcis-sur-Aube, par le chanoine Millet. La Maison-Mère est aujourd'hui à Troyes. Ces Religieuses sont établies à Lyon depuis 1863; elles sont rue du Bon-Pasteur, 28.

3° Les Religieuses de l'Espérance, montée des Carmes-Déchaussés, 14, branche de la Ste-Famille de Bordeaux, venues à Lyon en 1860.

4° Les Religieuses Franciscaines, rue Ney, 22, appelées aussi de Sainte-Marie des Anges, fondées en 1870 par Mgr Freppel, évêque d'Angers, où est la Maison-Mère; soins à domicile des malades pauvres; œuvre absolument gratuite.

5° Les Religieuses de la Providence, rue Bugeaud, 120.

6° Les Religieuses de St-Camille de Lellis, rue de Créqui, 57.

7° Les Religieuses de St-Louis, cours Morand, 40, et quai de Vaise, 25.

8° Les Sœurs du Cœur de Jésus agonisant, à Villeurbanne.

Les Veilleuses.

Les malades qui ne peuvent aller se faire soigner dans les hôpitaux ne sont pas abandonnés. Si ce malade n'a point de famille, il a besoin d'avoir près de lui quelqu'un qui lui fasse prendre ses remèdes et qui lui donne les soins dont il a besoin; s'il a une famille, souvent les membres de cette famille sont obligés d'aller aux ateliers ou aux usines pour gagner le pain de chaque jour, et la nuit de prendre un légitime repos pour recommencer le lendemain.

Dans l'un et l'autre cas, on lui donnera une Veilleuse, c'est-à-dire une personne dévouée pour l'assister pendant la nuit.

Dans toutes les paroisses de la ville, il y a une société des Veilleuses. Certaines paroisses, comme St-Pierre, St-Polycarpe, St-Bonaventure, La Rédemption, ont leur société de Veilleuses autonome et particulière. Les autres sont aidées par la Société générale des Veilleuses.

Les Veilleuses d'une paroisse ont à leur tête une maîtresse-veilleuse, qui s'occupe des malades de la paroisse et choisit et envoie les Veilleuses au chevet des malades. A part les paroisses citées plus haut, tous ces groupes sont réunis sous l'autorité d'une directrice de l'Œuvre. Un curé de Lyon, généralement le curé de St-Paul, est à la tête de l'Œuvre.

Les ressources consistent dans les cotisations des Veilleuses honoraires; elles sont employées soit à payer les nuits de veille, soit au soulagement des malades visités.

Les indigents, qui sont dans les conditions voulues pour avoir une Veilleuse, n'ont qu'à s'adresser au Curé de la paroisse, ou à la Sœur de la paroisse chargée des pauvres, ou à la maîtresse-veilleuse.

Il y a des Veilleuses à Lyon depuis 1827.

Hospitaliers-Veilleurs.

L'association des Hospitaliers-Veilleurs est la fusion de deux sociétés, celle des Hospitaliers et celle des Veilleurs.

La première fut fondée en 1763, dans des circonstances qui méritent d'être rapportées. Trois hommes, appartenant aux classes laborieuses, Claude Pillet, tisseur, maison Puilata, montée St-Barthélemy ; Joseph Pelletier, tailleur, côte des Carmélites, et Hugues Morel, tisseur, rue de Bourg-Neuf, étaient unis par les liens de l'amitié. L'un d'eux tomba malade et fut transporté à l'hôpital. Les deux autres allèrent le voir et lui donnèrent les soins de propreté qu'il ne pouvait aisément se procurer. Cet acte de complaisance devint l'occasion d'une grande œuvre, car les autres malades, témoins des services rendus, s'enhardirent à en solliciter de semblables pour eux-mêmes ; ils furent écoutés, et voilà les Hospitaliers raseurs introduits à l'Hôtel-Dieu. Un quatrième collaborateur, Jean-Pierre Moncizerand, qui fut plus tard le premier syndic de la corporation, vint s'adjoindre à eux en 1764 ; trois ans plus tard, dix confrères nouveaux arrivèrent et firent penser à une constitution définitive. En 1783, ils étaient soixante-huit ; on fit imprimer alors un règlement, et cette association prit le nom de Compagnie de Miséricorde.

L'épreuve de la Révolution ne la fit pas disparaître, mais elle la scinda en deux parties, l'un qui adhéra au schisme par suite de certains entraînements, l'autre qui lui fut hostile ; le premier exerçait son zèle dans les hôpitaux de la Quarantaine et de la Charité, et dans les salles de blessés au grand Hôtel-Dieu, le second accomplissait son œuvre dans les salles de fiévreux de l'Hôtel-Dieu, et dans les prisons de Roanne, de St-Joseph et des Recluses. A l'Hôtel-Dieu l'œuvre ne fut jamais interrompue ; dans les prisons, elle ne put s'exercer pendant les dix-huit mois de la Terreur, mais elle reprit son cours après le 9 thermidor. — La scission de la Compagnie dura jusqu'au 15 août 1803.

Une seconde épreuve toucha la Compagnie en 1832. L'administration voulut empêcher la récitation des prières dans les salles de l'hôpital pendant que les Hospitaliers y faisaient leur œuvre de charité. Les uns se soumirent, les autres se séparèrent, et ceux-ci fondèrent alors les réunions paroissiales, dont le nombre s'est accru avec le temps. L'épreuve dura cinq ans, elle servit à augmenter l'action de la Compagnie.

D'autre part, sur le désir de Mgr de Pins, administrateur du diocèse, une société de Veilleurs avait été organisée en 1830. Il n'est pas nécessaire de parler de ce dévouement qui mène un ouvrier, après une journée de labeur, au chevet des malades pour y passer la nuit, et donner les soins corporels et spirituels à ceux qui souffrent et sont délaissés. Mais il faut le remarquer, cette société se recruta surtout parmi les Hospitaliers, c'est pourquoi, en 1850, sur l'invitation de S. Em. le cardinal de Bonald, la fusion fut faite, et de ce moment la Compagnie fut connue sous le nom d'Hospitaliers-Veilleurs.

Les Hospitaliers-Veilleurs sont divisés par colonnes, sous la présidence d'un syndic. Chaque paroisse a sa colonne, sous la surveillance d'un inspecteur, qui la visite chaque dimanche.

L'association a pour but le soulagement corporel et spirituel des malades dans les hospices et les paroisses. Les soins corporels consistent à les raser, les peigner, leur couper les cheveux et les ongles, à leur laver les pieds et les mains, à les ensevelir même en cas de décès. Les secours spirituels sont la prière, les lectures de piété, les paroles d'exhortation et de consolation, les bons conseils, l'assistance à l'heure de la mort, la recommandation de l'âme. — A domicile, les Hospitaliers-Veilleurs veillent gratuitement les malades pauvres et cherchent à les soulager autant que possible. — Le dimanche, ils font aux indigents des distributions de pain, de tabac, de vêtements. — Un vestiaire est adjoint au secrétariat.

Cette association, reconnue d'utilité publique en 1856, a son siège social, place de l'Ancienne-Douane, 3. Elle se compose de membres actifs et de membres honoraires. Les membres actifs, au nombre d'environ cinq cents, s'appellent confrères. Les membres honoraires, qui sont plus de quinze cents, procurent à la société, par leur cotisation annuelle de six francs, le moyen de pourvoir aux dépenses de ses œuvres.

Société de St-Vincent-de-Paul.

Tout le monde sait que, si cette Œuvre n'est pas lyonnaise par son berceau, elle l'est du moins par son auteur, le grand Ozanam.

En 1832, un jeune homme, un Lyonnais, faisait ses études de droit dans la capitale. C'était une époque malheureuse et sombre pour la religion. De grandes passions ameutaient contre elle les préjugés de la foule. Ozanam avait autant de foi que d'intelligence. Il gémissait de l'isolement funeste des catholiques, tandis que leurs ennemis, unis par le même intérêt, marchent si souvent, la main dans la main, à la ruine des principes et de la morale. « Où sont les apôtres, se demandait-il, dont la parole ramènera le siècle? » En promenant son regard sur la jeunesse des écoles qui l'environnait, une idée brilla tout à coup à son esprit : « Les voilà, s'écria-t-il. Faisons de ces jeunes gens autant de missionnaires, qui mettent au service de Dieu leur ardeur, leur science, leur talent et leur foi ».

Fidèle à ce plan, il rassembla quelques amis fervents comme lui et prêts à se dévouer. Peu d'années après, non seulement la capitale, mais la France, puis l'Europe, et aujourd'hui le monde, admiraient la grande Œuvre des conférences de St-Vincent-de-Paul. Telle fut l'origine d'une institution qui chaque jour opère des miracles de charité avec un seul levier, la foi, avec un moyen unique, l'union.

Lyon ne tarda pas à suivre l'exemple de la capitale. Les jeunes gens et les hommes des meilleures familles se groupèrent; les groupes s'appelèrent conférences, et les conférences se partagèrent les divers quartiers de la ville. Ces conférences furent reliées entr'elles par un bureau central, qui est aujourd'hui, 2, rue Ste-Hélène.

La Société a pour but la visite des pauvres à domicile; elle distribue aux indigents qu'elle secourt des aumônes en nature, principalement des bons de pain. Chaque membre de la Conférence est chargé de visiter une ou deux familles. Il rend compte de ses visites dans des conférences hebdomadaires qui réunissent les membres ; il signale les besoins nouveaux qu'il a surpris, il sollicite les secours qui lui paraissent urgents, et la réunion se termine par une quête faite entre les membres de la Société.

Pour recommander une famille pauvre, il faut s'adresser au bureau central, ouvert tous les jours, de deux à six heures.

Il existe trente-deux conférences de St-Vincent-de-Paul dans les divers quartiers de Lyon.

De plus, il existe des conférences de St-Vincent-de-Paul dans les pensionnats des Chartreux, d'Oullins, des Minimes, d'Ozanam, parmi les élèves des Facultés catholiques, au Pensionnat des Frères du Sacré-Cœur, à l'Institution des Pères Jésuites, des Frères Lazaristes.

Les conférences de Lyon dépensent en aumônes environ une somme de cent mille francs par an.

La Sainte-Famille.

Cette Œuvre, à Lyon, a trois centres, où les membres des conférences de St-Vincent-de-Paul se partagent avec un zèle admirable le bien à faire, c'est-à-dire la sauvegarde des intérêts spirituels et temporels de la classe ouvrière indigente. Des réunions périodiques, deux tous les mois, rassemblent les protégés et les protecteurs ; la charité sait alors offrir aux premiers des récréations aussi joyeuses qu'utiles et bonnes. Un des meilleurs délassements qui se pouvaient imaginer, c'est une distribution d'objets de tout genre. Cette distribution se fait d'une manière si amusante, qu'elle est à elle seule un plaisir, sans parler du bénéfice qu'en retirent les assistants, heureux de compléter, qui son vestiaire, et qui son mobilier.

On comprend la salutaire influence que de telles réunions peuvent exercer, surtout quand les ouvriers se retrouvent avec ceux dont ils ont en particulier reçu de bienveillants conseils et d'opportuns secours : le chômage arrêté, les enfants mis aux écoles, en apprentissage, en des places honnêtes et sûres.

Les lieux de réunion sont :

Crypte de l'Immaculée-Conception, pour les indigents de la rive gauche du Rhône.

Crypte de la chapelle des religieuses de l'Adoration réparatrice, rue Henri IV.

Chapelle des Frères, montée St-Barthélemy, pour ceux des quartiers St-Paul, St-Just, etc.

La Fraternité des Petites-Sœurs de l'Assomption.

Cette œuvre remplit, vis-à-vis des pauvres que visitent ces religieuses, la même fonction que les Saintes-Familles pour ceux des Conférences de St-Vincent-de-Paul.

Elle s'appelle la Fraternité de N.-D. du Salut.

Tous les mois, cent à cent vingt hommes se réunissent dans leur chapelle et on leur fait des conférences.

Des dizainiers, hommes et dames, leur font des visites ; l'association des Dames patronnesses participe à leurs œuvres.

Dames de la Miséricorde.

Dans toutes les paroisses, existe l'Association de charité connue sous le nom de Dames de la Miséricorde. Cette association, formée de paroissiennes, centralise les annuités de ces dames, et permet de faire ainsi la charité aux pauvres de la paroisse. Elles ont des réunions, où elles signalent les pauvres qu'elles ont découverts et qu'elles font inscrire sur la liste de leurs protégés ; elles visitent les pauvres et leur portent des secours, si cette fonction n'est pas faite par les Sœurs de l'aumône ; elles aident les prêtres de la paroisse à faire la quête annuelle pour les pauvres ; elles procurent à l'Œuvre des pauvres : du linge, des habits, des souliers, des dons, des legs ; elles donnent leur temps et leur travail pour le raccommodage de linges ou habits. C'est une forme restreinte de la charité, la charité paroissiale, c'est peut-être la plus intéressante, parce que les pauvres sont plus connus.

Bureaux de bienfaisance paroissiaux.

Dans toutes les paroisses, il y a un bureau de bienfaisance, tenu par des Religieuses. Une d'elles visite les pauvres et les malades, elle distribue aux indigents, au fur et à mesure des besoins, les secours en argent ou en nature qui lui sont confiés par le curé de la paroisse ou l'Association des Dames de charité. Les Sœurs n'accordent des secours qu'après s'être assurées, par visite ou autrement, de la réalité de l'indigence des pauvres. Le bureau de bienfaisance paroissial est le trait d'union facile et sûr entre les personnes charitables et les pauvres.

Les ressources proviennent :

1° D'une quête faite à domicile par le clergé et les Dames de Miséricorde ;

2° De dons volontaires ;

3° De ventes, représentations, concerts, etc.

Les secours sont distribués par le clergé et les Religieuses du bureau.

L'ensemble des aumônes, faites par les bureaux des trente-six paroisses de Lyon, ne peut être qu'approximativement connu. Il doit être compris entre trois cent mille et quatre cent mille francs.

Œuvre des Dames de Sainte-Françoise.

Cette Œuvre est une des plus anciennes de Lyon, la première établie avec une organisation si régulière qu'elle n'a point encore varié.

Quelques nobles et pieuses dames de la paroisse St-Jean s'étaient concertées entre elles, vers l'année 1652, pour la visite des pauvres à domicile, pour aviser à l'éducation chrétienne des enfants, pour donner des ressources aux orphelins, une protection sûre et des places honnêtes aux jeunes filles. Il y avait là en germe une société analogue, pour les femmes, à celle des Conférences de St-Vincent-de-Paul, instituée dans notre siècle par Ozanam.

Lorsque le saint Fondateur des Filles de la Charité eut donné au nouvel ordre ses constitutions définitives, les Dames de Ste-Françoise, qui avaient choisi cette patronne pour imiter les œuvres de miséricorde qu'elle pratiquait, demandèrent à s'affilier avec les Dames dirigées par S. Vincent.

Le saint accueillit ce vœu, et lui-même passa le contrat que l'on possède encore aujourd'hui écrit de sa main.

L'œuvre grandit et prospéra. La charité et l'humilité se donnèrent la main dans cette œuvre. On vit autrefois des personnes de haute lignée se faire mendiantes sur les ponts, afin d'obtenir des passants surpris et émus ce que leurs ressources personnelles ne permettaient plus d'ajouter aux aumônes trop larges déjà qu'elles avaient faites.

Les membres de cette bienfaisante Association furent longtemps appelés Sœurs de St-Pierre-le-Vieux. On voyait encore, avant 1860, dans le groupe d'anciennes bâtisses renversées depuis autour de l'archevêché, des restes de construction et l'oratoire où les réunions eurent lieu dès le début, et où elles se sont continuées même plus tard.

Pendant la Révolution, l'œuvre s'effaça, mais elle fut reconstituée sur les mêmes bases en 1804. C'est maintenant la maison des Sœurs St-Vincent-de-Paul, avenue du Doyenné, 8, qui lui offre l'hospitalité.

Le but de l'œuvre est toujours d'assister et de secourir les pauvres et les malades de la paroisse St-Jean. Les secours consistent en remèdes, linges, portions de viande et de bouillon, bons de pain et de charbon, distribution de pommes de terre et de riz.

Œuvre de la Charité lyonnaise.

Cette Œuvre a été fondée en 1891, elle a son siège rue Pomme-de-Pin, 4. Elle reçoit et centralise tous les vêtements, chaussures, linges hors d'usage, pour les remettre, par l'intermédiaire des Sœurs de chaque paroisse ou des dames s'occupant de secourir les pauvres, aux indigents les plus misérables et les plus dignes d'intérêt.

Le Vestiaire du Rosaire.

Cette Œuvre qui a son siège, rue Centrale, 45, fournit du linge et des vêtements aux pauvres honteux qui ont besoin d'une certaine tenue pour remplir leur emploi.

Caisse des loyers.

A la conférence de Ste-Blandine fonctionne une caisse de loyers pour les pauvres.

En 1893, le *Lyon Républicain* a ouvert une souscription pour le logement des pauvres.

Œuvres de St-Martin, de St-Jean de Dieu, de St-Jean l'Evangéliste et de St-Charles.

L'œuvre de St-Martin, qui a son siège, rue de la Bombarde, 3, s'occupe en particulier des pauvres honteux, de ceux qui ont connu une situation plus prospère et qui, victimes de circonstances malheureuses, sont tombés dans la pauvreté.

Cette œuvre, déjà ancienne, ne fait pas de bruit et ne désire pas qu'on en fasse autour d'elle.

J'en dis autant de certaines autres que je ne puis que nommer, l'œuvre de St-Jean de Dieu qui distribue des secours aux pauvres, l'œuvre de Saint-Jean l'Evangéliste dont le but est de vulgariser les idées chrétiennes ; l'œuvre de St-Charles, la plus étonnante de toutes et qui est récente ; elle vient en aide discrètement, par des secours immédiats et importants, aux commerçants ou industriels ou autres, qui, après enquête, satisfont à son programme.

Par discrétion, je ne puis que donner ces indications générales.

Œuvre du charbon.

Cette œuvre ne fonctionne que par intermittence dans les hivers rigoureux. Elle a pour but de fournir du charbon aux pauvres. En 1893, *Le Nouvelliste* ouvrit une souscription qui atteignit trente mille francs. Cette présente année, à cause de la crise houillère qui a augmenté le prix du charbon, une nouvelle souscription a été ouverte dans les journaux.

Tous les ans, la Compagnie du Gaz et les marchands en gros allouent gratuitement un certain nombre de tonnes de charbon aux bureaux de bienfaisance catholiques.

L'Œuvre des Mères de famille.

Fondée en 1888, et approuvée par Mgr Foulon, archevêque de Lyon, le 18 décembre de la même année, cette Œuvre a son siège, 22, rue Thomassin. Elle a pour but, en nos temps où les variations de la fortune ont fait passer tant de familles d'un état prospère à un état malheureux, de venir en aide à ces familles déchues. Elle leur offre une ressource assurée par le travail qu'elle leur procure ; elle forme au travail les personnes qui n'y sont pas exercées et leur donne ensuite des travaux en rapport avec leurs aptitudes ; elle augmente discrètement le salaire de ces intéressantes ouvrières suivant les besoins et les ressources. Ces misères cachées sont protégées avec une respectueuse discrétion.

Fondation Rosset.

Un lyonnais, M. Rosset, fabricant de soieries, ancien juge au tribunal de commerce, a légué à notre ville une somme de deux cent mille francs, qui, pendant un certain temps, se grossira des intérêts capitalisés. Quand le moment fixé sera arrivé, les revenus seront employés à venir en aide aux mères de famille nées à Lyon, de parents lyonnais, qui seront les plus nécessiteuses, qui auront le plus de famille, et auront le plus de mérite à élever leurs enfants. Cette fondation portera le nom de *Patrimoine des mères de famille pauvres de la ville de Lyon.*

Fondation Dorel.

La fondation Dorel est attribuée, annuellement et une seule fois, à une famille d'ouvriers pauvres ayant le plus grand nombre d'enfants et habitant le premier arrondissement.

Les demandes doivent être adressées à M. le Maire de Lyon, avant le 1er août, terme de rigueur.

Fondation Durand-Valesque.

M. et Mme Durand-Valesque ont institué, en 1826, des primes pour les dix patrons qui auront le mieux soigné les enfants abandonnés, confiés à leurs soins. Le montant de ces primes varie de cinquante à cent trente francs. Les patrons les plus méritants sont présentés par l'inspecteur du service des enfants assistés au Conseil d'administration des hospices, et le membre de ce Conseil qui est chargé des fondations, procède chaque année au tirage au sort des patrons devant bénéficier de ces primes.

Prix de l'Académie.

Cette manifestation de la générosité lyonnaise ne peut pas être passée sous silence. Des fondations ont été faites à l'Académie de Lyon et celle-ci est la dispensatrice des revenus, selon les intentions des fondateurs.

Prix Christin et de Ruolz. — Cette fondation date de 1756. Elle est due à Christin, secrétaire perpétuel de l'Académie, et à ses héritiers de Ruolz. Le prix Christin consiste en une ou plusieurs médailles de la valeur de trois cents francs chacune, que l'Académie décerne, à des époques indéterminées, au meilleur travail qui lui est offert sur une question choisie par elle dans les mathématiques, la physique ou les arts.

Prix Lebrun. — Ce prix, fondé, en 1805, par le prince Lebrun, associé honoraire de l'Académie, consiste en une médaille qui est destinée aux inventeurs de procédés utiles au perfectionnement des manufactures lyonnaises, ou aux auteurs de découvertes qui intéressent l'industrie en général et celle de la soie en particulier. Les concurrents ne sont assujettis à aucune condition d'âge, ni d'origine.

Prix Ampère. — Le prix Ampère a été fondé, en 1866, par M. et Mme Chevreux, légataires universels de J.-J. Ampère. Ce prix est d'une somme annuelle de mille huit cents francs. Il est décerné tous les trois ans et pour trois années consécutives, à un jeune homme peu favorisé des dons de la fortune, né dans le département du Rhône, ayant donné des preuves d'aptitude pour les lettres, les sciences ou les beaux-arts ; il doit lui servir à perfectionner ses études ou à poursuivre le cours de ses travaux. Les candidats doivent avoir dix-sept ans au moins et vingt-trois ans au plus. En aucun cas le prix ne peut être divisé.

Prix Dupasquier. — Ce prix, fondé, en 1873, par feu Louis Dupasquier, membre titulaire de l'Acamie, est accordé annuellement et à tour de rôle à un architecte, un peintre, un sculpteur, un graveur lyonnais. Les candidats ne doivent pas avoir dépassé l'âge de vingt-huit ans, sauf pour les architectes, pour lesquels la limite d'âge est reculée à trente-cinq ans. Ce prix est variable, il est généralement de trois cents francs.

Prix Herpin. — La fondation de ce prix est due à la libéralité de feu le docteur Herpin, membre correspondant de l'Académie. Ce prix, qui est entré dans les attributions de l'Académie en 1878, consiste en une somme de sept cents francs donnée tous les quatre ans, aux auteurs de recherches ou de travaux scientifiques, particulièrement physico-chimiques, propres à développer ou à perfectionner l'une des branches de l'industrie lyonnaise. Les candidats doivent être Français.

Fondation baron Lombard de Buffières. — Cette fondation, qui date de l'année 1882, a été créée par M. Lombard de Buffières, ancien conseiller de préfecture, avocat à la Cour d'appel de Lyon, en vue d'honorer et perpétuer la mémoire de son père, M. le baron Jean-Jacques-Louis Lombard de Buffières, ancien député de l'Isère. Le revenu annuel doit être employé « de façon à développer dans l'enfance le respect et l'observation de ses devoirs envers Dieu, envers soi-même et envers le prochain et à encourager tout ce qui pourrait tendre à faciliter et accroître ce développement. » L'Académie affecte une somme importante (5.000 fr. en 1895) à des subventions pour favoriser l'entrée dans la carrière industrielle, scientifique, commerciale ou agricole, de jeunes gens exceptionnellement méritants, dans les départements du Rhône et de l'Isère (arrondissements de Vienne et de la Tour-du-Pin).

Fondation Livet. — Cette fondation, instituée par M. Clément Livet, négociant à Lyon, en 1887, consiste en une somme de quatre mille francs approximativement, destinée à récompenser, sous le nom de prix de vertu, un acte de dévouement soutenu ou spontané, un grand service rendu à l'humanité, et cela sans préférence de sexe.

Fondation Chazière. — Elle est due à la générosité de feu Jean Chazière, de Lyon. L'Académie, mise en possession de cette fondation le 6 janvier 1889, doit décerner, tous les deux ans ou quatre ans au plus, à son gré, des récompenses et des encouragements publics à une ou plusieurs œuvres littéraires, scientifiques, historiques. La poésie, l'archéologie, les beaux-arts pourront également être encouragés et récompensés. Une très belle œuvre de sculpture, ou un acte exceptionnellement beau de vertu ou d'héroïsme, peut mériter le prix en entier ou en partie.

Prix de l'Académie. — De plus, l'Académie choisit chaque année un ou plusieurs sujets se rapportant aux sciences, belles-lettres ou arts, qu'elle met au concours, avec des règles et des conditions déterminées. La somme affectée au concours est variable.

On peut aussi classer dans cet ordre d'autres prix qui, avec le temps, deviendront plus nombreux, ceux qui seront confiés à la sollicitude de l'Université de Lyon, qui a maintenant la personnalité civile.

En date du 16 décembre 1899, le doyen de la faculté de médecine de l'Université de Lyon, a été autorisé à accepter, au nom de cet établissement, le legs fait à ladite faculté par M. Edme-Antoine dit Léon Riboud, d'une somme de cinquante mille francs, dont le revenu sera employé à la fondation d'un prix quinquennal destiné au savant de Lyon, ou ayant au moins cinq ans de résidence soit à Lyon, soit dans les départements du Rhône, de la Loire, de Saône-et-Loire, de l'Isère et de l'Ain, qui, par ses travaux, ses découvertes ou son enseignement, aura rendu de réels services à l'hygiène, à la santé publique, au progrès des sciences médicales, surtout de celles qui ont pour but la protection de l'enfance.

CHAPITRE IV

VIEILLARDS

Maisons de retraites. — Asiles paroissiaux. — Asiles généraux. — Œuvres diverses. — Fondations.

Maison de retraite des prêtres.

Dès 1737, le besoin d'une maison de retraite pour les vétérans du sacerdoce s'était fait vivement sentir. Elle fut établie d'abord, sous le pontificat de Mgr de Châteauneuf de Rochebonne, sur le plateau de la Croix-Rousse, dans cette rue qui s'appelle encore rue St-Pothin, du nom que prit cette maison, connue sous l'appellation de séminaire de St-Pothin. Elle tenait l'emplacement occupé aujourd'hui par les religieuses cloîtrées de Sainte-Elisabeth. Les prêtres s'y installèrent le 10 septembre 1738.

Le cardinal de Tencin, qui succéda à Mgr de Rochebonne, transféra à l'Ile-Barbe, en 1745, le séminaire de St-Pothin ; il venait de dissoudre le chapitre de l'Ile-Barbe en unissant au chapitre de la Primatiale la mense abbatiale et la maison capitulaire.

Mgr de Montazet, qui semble avoir eu avec cette maison des rapports très tendus, la supprima en 1782. Aussi bien la Révolution allait éclater bientôt.

Elle fut rétablie, vers 1806, par les libéralités de Mme de la Balmondière. Elle fit construire à Fourvière (aujourd'hui rue Cléberg, 7), une partie des bâtiments destinés aux prêtres âgés et infirmes.

Nous en avons déjà parlé quand nous avons constaté les différentes migrations des Sœurs Trinitaires.

Les Sœurs de St-Joseph, qui avaient alors leur maison-mère à St-Etienne, rue Mi-Carême, furent appelées par l'autorité ecclésiastique pour desservir cet hospice; elles vinrent en 1809. Ce troisième établissement dura jusqu'en 1846. Devenu trop étroit, il fut transféré à Vernaison, où il est aujourd'hui.

La belle propriété du Fromentin, achetée et payée par S. E. le cardinal de Bonald, qui en fit la cession à son clergé, contient aujourd'hui trente-cinq prêtres.

L'hospice est placé sous la protection de saint François de Sales; son vrai nom est Hospice de St-François-de-Sales. Les prêtres âgés ou infirmes, incapables de remplir un ministère, y prennent leur retraite et sont entourés de soins assidus.

Maisons de Retraite.

Les Maisons de Retraite sont un genre de charité spécial. Ce sont des pensions tenues par des religieuses. Les pensionnaires ne doivent pas être pauvres, mais le plus souvent elles ne sont pas riches. Si elles vivaient seules, elles auraient de la peine, avec leurs modestes ressources, à pourvoir aux besoins de leur vie. Les maisons de retraite les reçoivent, et grâce à elles, les pensionnaires, avec une somme relativement modique, ne sont plus dans l'isolement, elles n'ont plus à se préoccuper de la tenue d'une maison, elles ont leur chambre et leurs repas assurés, elles sont servies en santé et en maladie.

Ces Maisons sont assez nombreuses à Lyon.

A Vaise, place Dumas-de-Loire, maison dirigée par les Sœurs de St-Vincent-de-Paul. Le prix de la pension est variable, comme du reste dans toutes les autres maisons.

A St-Bruno, rue Maisiat, maison dirigée par les religieuses de St-Charles, fondée en 1819.

A la Croix-Rousse, rue Bony, 21, maison dirigée par les religieuses Trinitaires.

A la Croix-Rousse, rue Hénon, 38, maison dirigée par les Sœurs de St-Joseph ; ne reçoit que quelques pensionnaires.

A Fourvière, place de Fourvière, maison tenue par les religieuses de Jésus-Marie.

A Cuire, chemin de la Caille, maison tenue par les religieuses Bénédictines de la Rochette. Cette maison offre ceci de particulier, qu'elle reçoit gratuitement les femmes âgées de la commune de Caluire et de Cuire, et moyennant une pension variable, six cents francs, huit cents francs ou douze cents francs, selon les catégories, toutes les personnes qui désirent se retirer dans la maison.

A Cuire, montée des Forts, 1, maison tenue par les Sœurs de la Ste-Famille.

A St-Jean, 13, rue St-Pierre-le-Vieux, par les Sœurs de St-Vincent-de-Paul ; prix à débattre.

Asile paroissial de Saint-François.

En 1832, Mme de la Balmondière fonda dans la paroisse de St-François de Sales, dans l'impasse, aujourd'hui rue François Dauphin, 9, un petit hospice en faveur de douze vieillards de l'un et l'autre sexe. Les paroisses d'Ainay et de St-François, selon le vœu de la charitable fondatrice, devaient participer par égale portion au bienfait de cet établissement, confié aux Sœurs de St-Joseph.

Vers 1854, les curés respectifs d'Ainay et de Saint-François voulurent avoir chacun leur asile de vieillards. La scission s'opéra à l'amiable, et pendant qu'une portion alla s'établir sur Ainay, l'autre resta dans l'immeuble qu'elle occupe encore aujourd'hui. Aujourd'hui, cet asile de St-François abrite vingt-cinq vieillards, hommes et femmes.

Asile paroissial d'Ainay.

C'était sur St-François que se trouvait l'asile commun aux deux paroisses d'Ainay et de St-François. C'est vers 1854 que s'opéra la scission. Pendant quatre ou cinq ans, quelques vieillards occupèrent, rue Bourgelat, 17, de modestes appartements en location. Il y avait encore alors des hommes et des femmes.

Aujourd'hui, l'asile paroissial d'Ainay est installé, 20, rue Franklin. Il est dirigé par les Sœurs de St-Vincent-de-Paul et il abrite douze femmes âgées et indigentes, celles surtout qui, ayant connu la fortune, en connaissent toutes les privations.

Asile paroissial de Saint-Pierre.

Cet établissement, fondé en 1820, par M. Alumbert, curé de la paroisse de St-Pierre, et établi rue

Luizerne, 8, était destiné à recevoir douze femmes indigentes et âgées, choisies parmi les plus malheureuses de la paroisse. Des domestiques à gages, sous la surveillance des Dames de la Miséricorde, furent d'abord préposées aux soins ordinaires de cet établissement, mais, en 1825, il fut confié au zèle des Sœurs de St-Joseph.

Un peu plus tard, on y adjoignit une Providence pour les petites filles.

En 1890, cet établissement fut transféré de la rue Luizerne dans la rue de l'Arbre-Sec, 40, et c'est depuis lors qu'on y ajouta une petite Providence pour les petits garçons, et quelques lits pour les hommes âgés. Les femmes sont toujours au nombre de douze, et les hommes au nombre de six.

La maison est administrée par un conseil de dames pieuses, sous la direction du curé de Saint-Pierre. Un homme, choisi parmi les plus honorables, remplit les fonctions de trésorier et de secrétaire.

Il y a seize religieuses.

Asile paroissial de Saint-Polycarpe.

Vers 1830, les Dames de la Miséricorde de la paroisse de St-Polycarpe, sous la direction de leur vénérable pasteur, M. Gourdiat, ouvrirent un asile charitable aux femmes pauvres et âgées de cette localité, dans la maison appartenant à la fabrique, rue du Commerce, 20.

Le nombre s'accrut vite ; en 1845, elles étaient dans cet asile, vingt-deux femmes âgées, indigentes, et incapables de subvenir à leur existence; elles pouvaient là attendre patiemment le jour où elles pourraient être admises à l'hospice des Vieillards, soit à la Charité, soit à la Guillotière. Leurs bienfaitrices pourvoyaient à tous leurs besoins, grâce aux quêtes annuelles faites dans la paroisse et aux souscriptions particulières qu'elles s'imposaient. Les pensionnaires de cet asile étaient alors sous la surveillance de Mlle Pupier, qui consacrait tous ses moments de loisir à remplacer la présidente, Madame Desgeorge.

Cette maison charitable était donc plutôt un dépôt qu'un asile. D'une part, la Charité n'admettant les vieillards qu'à un certain âge, d'autre part, la misère et l'indigence n'attendant pas toujours l'âge prescrit qui autorise l'admission, cet asile temporaire fut créé ; néanmoins, celles des pensionnaires qui préféraient y rester, y étaient autorisées, et je crois qu'il en est de même aujourd'hui.

En 1845, mourut M. Gourdiat, qui légua à cet hospice qu'il avait fondé une rente de six cents francs.

M. l'abbé Chaumont, son successeur, confia alors la direction de l'hospice aux Religieuses de Saint-Joseph (1845), pour remplacer les Dames de Miséricorde qui s'en occupaient.

Cet asile est aujourd'hui au chevet de l'église de St-Polycarpe, rue du Commerce ou rue Burdeau, 34.

Asile paroissial du Bon-Pasteur.

En 1889, M. l'abbé Durand, curé du Bon-Pasteur, à la veille de quitter le ministère paroissial, fonda, près de l'église, un hospice de vieillards. Il est situé rue Neyret, 21, et reçoit une dizaine de femmes âgées. La direction est confiée à une personne laïque, Mlle Rouvier.

Primitivement, M. l'abbé Durand ayant assuré des ressources à cet asile, les personnes âgées de la paroisse y étaient reçues gratuitement. Mais ces ressources ayant périclité, on y reçoit maintenant des personnes qui paient une modeste pension.

Asile paroissial de Saint-Bruno.

C'est à la Sœur St-Jude, supérieure du bureau de bienfaisance de cette paroisse, qu'est due la création, en 1874, de l'asile paroissial pour quelques vieillards dans leur maison de la rue Pierre-Dupont. Elle s'assura le concours du Pensionnat des Chartreux, qui pouvait disposer de restes honorables en faveur des pauvres, et, pour le surplus, se confia à la Providence. Ce petit asile a huit places ; les vieillards qui en bénéficient doivent être paroissiens, catholiques et être âgés au moins de soixante ans.

Asile paroissial de Saint-Jean.

En 1859, la Sœur Callamand, supérieure des Sœurs de St-Vincent-de-Paul du Doyenné, fonda l'Œuvre des Bonnes-Mères, retraite paisible pour les femmes âgées. Elle ne faisait en cela que tenir une promesse faite à M. l'abbé Rozier, curé de Saint-Jean, à son lit de mort.

Cet asile a quinze places. On le trouve désigné tantôt sous cette adresse, rue du Doyenné, 8, tantôt sous cette autre, rue St-Pierre-le-Vieux, 3, mais c'est le même.

Asile paroissial de Notre-Dame Saint-Vincent.

Il a été fondé en 1851.

Il est situé quai St-Vincent, 59, et dirigé par les Sœurs de St-Vincent-de-Paul.

Dix-huit lits pour femmes âgées.

Asile paroissial de Saint-Nizier.

La fondation de cette Œuvre remonte à plus de trois siècles. — Les Dames qui composent le bureau distribuent aux femmes âgées et indigentes des aliments, du linge, du charbon, etc.

L'asile est établi rue Palais-Grillet, 14, et dirigé par les Sœurs de St-Charles. Ces dernières, cependant, n'y séjournent pas, et les pensionnaires se gouvernent entre elles.

Il y a dix lits, pour les femmes indigentes, âgées d'au moins cinquante ans, et qui attendent leur entrée à la Charité.

Asile paroissial de Sainte-Croix.

Il a été fondé en 1828 ou 1830.

Il est établi rue St-Joseph, 27, et est dirigé par les Sœurs de St-Vincent-de-Paul, là où est établie l'Œuvre de la Marmite.

Il a vingt lits pour femmes âgées.

Asile paroissial de St-Paul.

Il a été fondé en 1836, par M. l'abbé Cattet, curé de St-Paul.

Il est établi quai Pierre-Scize, 83, et est dirigé par les Sœurs de St-Vincent-de-Paul. Soit pour la Providence, soit pour l'asile, elles sont au nombre de dix.

Il a quatorze lits pour femmes âgées.

Les Petites-Sœurs des pauvres.

La fondation des Petites-Sœurs des pauvres à St-Servan, par l'abbé Le Pailleur et la légendaire Jeanne Jugan, est de notoriété catholique. Chacun sait comme cette œuvre, si jeune encore, mais répondant à un vif besoin de nos temps, a prospéré non seulement en France, mais dans le monde entier. Elles sont établies à Lyon depuis, à peu près un demi-siècle (1851), et ont aujourd'hui trois établissements dans notre ville, celui de la Villette, rue Corne-de-Cerf, 29 ; celui de la Croix-Rousse, rue de l'Enfance, 43, et celui de Vaise, rue des Grenouilles, 14.

Les deux premières Petites-Sœurs des pauvres qui vinrent à Lyon, mère Marie et mère Théodore, furent établies à la Croix-Rousse, place et maison des Bernardines, en 1851. L'Œuvre commença avec deux pauvres vieilles femmes. Il y en eut bientôt une centaine, et des pauvres nombreux attendaient. On ne pouvait plus davantage se contenter de cette insuffisante maison des Bernardines, où, vers le mois d'août 1852, les pauvres étaient déjà cent cinquante.

A ce moment, on proposa aux Petites-Sœurs des pauvres, à très bon compte, une maison vaste, nouvellement bâtie et aménagée pour un hospice : c'était la maison de la Villette ; les Petites-Sœurs en firent l'acquisition, elles s'y installèrent les premiers jours d'avril 1853.

Ce premier établissement fut fondé en 1851, par M. l'abbé Coudour, mort curé de N.-D. St-Vincent ; celui de la Croix-Rousse, en 1862 ; celui de Vaise, par Mgr Gouthe-Soulard, alors curé de St-Pierre-de-Vaise, en 1879 ; la première pierre de la maison de la rue des Grenouilles fut bénite le 2 juillet 1883.

Ces établissements contiennent des vieillards des deux sexes, et l'on sait que les Petites-Sœurs n'ont aucune ressource fixe, aucune charité assurée d'avance. Elles vivent et font vivre au jour le jour des aumônes recueillies.

L'établissement de la Villette a près de quatre cents pensionnaires ; celui de la Croix-Rousse, près de trois cents ; celui de Vaise, près de deux cents. Pour y être admis, il faut n'avoir aucune ressource, être âgé de soixante ans au moins et domicilié à Lyon.

La Cité de l'Enfant-Jésus.

La Cité de l'Enfant-Jésus, plus connue dans le peuple sous le nom de cité Rambaud, est située rue Duguesclin, 205. Elle se compose de plusieurs maisons et d'une élégante chapelle.

J'ai dit ailleurs (voir Prado), comment M. Rambaud et M. du Bourg furent amenés à se fixer dans cet endroit. Après les inondations de 1856, qui firent de la Guillotière et des Brotteaux un champ immense de désolation, ces deux Messieurs eurent la pensée de construire une cité ouvrière, c'est-à-dire des logements ouvriers économiques. Plus tard, cette idée première se transforma, la cité ouvrière devint une cité réservée aux vieillards des deux sexes.

Tous ceux qui ont vu de près les ouvriers, et à plus forte raison les ouvriers qui vieillissent, savent que pour eux la grosse question est celle du loyer. Combien pourraient encore arriver, comme ils disent, à joindre les deux bouts, s'ils n'avaient pas chaque mois cette lourde charge. Leur travail de chaque jour suffira peut-être à les nourrir, mais ils ne peuvent pas aller au-delà.

D'autre part, les Hospices de vieillards, à Lyon, outre qu'ils sont insuffisants, ne reçoivent des pensionnaires que dans certaines conditions. Deux vieillards sont mariés, ils ont passé ensemble de longues années; s'ils entrent à l'Hospice, ils devront se séparer ; ces vieillards n'ont le plus souvent qu'un mobilier restreint, qu'une longue habitude a rendu cher ; il faudra le vendre, le donner, c'est-à-dire s'en séparer encore.

La Cité de l'Enfant-Jésus offre aux vieillards des deux sexes qui peuvent encore gagner leur vie, un logement gratuit. Là, le vieillard est chez lui avec sa femme, son ménage, son métier, parfois même ses enfants ; il est libre d'aller, de venir, de sortir, de rentrer. Il n'est tenu qu'à une conduite honorable et à l'assistance à la messe le dimanche.

La Cité de l'Enfant-Jésus contient près de cinq

cents vieillards. Il faut pour les admissions s'adresser à M. l'abbé Rambaud.

Il existe un second et un troisième établissement de vieillards, mais de bien moindre importance, au quartier de l'Industrie, rue des Docks, 78, et au quartier de la Villette, chemin St-Antoine, 33.

La Salette *(V. Ecoles Périsse).*

Les Religieuses de N.-D. de la Salette, ayant pris la suite de l'Œuvre des Vieilles Filles, ont fondé à Lyon, route de Francheville, aux Quatre-Chemins, en 1860, une maison donnant asile aux ouvrières âgées et n'ayant pas été mariées, de la ville de Lyon. L'Œuvre est gratuite, mais admet aussi des pensionnaires ; le prix de la pension est variable. L'âge exigé pour l'admission est de cinquante à soixante ans ; les personnes incurables sont admises plus jeunes.

En 1894, sous l'influence de Mgr Coullié, cette œuvre a pris de l'extension, elle reçoit aussi les veuves âgées et dépourvues de ressources suffisantes. Ces deux classes de personnes, réunies dans la même œuvre, sont séparées et vivent dans deux bâtiments distincts.

Lingerie des vieillards pauvres.

Il existe, sur la paroisse de St-Irénée, rue des Macchabées, 45, une œuvre de charité très modeste et très pratique, à laquelle jusqu'ici aucun nom n'a été donné, et qui a quelque rapport avec certains côtés de l'œuvre de la Marmite. Chaque samedi, les vieillards indigents de cette paroisse apportent leur linge sale, et reçoivent, blanchi et raccommodé, le linge qu'ils ont confié le samedi précédent.

C'est de la charité à deux degrés, car les laveuses et les raccommodeuses sont elles-mêmes des personnes qui trouvent en ce travail une rémunération, qui est une charité.

Madame Gonindard est à la tête de cette œuvre, qui date de 1860 à 1865.

Cette œuvre devrait s'appeler Lingerie des pauvres et des vieillards. Elle a été inaugurée par les dames Latour et Brye, qui tenaient un pensionnat à St-Irénée, lequel est devenu par la suite celui des Oiseaux ou de Notre-Dame des Victoires. Mlle Villard et Mme Gonindard sont aujourd'hui à la tête de cette œuvre ; elles sont, je crois, d'anciennes élèves de Mmes Latour et Brye.

Une quarantaine de pauvres et de vieillards bénéficient de cette œuvre. On leur donne le samedi ce qui constitue leur lingerie, et le samedi suivant, ils la rapportent. On leur donne un second ordinaire, et pendant la semaine, la lingerie rapportée, salie et déchirée, sera lavée et raccommodée et remise le samedi suivant.

La Marmite.

L'œuvre de la Marmite a parmi nous une respectable antiquité. Elle existait déjà au XVIIe siècle, elle ressuscita après la tourmente révolutionnaire ; vers 1840, elle existait dans un grand nombre de paroisses, à St-François, à Ainay, à St-Georges, à

St-Jean, à St-Louis qui est aujourd'hui N.-Dame St-Vincent, à St-Paul, où l'œuvre était entre les mains des Filles de la Charité, à St-Nizier, où elle était confiée aux Sœurs de St-Charles.

A la Marmite, les Sœurs préparaient le bouillon pour les pauvres convalescents et les vieillards infirmes ; elles confectionnaient le linge propre pour le dimanche et distribué le samedi ; elles donnaient du charbon pendant l'hiver, des remèdes dans les maladies, des layettes pour les enfants, des vêtements pour les grandes personnes.

Les Sœurs étaient aidées, pour la confection des vêtements, par les dames de la Miséricorde, qui avaient un ouvroir près de ce vestiaire. Elles quêtaient aussi des aumônes, accompagnées du clergé de la paroisse.

Avec le temps cette œuvre s'est modifiée, mais du moins, il est encore un endroit où elle existe et fonctionne à peu près comme autrefois, c'est la Marmite de la rue St-Joseph, 27. Là, on distribue des secours de tous genres aux vieillards des paroisses de St-François et de Ste-Croix.

Trois fois par semaine, les Sœurs de St-Vincent-de-Paul y distribuent des portions de viande, de bouillon et de légumes ; elles donnent aussi des médicaments aux vieillards malades, des bons de charbon, de pain ; elles leur donnent, en outre, toutes les semaines une chemise propre et une paire de draps tous les mois.

Cette œuvre donne de plus asile à quatre-vingts femmes âgées.

Fondation Chevreau.

M. Chevreau, ancien préfet, a fait une fondation qui permet de répartir chaque année deux mille francs entre dix ouvriers ou ouvrières, âgés et infirmes.

CHAPITRE V
ŒUVRES DIVERSES
de religion, de zèle, d'instruction, etc.

Œuvre des Baptêmes.

Le nombre des enfants qui, à Lyon, ne sont pas présentés au Baptême est plus grand qu'on ne croit. Un ecclésiastique de notre connaissance a voulu se rendre compte de cette lamentable négligence ; il est arrivé, défalcation faite de toutes les prévisions, qu'il y avait, dans le premier arrondissement seulement, près de cent enfants qui n'étaient pas baptisés. Une personne qui dans le troisième arrondissement s'occupa beaucoup des pauvres et des malades, disait : Non pas seulement dans l'arrondissement, mais dans la paroisse, ces pauvres enfants sont plus de deux cents.

Lorsque ces faits ont été connus, de zélées chrétiennes ont fait des démarches auprès de ces familles indifférentes, les résultats obtenus furent pour elles un encouragement ; on voulut généraliser ces efforts et l'Œuvre des Baptêmes fut fondée.

Cette Œuvre est de toutes celles que je signale en ce livre, la seule qui, pour des motifs très délicats, ne puisse être indiquée que discrètement. Mais le zèle de cette Œuvre est tel qu'il n'y a pas à insister.

La Propagation de la foi.

On a longtemps hésité et varié sur les origines de l'Œuvre de la Propagation de la foi ; voici ce qui est considéré par le Conseil Central lui-même comme la vérité historique :

En 1815, Mgr Dubourg, évêque de la Nouvelle-Orléans, et qui devait mourir archevêque de Besançon, revenait de Rome où il avait été sacré, et s'arrêtait quelque temps à Lyon. Il profita de son séjour pour recommander son diocèse à la charité des Lyonnais. Il entretint surtout de ses désirs une veuve chrétienne, Mme Petit, qu'il avait autrefois connue aux Etats-Unis ; il lui communiqua la pensée de fonder pour la Louisiane une société d'aumônes. Mme Petit entra dans les vues de l'évêque, et essaya de réaliser son projet en demandant à chaque sociétaire une aumône d'un franc par an, mais elle trouva tant de difficultés qu'elle dut se contenter d'envoyer de modiques ressources.

En 1819, Mlle Jaricot, dont le nom reste en bénédiction dans la mémoire des Lyonnais, reçut de son frère, étudiant ecclésiastique à St-Sulpice, à Paris, une lettre qui lui exposait le dénûment de la maison des Missions Etrangères, relevée en 1815, et qui lui proposait l'établissement d'une compagnie de charité en faveur du séminaire des Missions. Mlle Jaricot recueillit cette idée, et en 1820, la première association était fondée à raison d'un sou par semaine. L'œuvre commença par les modestes ouvrières qui sont employées à la soierie ; elle compta bientôt mille membres. C'était bien beau, mais c'était peu, et il n'y avait guère espoir de voir grandir ce nombre. Ce n'était pas encore l'Œuvre de la Propagation de la foi.

Néanmoins, ces premiers résultats donnèrent

courage aux correspondants de Mgr Dubourg, qui espèrent avoir le même succès. Et voici qu'en 1822, un vicaire-général de la Nouvelle-Orléans vint à Lyon, et sa présence excita le zèle des bienfaiteurs de la Louisiane. Mais une objection formidable se dressait : « Allez-vous donc fonder une société de charité pour chaque centre de mission, c'est impraticable. Une œuvre pour les Missions ne pourra solidement s'établir qu'en se faisant catholique, c'est-à-dire en secourant l'apostolat par tout l'univers. » Cette pensée fut comprise, accueillie avec faveur et soumise à l'autorité ecclésiastique. Quelques personnes zélées firent une active propagande ; l'Œuvre était fondée.

Un Conseil d'administration est formé. La prière et l'aumône marchent de front en faveur de toutes les Missions étrangères ; S. François Xavier est choisi pour protecteur, et le 3 décembre, toutes les chaires de Lyon entendent les appels chaleureux de prédicateurs annonçant l'association nouvelle.

Les villes voisines, les diocèses d'alentour répondent à la charitable invitation des fidèles Lyonnais ; des Conseils d'administration sont formés dans les villes épiscopales ; Paris devient le siège d'un conseil supérieur pour le nord. Louis XVIII recommande l'Association naissante, Pie VII l'enrichit d'indulgences, de nombreux évêques élèvent la voix en sa faveur.

La cotisation est de cinq centimes par semaine, les résultats sont annuellement de six millions.

On peut, après cet exposé, faire à chacun la part qui lui revient :

A Mme Petit, la première pensée d'une société appelée à aider les Missions Etrangères d'une rétribution annuelle modique.

A Mlle Jaricot, l'idée du sou par semaine.

A la réunion du 3 mai 1822, le titre significatif d'Association pour la Propagation de la foi en faveur des Missions des Deux-Mondes et le grand élan imprimé partout.

Cette Œuvre a un bulletin, appelé Annales, un journal des Missions catholiques, et surtout un très intéressant musée des Martyrs.

Le siège de l'Œuvre est rue de la Charité, 12.

Œuvre de Saint-François-de-Sales.

On a appelé cette Œuvre La Propagation de la Foi à l'intérieur. Elle est organisée à peu près comme elle ; elle centralise les aumônes que lui envoient les catholiques de Lyon et du diocèse. et, en retour, elle favorise les missions qui sont données dans les paroisses, et vient en aide aux curés des paroisses, surtout à la campagne, pour l'entretien des écoles libres.

Cette grande Œuvre de foi, de charité et de salut public est née en 1857, d'un désir exprimé, en 1856, par le Souverain Pontife Pie IX : « Je voudrais, disait-il, voir s'établir dans les contrées catholiques une sorte de Propagation de la foi à l'intérieur, pour aider le clergé à défendre et à conserver la religion, en face des attaques chaque jour croissantes de l'impiété révolutionnaire, des sectes maçonniques, de la mauvaise presse et de la propagande protestante ».

Mgr de Ségur recueillit cette parole et l'Œuvre fut fondée.

L'Association a pour but : 1° la fondation, le soutien, le développement de toutes les œuvres d'éducation et de persévérance chrétiennes, asiles, écoles, patronages, ouvroirs, cercles, œuvres militaires, etc. ; 2° la diffusion des livres populaires, des bibliothèques paroissiales, des opuscules de propagande, des objets de piété ; 3° la prédication des missions et retraites populaires, soit dans les villes soit dans les campagnes ; 4° enfin l'assistance en argent aux églises tellement pauvres que la célébration du culte divin y devient presque impossible.

L'abbé Guéraud est secrétaire de cette œuvre, dont le siège est place St-Jean, 6.

La Sainte-Enfance.

Cette Œuvre peut être considérée comme une fille de la Propagation de la foi. Elle est organisée comme elle, et son but est le rachat des petits enfants en pays infidèles, exposés à la mort dès les premiers jours de leur vie.

Pour nous, c'est à peine croyable, mais pour la Chine, c'est une triste réalité, il y a là-bas des milliers et des milliers d'enfants abandonnés, exposés sur les fleuves ou dans les rues, dans le dessein bien manifeste de les faire mourir.

Et les missionnaires, témoins de cette barbarie, ont poussé vers la France un cri de détresse.

Et ce cri, malgré les espaces, a été entendu. Monseigneur de Forbin-Janson, alors évêque de Nancy, fit, en 1843, un appel à tous les enfants de France : il leur demanda une obole et une prière ; ce fut la goutte d'eau s'ajoutant à la goutte d'eau pour faire un grand fleuve.

Des comités diocésains se sont formés, qui correspondent avec un conseil central. A Lyon, ce comité existe, M. l'abbé Guéraud en est le Directeur.

Quand on songe que dix mille enfants, certains missionnaires disent même trente mille, sont victimes de la barbarie de leurs parents, on se demande comment il peut se faire que, dans un pays comme le nôtre, où la conscience publique s'indigne contre l'infanticide, où les tribunaux le punissent avec rigueur, il se soit trouvé des gens pour railler le zèle que met l'Eglise à combattre ce crime et à sauver des vies humaines !

Donc, le but de l'Œuvre est le Baptême, le rachat et l'éducation chrétienne des enfants infidèles en Chine ou en d'autres pays.

Jusqu'à douze ans, les membres de l'Œuvre sont associés ; après cet âge, ils sont agrégés. La cotisation est de 0 fr. 60 par an.

La ville de Lyon seulement donne près de dix mille francs par an à cette œuvre, et l'ensemble des aumônes du diocèse est monté, en 1898, à trente-deux mille francs.

Œuvre des Catéchismes.

Les malheurs des temps où nous vivons rendent très difficile l'enseignement religieux pour un grand nombre d'enfants. Si remplis qu'ils soient du zèle des âmes, si attentifs qu'ils se montrent à tous les besoins et toujours prêts à se dépenser pour elles, les prêtres de plusieurs paroisses de la ville, livrés à un ministère déjà très laborieux, ne peuvent plus suffire à des nécessités qui se multiplient chaque jour. Quand arrive le moment de la première communion, le jury d'examen en est réduit ou à renvoyer, ou à admettre, sans instruction suffisante, de pauvres enfants qui ne se représenteront plus.

Emus de ce triste état de choses, MM. les Curés des quartiers les plus nécessiteux ont eu la pensée de solliciter le concours des fidèles pour la catéchisation des enfants. Des âmes de bonne volonté ont immédiatement offert leur dévouement.

Mais ces dévouements isolés ne constituaient pas une Œuvre. On comprit la nécessité d'associer les forces et les ressources. L'Œuvre des Catéchistes auxiliaires fut fondée.

L'Œuvre comprend aujourd'hui trois catégories de catéchistes : les catéchistes actives, qui forment une Société, et qui se subdivisent en deux groupes, le premier destiné aux Missions étrangères et le second, dont les membres sont répartis dans les différentes paroisses où elles sont demandées ; les zélatrices qui s'occupent soit du recrutement des catéchistes, soit de la recherche des enfants ou des adultes qui peuvent avoir besoin de leurs soins ; les catéchistes honoraires, qui contribuent à l'Œuvre par une cotisation annuelle ; et enfin, en dehors de l'Œuvre proprement dite, les catéchistes auxiliaires qui donnent individuellement leur temps et leur zèle pour instruire les enfants ou les adultes.

Le siège de l'Œuvre est avenue de l'Archevêché, 7. La Maison-Mère des catéchistes est à Paris, où elle a été fondée il y a vingt-cinq ans (vers 1874).

Outre les Dames et Demoiselles, catéchistes volontaires, près de deux cents jeunes gens catéchisent les petits garçons.

L'Œuvre ne s'ingère en rien dans l'organisation des catéchismes paroissiaux. Les catéchistes se mettent à la disposition de MM. les Curés qui désirent leur concours, soit pour conduire les enfants à l'église, soit pour leur répéter les explications données par le prêtre, soit encore et surtout pour faire apprendre la lettre du catéchisme et les formules des prières à ceux qui sont en retard, ou qui fréquentent les écoles où le catéchisme n'est pas enseigné.

Les Catéchistes Missionnaires.

Cette Œuvre n'est pas d'origine lyonnaise, mais elle est représentée dans notre ville, à l'Œuvre des Catéchismes, avenue de l'Archevêché, 7. Elle a son siège à Paris et pour tous renseignements, on peut s'adresser au Directeur diocésain de l'Œuvre de Marie-Immaculée, 33, avenue de Breteuil.

L'Œuvre de Marie-Immaculée, tel est, en effet, son nom. Elle a pour but la conversion des femmes païennes en pays infidèles. Chez presque tous les peuples païens, le foyer domestique est comme une prison où, sous prétexte de prudence ou de respect, la méfiance, la jalousie et des usages de longue date retiennent la femme le plus souvent enfermée et dans l'impuissance de jamais parler à un homme, si ce n'est en présence de son mari. Cette situation s'aggrave encore par le fait de préjugés universels dans ces contrées, qui réduisent pratiquement son sort à une dure servitude et qui érigent presque en dogme qu'il n'y a pour elle d'autre religion en ce monde, ni d'autre bonheur à attendre dans une autre vie, que le service de son époux. De là l'extrême difficulté habituelle, pour nos missionnaires, de travailler à la conversion des femmes païennes, de les instruire à fond des vérités de la foi et de réaliser par leur moyen le relèvement moral et religieux de la famille.

De là, naquit chez quelques âmes chrétiennes, la pensée de faire violence au ciel par une union de prières et de sacrifices sous le patronage de l'Immaculée-Conception ; l'Œuvre ne fut d'abord que cela. Mais elle devint bientôt une Œuvre d'apostolat, et l'on vit des jeunes filles prendre cette résolution hardie et sainte de partir au loin et de procurer, puisque leur action était jugée utile, à leurs sœurs les femmes païennes, les lumières de la foi.

Le recrutement de ces catéchistes-missionnaires se fait avec une extrême prudence ; ni le feu de la jeunesse, ni les illusions poétiques d'une imagination vive, ni le désir d'une vie accidentée, ni même l'initiative facilement présomptueuse d'un dévouement inexpérimenté ne sont des signes de vocation, ni des titres à être admis.

C'est cette pensée fondamentale de l'Œuvre que nous retrouverons chez les Sœurs Blanches d'Alger.

Missions d'Alger.

On a raconté bien des fois la création de ces Missions par Mgr Lavigerie. La famine de 1867 avait fait, en Algérie, des foules d'orphelins, Monseigneur les recueillit. Pour les soigner, il fit appel aux hommes et aux jeunes filles de bonne volonté ; les Pères Blancs et les Sœurs Blanches naquirent de cet appel.

A ces Pères et Sœurs Missionnaires furent confiées les Missions du Soudan, du Sahara, de Kabylie, de l'Afrique Centrale. Ces dernières surtout étaient fort coûteuses. Un missionnaire arrivé près des Grands-Lacs coûtait dix mille francs. Il fallut avoir recours à toutes les industries de la charité pour se procurer des ressources.

Une de ces industries était l'adoption des Missionnaires pour une année. Lyon n'a pas répondu à cet appel autant peut-être que les intéressés en avaient le désir ou l'espoir, néanmoins il ne se passe pas d'année où la générosité et la foi de quelque Lyonnais n'aillent jusque là-bas porter son obole et son souvenir.

Par deux fois les Sœurs Missionnaires d'Alger ont essayé d'établir à Lyon une maison, soit sur le Cours du Midi, soit aux Trois-Artichauts. Elles y ont renoncé.

Ecoles d'Orient.

Cette Œuvre, fondée par Mgr Lavigerie, poursuivie par Mgr Soubiranne et Mgr Dauphin, est dirigée aujourd'hui par Mgr Charmetant. Elle a pour but de favoriser l'influence française en Orient par les écoles. Elle a son bureau central à Paris et des comités locaux un peu partout. A Lyon, elle recueille environ dix mille francs par an.

Pionniers Africains.

Lorsque Mgr Lavigerie fit, sur l'ordre de Léon XIII, sa vaillante campagne contre l'esclavage, il eut l'idée d'appuyer l'action des Missionnaires par quelques troupes d'hommes dévoués et fortement chrétiens, qui protégeraient les postes de Missionnaires, et empêcheraient la traite, au besoin par la force des armes.

Cette idée eut un commencement d'exécution ; mais ne fut pas poussée bien loin. Elle n'est pas morte cependant, elle fut reprise et continuée par le P. Yung, des Pères Blancs. Lui et ses pionniers sont venus s'établir aux portes de Lyon, route de Vaux, 50, pour s'y former à la rude vie qui sera la leur, pour y recueillir les ressources qui feront vivre l'Œuvre. C'est une œuvre qui se greffe sur celle de la Propagation de la Foi.

Le P. Yung n'appartient plus aux Pères Blancs. Nous n'avons pas ici à juger les Œuvres, nous nous contentons de les signaler. Disons cependant, à notre humble avis du moins, qu'il sera bien difficile de réussir là où le Cardinal Lavigerie a échoué.

Missions Africaines.

Il y a, à l'extrémité du cours Gambetta, une chapelle qui s'élève sur un terrain clos de murs ;

c'est là que sont les Missions Africaines. Elles ont été fondées, en 1856, par Mgr Marion de Brésillac, qui alla mourir, en 1858, presque en y arrivant, de la fièvre jaune, au Dahomey. M. l'abbé Planque a recueilli cet héritage, héritage riche de dévouement présent et de futures espérances, mais pauvre en ressources pécuniaires. Le terrain, la maison, la chapelle, une maison de campagne, l'entretien des aspirants aux Missions, c'est la charité des catholiques qui les a fournis et les fournit encore et la générosité des Lyonnais y a une part notable.

Les Missions africaines de Lyon sont établies en Egypte, au Dahomey, et aussi au Congo, à la Côte d'Ivoire, à la Réunion.

La première installation des Missions africaines fut une modeste maison, dans le voisinage des Ursulines, à St-Irénée.

Les Missions diocésaines.

Il existe, aux Chartreux, une maison de missionnaires du diocèse. Ses membres font partie du clergé lyonnais et se consacrent à la prédication.

Les Missions sont devenues assez communes pour qu'il ne soit pas besoin de dire ce qu'elles sont. C'est une œuvre de rénovation spirituelle paroissiale.

La maison des Missions diocésaines des Chartreux est une des premières, sinon la première, qui ait été établie en France après la Révolution. L'honneur en revient au Cardinal Fesch. Après deux tentatives infructueuses, les missionnaires de Lyon furent fondés en 1816, dans une grande maison qui faisait partie de l'ancienne Chartreuse du Lys-St-Esprit ; de là leur nom de Chartreux, sous lequel ils sont plus connus.

Une mission exige des frais de toutes sortes, aussi une mission n'est-elle jamais donnée qu'en suite d'une aumône charitable.

Beaucoup de pieuses personnes, témoins du bien causé par une mission, convaincues que les missions sont des Œuvres vitales pour la conservation de la foi dans les paroisses, ont fondé des missions.

Fonder une mission, c'est verser d'avance un capital, dont les intérêts accumulés de dix, ou douze, ou quinze ans permettent de faire face aux frais nécessités par une mission, qui désormais se renouvellera pour cette même paroisse tous les dix, douze ou quinze ans.

D'autres personnes, soit parce qu'elles n'ont pas une raison spéciale pour s'intéresser à telle paroisse plutôt qu'à telle autre, soit parce qu'elles sont guidées par un motif plus délicat et plus surnaturel, fondent une mission sans désigner la paroisse qui en bénéficie, laissant aux Supérieurs le soin de la désigner. C'est une excellente manière de faire l'aumône aux paroisses nécessiteuses.

Les conditions de fondation sont très variables ; le chiffre de la population, le nombre de missionnaires, le temps que durera la mission, le taux de l'intérêt de l'argent sont autant de facteurs essentiels.

Œuvre de St-François Régis.

Le but de cette Œuvre est de faciliter le mariage civil et religieux des indigents et la légitimation de leurs enfants naturels. L'Œuvre se charge de procurer gratuitement aux futurs tous les actes, jugements, dispenses nécessaires à la célébration du mariage civil et religieux.

Elle fut fondée à Paris en 1826. L'institution du mariage civil a été pour beaucoup une occasion de se contenter de ce seul contrat. L'Œuvre de Saint-François-Régis cherche à amener les conjoints au mariage religieux. En 1826, les jeunes gens mariés ou à marier étaient nés à l'époque troublée de la Révolution, où les registres de l'état-civil étaient loin d'être tenus avec ordre ; de là mille difficultés pour les futurs à se procurer les papiers nécessaires, et aussi des frais assez considérables, trop considérables pour des indigents ; découragés, les futurs restaient souvent ensemble sans contrat civil ou religieux. L'Œuvre de St-François-Régis se chargea des démarches nécessaires, fournit gratuitement les pièces exigées, et fit ainsi procéder au mariage. Aujourd'hui il peut se trouver et il se trouve, en effet, d'autres difficultés, qui sont résolues avec le même dévouement. Si le caprice, la passion, l'intérêt a seul présidé à ces unions déplorables, l'Œuvre met tout son zèle à légitimer la situation. Comme conséquence nécessaire, ses soins s'étendent à la légitimation des enfants. On le voit, c'est une œuvre admirable, dévouée, désintéressée, et qui fait un bien immense.

C'est en 1837 qu'elle fut établie à Lyon. Les plus honorables citoyens se firent un plaisir et un devoir de l'aider, et les membres éminents de notre barreau lui donnent leurs conseils éclairés dans les cas difficiles.

Autrefois, les conseils général et municipal s'intéressaient à cette œuvre et, pour le lui prouver, lui allouaient un subside annuel de deux mille francs. En 1871, ce secours fut supprimé.

Le siège de l'Œuvre est rue de la Bombarde, 3. Les membres payent une souscription annuelle de vingt-cinq francs. L'Œuvre dépense environ dix mille francs par an. Depuis sa fondation à Lyon, elle a fait aboutir environ quarante mille mariages et légitimer douze mille enfants.

Œuvre des mariages pauvres.

Quelques dames chrétiennes de Lyon ont pris une généreuse et délicate initiative. Considérant, avec cette intuition que la foi donne aux épouses et aux mères, combien il importe que la cérémonie du mariage des pauvres — pauvres mariages, dit-on quelquefois — leur laisse pour la vie une grande et toute surnaturelle impression, et sachant d'ailleurs la pénurie des ressources des fabriques et des curés d'un grand nombre de paroisses populeuses et ouvrières, elles se sont unies et cotisées pour offrir au clergé paroissial : prie-Dieu pour les fiancés, cierges devant brûler à l'autel, voire un petit souvenir de mariage, crucifix, chapelet, médaille ou livre spécial.

Cette œuvre est opportune en face des entreprises du cérémonial laïque. L'application totale du

Rituel, aidée des industries d'un zèle pieux, ne peut que contribuer à la sanctification des unions matrimoniales des pauvres.

Je dois ajouter que, malgré mes recherches, je n'ai jamais pu trouver où était cette œuvre, ni quelles étaient les personnes qui s'en occupaient. Je n'en ai trouvé la trace que par un seul numéro de la *Semaine Religieuse*. J'ai toute raison de croire qu'elle n'existe plus.

Association pour le soulagement des âmes du Purgatoire.

La détresse des âmes du Purgatoire ne pouvait être oubliée par la Charité lyonnaise.

Cette œuvre, fondée, en 1861, par Mme Drutel, a eu longtemps pour directeur Mgr de Serres. Elle compte douze mille associés environ. Les cotisations annuelles et les dons ont permis à l'Œuvre de faire célébrer soixante mille messes.

La chapelle funéraire de Loyasse, qui depuis longues années attend son achèvement, a été construite par l'Œuvre. Il y a soixante mille francs de travaux faits, il faudrait encore quarante mille pour la livrer au culte et trois fois plus pour l'achever. Les ressources manquent.

Les Pardons.

Les catholiques, qui, pendant le Carême, sont autorisés à profiter de certaines dispenses touchant l'abstinence ou le jeûne, sont tenus de faire une aumône. Ces aumônes s'appellent Pardons. Ces Pardons sont envoyés à l'archevêché et sont employés en secours donnés aux Petits-Séminaires.

St-Antoine de Padoue.

Toujours désireux de montrer la générosité des Lyonnais, je ne puis passer sous silence la dévotion qu'ils professent à St Antoine de Padoue. Cette dévotion, déjà populaire au siècle dernier en l'église de St-Bonaventure, est devenue fort en honneur de nos temps. Pénétrez dans cette église, et voyez dans la nef droite, les innombrables cierges qui brûlent en l'honneur du saint. Ce sont les témoignages visibles. Mais il est, tout auprès, un tronc qui reçoit les aumônes des fidèles, et qui contient les témoignages invisibles. C'est ce qu'on appelle le pain de St-Antoine. Dieu seul sait, et M. le Curé de Saint-Bonaventure, tout ce qu'on trouve dans cet inépuisable coffre, et tout le pain qui sort de là pour les pauvres.

Et cette dévotion s'est généralisée, et un peu partout on la retrouve, avec le tronc obligé des aumônes, et partout on puise dans ce tronc béni de quoi soulager bien des misères.

Messe des Pauvres.

Tous les lundis, à St-Bonaventure, une messe est dite, où tous les pauvres sont conviés. Un léger secours est donné à ceux qui sont venus y assister.

Œuvre de St-Pontique.

C'est en 1883 que fut inaugurée cette Œuvre, ignorée, certainement, d'un grand nombre de Lyonnais.

On connaît l'ensemble des mesures vexatoires

prises systématiquement contre l'enseignement chrétien : loi de l'enseignement obligatoire, gratuité et laïcisation de l'école, interdiction de la prière et de l'enseignement religieux dans l'école communale, même congréganiste, surcharge des programmes pour laisser moins de temps à l'enseignement religieux, partialité manifeste pour la distribution des faveurs, tout a été mis en œuvre contre l'âme de l'enfant.

De là ces conséquences : beaucoup de parents commencent à ne plus tenir à la première communion ; d'autres n'y voient qu'une formalité nécessaire ; pour un grand nombre d'enfants, une première communion mal faite sera le dernier acte religieux de leur vie.

Cet état de choses était de nature à émouvoir les fidèles et les pasteurs. L'Œuvre de St-Pontique, le jeune martyr de Lyon, *Ponticus infans*, a été créée pour y porter remède, pour faciliter la préparation à la première communion, pour obtenir la persévérance des jeunes gens dans les paroisses, pour diriger et subventionner les patronages qui s'en occupent.

L'Œuvre de St-Pontique compte déjà trois établissements : ceux de Ste-Blandine, de St-Augustin et de St-Denis. Plus de quatre cents enfants fréquentent ces lieux de réunion. L'Œuvre se propose de s'étendre ailleurs quand ses ressources le lui permettront.

Le but de l'Œuvre est d'avoir des locaux spéciaux, où l'enseignement du catéchisme puisse être donné en toute liberté, d'y recevoir les enfants, dès l'âge de huit ou dix ans, l'après-midi du jeudi et toute la journée du dimanche, et, tout en leur procurant les gais amusements de leur âge, de les préparer à la première communion par une surveillance incessante, des exercices pieux, des instructions mises à leur portée par un aumônier spécial, ou un vicaire de la paroisse, ou des directeurs qui se dévouent à leur service.

Et l'Œuvre ne s'arrête pas là. Conservant les enfants après la première communion, elle leur fournit les moyens de persévérer, elle les maintient dans l'habitude de la fréquentation des sacrements, elle devient une vraie société de persévérance.

On le comprend, cette œuvre, comme tant d'autres, nécessite deux conditions : des dévouements et des aumônes.

Œuvre des Juvénats.

Depuis les lois de laïcisation, les Frères des écoles ont eu une existence difficile, et les lois militaires sont venues aggraver cette situation. Aux yeux des catholiques, la grande œuvre, l'œuvre capitale du moment, c'est l'école chrétienne, à tous ses degrés.

Mais pour assurer le sort de l'école, il faut lui assurer des Maîtres, et pour lui assurer des Maîtres, aujourd'hui que plus que jamais les vocations sont en péril dans le monde, il faut les recueillir et les préserver. De là l'idée de prendre, dès l'âge de douze ou treize ans, les enfants ou jeunes gens qui se destinent à l'enseignement dans un ordre religieux.

Or, la somme nécessitée par la présence de ces

jeunes gens est trop considérable pour que les Frères des divers ordres puissent la fournir. Ils se sont adressés à la charité lyonnaise, et la charité lyonnaise leur a répondu.

Il y a, à Lyon, trois ordres de religieux enseignants qui ont cette Œuvre, connue sous des noms différents : pour les Frères des Ecoles chrétiennes, c'est l'œuvre du Bienheureux de La Salle ; pour les Petits-Frères de Marie, c'est l'œuvre des Juvénats ; pour les Frères de St-Viateur, c'est l'œuvre du Noviciat.

L'organisation de ces œuvres est ici ou là à peu près la même. Il y a un Comité central et des Comités locaux. Les Comités locaux sont composés de dames patronnesses, chargées de trouver des adhérents, de recueillir les cotisations ou autres souscriptions. — La cotisation de chaque associée est minime, soixante centimes ou un franc par an.

A la tête de chaque dizaine, il y a un zélateur et une zélatrice.

Les catholiques lyonnais ont fait et font encore des sacrifices énormes pour le maintien et le développement des écoles libres ; ils ont quelque droit d'être fiers de les voir rester en possession de la confiance des familles.

Les écoles cléricales.

Pour faciliter leurs études aux enfants, qui, dès leur jeunesse, donnent des signes de vocation ecclésiastique, MM. les Curés ont établi, à l'ombre de leur presbytère, des écoles tenues par des prêtres, où les élèves, en même temps qu'ils font le service de clercs à l'église, se mettent en possession des premiers éléments du latin et du grec. Ces élèves font jusqu'à leur quatrième inclusivement, ils vont ensuite achever leurs études dans les Petits-Séminaires, où ils sont suivis par les bienfaits de l'école, qui paie tout ou partie de leur pension.

Ces écoles cléricales, du moins dans leur élément essentiel, sont déjà anciennes ; l'idée première vient du cardinal Fesch, qui recommanda à ses prêtres ce mode de formation. C'est grâce à lui que le clergé de Lyon fut un des premiers recruté et reconstitué en France, après la Révolution.

Deux écoles cléricales, alors qu'elles étaient moins nombreuses, eurent à Lyon un certain éclat : celles de St-Nizier et de St-Bonaventure. Aujourd'hui, elles existent dans quinze paroisses, sans compter St-Jean, qui a à son service le Petit-Séminaire. Ces paroisses sont : St-Nizier, Ainay, N.-D. St-Vincent, St-Pierre, St-Bruno, St-Denis, Saint-Paul, Saint-Bonaventure, St-Polycarpe, St-François, St-Just, St-Eucher, St-Augustin, l'Annonciation, Ste-Croix.

Ecoles apostoliques.

Les écoles apostoliques ressemblent aux écoles cléricales par certains côtés, mais en diffèrent cependant notablement. Habituellement, ce n'est pas le clergé paroissial qui s'en occupe, quoique il y ait à Lyon des exceptions pour Saint-Jean et le Saint-Sacrement. Les élèves de ces écoles ne sont pas recrutés sur la paroisse où est l'école, ils viennent d'un peu partout ; ils ne se rendent pas dans leur famille, une fois passées les heures de classe et d'étude, ils restent à l'école qui les nourrit et les loge ; ils ne se destinent pas au clergé paroissial, mais aux Missions lointaines ou aux ordres religieux ; en conséquence, leurs études sont dirigées dans le sens de leurs goûts, et bien souvent ils ne passent pas par les petits-séminaires. Leurs études sont gratuites.

Il y a, à Lyon, les écoles apostoliques de St-Jean, du St-Sacrement, du Prado, de l'avenue de Noailles, 10 ; celles des Pères Lazaristes, montée du Chemin-Neuf, et des Pères Capucins à Cuire, rue Coste, 27.

Œuvre des Vocations.

Certains diocèses de France manquent de prêtres, et par là se tarissent les sources de la vie spirituelle. Mgr Bougaud, jadis, signala ce péril, il ne fut que l'écho des sollicitudes inquiètes d'un grand nombre d'évêques. Mais, on le sait, pour faire un prêtre, il faut, outre la vocation et le dévouement qui existent, de longues études nécessitant des dépenses souvent impossibles à faire. De là est venue l'idée de grouper les dévouements et les offrandes de personnes charitables pour venir en aide aux jeunes gens qui se sentent la vocation ecclésiastique, et qui n'ont pas les moyens de faire leurs études.

Si notre diocèse de Lyon souffre moins de cette pénurie de prêtres, ce n'est pas une raison pour ne pas venir en aide aux étudiants ecclésiastiques, pour ne pas chercher à combler les vides qui se produisent.

D'autre part, elles ne manquent pas les personnes de religion et de foi qui, en dehors de toute autre considération, sont disposées à diriger leurs offrandes du côté du sanctuaire, parce qu'elles sont profondément touchées de cette parole de St Vincent de Paul : « Il n'y a rien de plus grand que de faire un prêtre ».

Ce sont ces pensées qui avaient induit M. Rivet à fonder, vers 1862, l'Œuvre des douze apôtres. Cette œuvre se chargeait de douze étudiants et devait les mener jusqu'à la prêtrise. Elle fut empruntée par d'autres diocèses où elle prospéra ; à Lyon, elle n'eut pas ce bonheur, mais M. Rivet et ses dignes auxiliaires eurent le grand honneur de jeter en terre la semence qui devait grandir. L'Œuvre des Vocations n'est que leur œuvre rajeunie. Elle commença après la guerre, en 1872, sous le patronage de l'Immaculée-Conception et des douze apôtres. Le budget de cette Œuvre est de quarante mille francs qui se répartissent sur environ deux cents élèves.

Le Denier de St-Pierre.

Lorsque le Souverain-Pontife, après l'invasion piémontaise en 1862, se vit dépossédé de ses Etats, lorsque, surtout, Rome devint, un peu plus tard, la capitale de l'Italie, il ne fut plus qu'un roi découronné, que le prisonnier du Vatican. La charité des catholiques s'est émue de ce lamentable état de choses, et pour lui fournir les ressources dont il a besoin, ils ont inventé le Denier de St-Pierre. Les pauvres ont donné peu, les riches ont donné davantage, et le Père commun des fidèles a reçu de ses enfants les secours qui lui ont permis de faire face à ses charges.

Des dizaines, des centuries ont été organisées ; chaque ville a eu son comité, et l'on est arrivé à des résultats consolants.

Aujourd'hui cette Œuvre est peut-être moins vivace qu'autrefois, mais elle existe toujours, et chaque année, le diocèse de Lyon peut encore offrir au Souverain-Pontife une obole honorable.

Ligue populaire lyonnaise pour le repos du dimanche.

Pendant l'Exposition de 1889 à Paris, se tint un congrès international pour le repos hebdomadaire. Ce repos fut reconnu et proclamé nécessaire, et, en dehors même de toute idée religieuse, il fut reconnu aussi que ce jour de repos ne pouvait être que le dimanche.

De là est née la Ligue populaire pour le repos du dimanche en France, composée aussi bien de catholiques que de protestants, comprenant dans son comité central aussi bien des prêtres que des pasteurs, sous la présidence d'honneur de Jules Simon et la présidence effective de Léon Say.

Des comités locaux ont été formés sous l'impulsion du Comité central.

La Ligue lyonnaise a été fondée en 1890 ; elle admet des membres fondateurs, donateurs, souscripteurs et titulaires. Son premier président a été M. Gillet, père, décédé en 1896 ; M. Aynard, député, est aujourd'hui président d'honneur, et M. Cyrille Cottin, président.

La Ligue recherche tous moyens qui peuvent concourir au but qu'elle se propose : elle a obtenu la fermeture de plus de deux mille magasins de vente le dimanche, la suppression de tout travail dans l'industrie du bâtiment, la fermeture dominicale des gares de marchandises et la création de la lettre inhibitoire.

Les progrès obtenus, tout lents qu'ils soient, permettent d'espérer qu'ils seront suivis d'autres progrès et d'autres genres.

Œuvre Dominicale de France.

Cette Œuvre, dont le siège social est 15, rue Vaubecour, ne semble au premier regard que peu différer de celle du Repos du Dimanche. Il y a pourtant entre elles une notable différence ; celle-ci s'occupe non seulement du repos, mais de la sanctification du dimanche et de tous les moyens qui peuvent la faciliter aux ouvriers. Elle publie une revue mensuelle : le *Dimanche catholique*.

Messe des voyageurs.

Par les soins d'un comité, approuvé et encouragé par Mgr l'archevêque, et présidé par M. le curé de St-Paul, des messes matinales sont dites, chaque dimanche et jour de fête, dans les églises suivantes, de Quasimodo à la Toussaint :

Ainay, à 4 heures.

St-Paul, à 5 heures.

St-Pierre, à 5 heures.

Chapelle des Dominicains, r. Tête-d'Or, 91, 5 h.

La Primatiale, 5 heures.

L'Annonciation, 5 heures.

Cette innovation date de 1896 ou 1897. Les résultats obtenus montrent l'utilité incontestable de cette œuvre. Un voyage ne peut plus être un prétexte pour manquer la messe, devoir essentiel de religion.

Pour subvenir aux frais, il a été établi des souscriptions annuelles de cinq à dix francs et des dons de vingt-cinq francs.

On reçoit les souscriptions aux sacristies d'Ainay et de St-Paul.

L'Œuvre du Dimanche.

Ceux qui ne connaissent la Guillotière que par ce qu'ils en voient aujourd'hui, n'ont pas l'idée même la plus lointaine de ce qu'elle était autrefois. Là florissait dans toute sa beauté, ou du moins dans toute sa laideur, le véritable gamin, ayant dès l'âge le plus tendre une belle collection de défauts et de vices précoces. Dans ce coin de Lyon, il y avait un coin privilégié, le quartier de la Verrerie et de la Cristallerie, aujourd'hui disparu. Les petits garçons employés dans cette usine, et ils étaient nombreux, étaient les phénomènes du genre, sans conscience ni moralité.

Une fervente chrétienne, âme admirablement douée, douce et forte, Mme Gros, institutrice libre à Lyon, tenta — 1870 — la conversion de ces petits sauvages. Ce n'était pas facile. Trois fois, des messieurs dévoués entreprirent de la seconder dans son œuvre, trois fois ils reculèrent, révoltés de ce contact odieux Elle ne se découragea pas, et parvint à réunir le dimanche ses chers enfants, pour leur apprendre le catéchisme et les préparer à la première communion. Elle était dans la suite aidée par quatre dames, ce qui permit à Mme Gros d'étendre le champ de son apostolat.

Elles occupaient une école municipale ; elles en furent chassées, et durant trois hivers, il leur a fallu continuer leur œuvre dans une tribune fermée de l'église St-André, sans feu, sur des carreaux glacés. Aujourd'hui elles ont un local sur le cours de Brosses, où, de neuf heures à midi le dimanche, et le dimanche seulement, se réunissent, des points les plus éloignés de la ville, de jeunes ouvriers qui, durant la semaine retenus à leurs travaux, ont senti qu'ils avaient besoin de la vie surnaturelle des âmes.

Les résultats moraux de cette Œuvre sont faits pour étonner, ils sont inappréciables.

Œuvre des Tabernacles.

En principe, chaque paroisse doit ou devrait pouvoir suffire à ses besoins, surtout en ce qui concerne les ornements sacerdotaux qui sont nécessaires aux cérémonies du culte. En réalité, il n'en est pas ainsi. Il est des villages, il est certaines paroisses de ville, qui sont véritablement pauvres, et où les plus légères dépenses deviennent de lourdes charges. Cette pauvreté s'étend jusqu'à l'église, jusqu'aux ornements nécessaires aux cérémonies. De là un culte extérieur amoindri et misérable.

C'est cette détresse qui a créé, en 1837, l'Œuvre des Tabernacles. De pieuses dames, émues de ce dénûment, se sont unies pour procurer aux églises pauvres des ornements au moins décents. Elles s'assemblent, à des dates fixes, dans un ouvroir commun, ou emportent chez elles le travail désigné. De leurs mains sortent les linges d'église, amicts, manuterges, purificatoires, nappes d'autel, aubes, surplis, rochets, soutanes d'enfants de chœur, et puis des ornements simples ou riches : manipules, étoles, chasubles, chappes, conopées, thabors, pavillons de ciboire, huméraux, etc. On va même jusqu'à l'achat de vases sacrés : custodes, calices, ciboires, ostensoirs, etc. Et à la répartition, qui a lieu après une exposition solennelle et publique, ces divers objets vont à leur destination pour réjouir le cœur des pasteurs et des fidèles.

La confection des ornements sacerdotaux exige une habitude technique, autrement ils vont mal. Cette habitude veut qu'on soit du métier. C'est pourquoi l'Œuvre fait confectionner à l'ouvroir des Jeunes Convalescentes ce qu'elle ne peut faire elle-même.

Pour obtenir les secours de l'Œuvre, il faut les demander, et toute demande doit passer par les mains du Directeur.

L'Œuvre dépense annuellement une dizaine de mille francs, qui, à cause du travail des associés, représente le triple de sa valeur.

Œuvre apostolique.

L'Œuvre apostolique est la sœur germaine de l'Œuvre des Tabernacles pour les églises pauvres. But, travaux, résultats, toutes deux ont les mêmes. Seul diffère le champ où elles vont semer leurs bienfaits ; à l'une, appartiennent, soit le diocèse de Lyon, soit les diocèses de France ; à l'autre, les Missions étrangères.

Dans une œuvre qui réclame des achats multipliés et coûteux des étoffes de soie, des tissus d'or, des passementeries délicates, l'argent est le grand auxiliaire. Cet argent est fourni par des cotisations de cinq francs, et la somme ainsi recueillie se triple par le travail.

Comme dans beaucoup d'autres œuvres, il y a des dizaines, des centuries, des zélatrices et à la tête, un bureau directeur.

L'Œuvre des Tabernacles fait souvent confectionner ses ornements à l'ouvroir des Convalescentes ; l'Œuvre apostolique qui a moins de ressources, façonne elle-même ses produits.

Est-il besoin de dire la joie qu'apportent là-bas, au loin, aux pauvres missionnaires dénués de tout, les ornements sacerdotaux confectionnés et envoyés par l'Œuvre apostolique. Ces apôtres, en pays infidèle, ne peuvent compter que sur la charité des chrétiens ; d'autre part, à cause de leur vie errante, ils ont plus besoin et plus souvent besoin d'ornements sacerdotaux que les autres prêtres, car ces ornements font autant de voyages que les missionnaires, et dans des conditions de transport incompatibles avec une longue conservation.

Œuvre des missions orientales de Syrie.

Les Pères Jésuites ont fait appel au concours de Dames pieuses et dévouées, qui ont établi un ouvroir particulier, où elles confectionnent des ornements sacerdotaux, destinés aux Pères Jésuites, qui sont dans les missions de la Syrie.

Ouvroir d'Ainay.

Les Paroissiennes d'Ainay se sont réunies pour fournir leur paroisse d'ornements sacrés. C'est une œuvre paroissiale.

Œuvre des Bons livres.

Il n'est pas besoin d'insister pour faire comprendre que cette œuvre est des plus importantes. Aujourd'hui tout le monde sait lire, lit et veut lire. Et pour satisfaire ce besoin, la presse et la littérature multiplient leurs productions pimentées et quelquefois révoltantes. De là des esprits faussés, des mœurs compromises, des volontés à moitié corrompues avant même d'agir.

De cet état de choses découlait la nécessité de créer une bibliothèque de bons livres, une Œuvre pour leur propagation.

Fondée en 1826, approuvée en 1828, l'Œuvre des bons livres, essentiellement diocésaine, est dirigée, sous l'autorité de l'archevêque de Lyon, par un conseil dont tous les membres sont nommés par lui, comme aussi le directeur chargé des détails de l'Administration. La Bibliothèque possède trente mille volumes qui se renouvellent sans cesse.

L'abonnement est de six francs par an, il donne droit à trois volumes à la fois qu'on peut échanger tous les huit jours et qu'on ne peut garder plus d'un mois. La Bibliothèque est située, 1, rue des Célestins, elle est ouverte tous les jours, de une heure et demie à quatre heures, et le dimanche, de midi et demi à deux heures et demie.

Je ne parle pas ici des bibliothèques de la ville qui existent au Lycée, au Palais des Arts, au Palais du Commerce, à la Chambre de Commerce, mais il est bon de mettre à côté de l'Œuvre des bons livres, la Bibliothèque Picolet, 17, rue Ste-Catherine — voir Patrons catholiques — et les bibliothèques paroissiales établies à St-Bernard, Saint-Denis, Immaculée-Conception, St-Irénée, St-Just, St-Louis, St-Nizier, St-Paul et quelques autres.

Notre-Dame de Salut.

Cette Œuvre, fondée immédiatement après la Commune, en 1871, est à la fois générale et diocésaine.

L'Œuvre générale est dirigée par un Conseil général, qui a son siège à Paris, rue François Ier, 8, par un directeur et un secrétaire général. — Elle a une caisse générale, dans laquelle viennent se verser toutes les autres caisses, mais qui se considère comme la *Caisse servante* des œuvres et se hâte de distribuer, en allocations de cent à cinq cents francs, tout ce qu'elle peut recevoir.

L'Œuvre devient diocésaine quand le chef du diocèse veut bien l'accueillir et en confier la charge à un ecclésiastique de son choix. Celui-ci est le directeur diocésain de l'Œuvre; il se met en rapport avec le Conseil général, il institue et préside des Comités diocésains.

Le cardinal Foulon, qui appréciait cette Œuvre, voulut la voir implantée dans son diocèse ; en 1891, il nomma M. le chanoine Chirat, directeur ; aujourd'hui, M. Chirat est remplacé par Mgr Petit. Languissante à ses débuts, cette association de Notre-Dame de Salut semble promettre un avenir plus actif.

Le but de l'Œuvre est de travailler au salut de la France par la prière, la moralisation des ouvriers et la diffusion de la bonne presse.

Par la prière, en demandant partout des messes, des communions, des neuvaines, des chapelets ; en suscitant le mouvement des pèlerinages, etc.

Par la moralisation des ouvriers, en secourant toutes les œuvres ouvrières d'hommes, en encourageant la fondation de ces œuvres, en s'efforçant de préserver les bons ouvriers dans leurs voyages, par la délivrance d'un certificat ou feuille de route qui leur assure l'appui et les conseils des directeurs de l'Œuvre.

Par la diffusion de la bonne presse, en créant des journaux locaux à bon marché, en les répandant avec zèle jusque dans les campagnes éloignées, en combattant par ce moyen les doctrines souvent subversives qui pervertissent l'esprit de l'ouvrier.

La cotisation est minime ; c'est surtout une œuvre de religion.

L'Œuvre est dirigée par Mgr Petit, et le Comité a pour présidente Mme de Lajudie, 3, rue Vaubecour.

Le Journal « La Croix ».

Tout le monde connaît le journal *La Croix*, de Paris, journal quotidien, politique et ouvertement catholique. Il a été fondé pour combattre la presse hostile à la religion chrétienne. Il est très bien fait, donne beaucoup de nouvelles, a son franc-parler et obtient beaucoup de succès.

Ce succès a encouragé les catholiques de Lyon à fonder une *Croix*, locale et hebdomadaire. Le siège est rue du Peyrat, 1. Ils ont uni leurs efforts et leurs aumônes, et en s'unissant à *La Croix* de Paris, ils ont décuplé leur action.

Un comité protecteur a organisé des groupes populaires de propagande pour la bonne presse dans les divers quartiers de Lyon. Il en existe à St-Jean, à St-Vincent, à St-Pothin, à Ainay, à Ste-Blandine, à St-Louis, aux Chartreux, à la Croix-Rousse ; le but est de répandre les journaux catholiques gratuitement dans les cafés, lieux publics, etc., et de chercher des abonnés ou des lecteurs parmi les ouvriers.

Association en faveur de la moralisation de la rue.

La presse aujourd'hui n'est pas seulement libre, mais abominablement licencieuse. Elle imprime toutes les hontes, elle les décrit avec complaisance, elle prend toutes les formes, prospectus, cartes, journaux, feuilletons, brochures, livres, etc., elle se glisse partout, s'offrant aux passants dans la rue, aux jeunes gens à la porte des écoles ou des lycées, aux ouvriers et ouvrières à la porte de leurs ateliers ;

elle se glisse sous les portes fermées, elle s'étale dans les affiches, aux vitrines des libraires, etc.

C'est pour nettoyer ce cloaque, ou tout au moins pour l'empêcher de s'offrir au grand jour, qu'a été fondée l'association pour la moralisation de la rue. Elle s'appuie sur le droit et la loi et fait des procès aux délinquants ; elle espère ainsi arriver à délivrer les lieux publics des exhibitions ou publications inconvenantes.

Il appartiendrait à cette association de faire davantage encore et d'entreprendre une vigoureuse campagne contre la règlementation des mœurs, qui est une abomination législative, qui est une estampille officielle du vice sous le patronage de l'autorité. Il ne s'agit plus de fautes plus ou moins excusables, il ne s'agit plus même d'un mal, on est en face d'un fait social, dont le législateur et le gouvernement prennent la responsabilité, ce qui ne peut pas, ce qui ne doit pas être.

Comité lyonnais des Intérêts catholiques.

Il existe à Lyon, rue du Peyrat, 1, un Comité de Messieurs, qui, sans programme fixe, s'occupe de toute question qui touche aux intérêts de la religion. Le côté contentieux de ces questions est examiné avec le plus grand soin par des spécialistes ; ce sont des jurisconsultes catholiques qui avaient naguère à leur tête M. Lucien Brun, sénateur, remplacé aujourd'hui par M. de Lamarzelle. C'est grâce à ces vaillants, que les principes du droit sont sauvegardés dans ces déplorables mesures où ont été violés effrontément les droits de la justice, et qui s'appellent les lois d'accroissement et d'abonnement et la loi des Fabriques. Le Comité des juristes chrétiens n'est qu'une branche du Comité des intérêts catholiques ; c'est la première section.

La seconde est celle des écoles ; la troisième, celle des œuvres ; la quatrième s'appelle le Comité d'action.

Ce Comité d'action a fait dresser la liste par quartier de tous les catholiques zélés, il les convoque en certaines circonstances pour des conférences, des pèlerinages, etc. ; son action n'a jamais été plus loin.

La section des œuvres n'a jamais fonctionné.

Celle des écoles a seule agi et a fini par absorber toute l'activité du Comité.

C'est elle qui recueille les souscriptions, les distribue, visite, inspecte les écoles, fait subir des examens, etc.

Union Nationale

La pensée de l'abbé Garnier est de réunir toutes les forces vives de la Nation pour opposer aux doctrines subversives la solidité des principes conservateurs et chrétiens. C'est plutôt une association d'action qu'une association de charité. Néanmoins comme la vulgarisation des idées de bon sens et de justice par la presse, les brochures, les petits livres, nécessitent de grands frais, il y a un côté pécuniaire et charitable qui n'est pas sans importance.

Comité lyonnais, quai Tilsitt, 10.

C'est en particulier à l'Union Nationale qu'est due la création de groupes d'études, dont la forme simple s'adresse aux milieux populaires.

Œuvre du Vœu de Fourvière et construction des églises paroissiales.

Mon but étant de montrer toutes les manifestations de la générosité lyonnaise, je ne puis passer sous silence cette forme de la charité, la construction des églises paroissiales.

Sous les gouvernements précédents, l'Etat entrait pour une large part dans ces énormes dépenses ; aujourd'hui, il n'en va plus de même. Et ce ne sera pas une des moindres difficultés qu'aura à résoudre l'historien futur de notre présente époque : il verra d'un côté une hostilité systématique, la persécution plus ou moins ouverte contre les catholiques, il comptera tout ce qui a été fait contre l'Eglise, lois scolaires, lois militaires, lois des fabriques, lois d'accroissement, laïcisations, divorces, etc., et de l'autre, il énumérera toutes les églises qui ont été construites, en nos malheureux temps, avec les souscriptions des fidèles : L'Immaculée-Conception, La Rédemption, St-André, St-Joseph, le St-Sacrement, Montchat, N.-D. des Rivières, L'Annonciation.

Et par-dessus tout, citons Fourvière, qui semble être le vestibule du paradis. En 1870, pendant l'année terrible, les Lyonnais firent le vœu d'élever une basilique à la Ste-Vierge, s'ils étaient préservés du fléau de l'invasion. Ce que l'on ne sait pas assez, ou, si on le sait, ce que l'on ne répète pas assez, c'est que les Prussiens eurent par trois fois l'ordre de marcher sur Lyon et déjà ils avaient en mains les listes des notables qu'ils devaient rançonner. Trois fois contr'ordre fut donné, et, ce qu'il y a d'étrange, c'est que les Prussiens eux-mêmes disaient : « C'est la Madone de Fourvière qui nous arrête. » La prière des Lyonnais a été entendue, les Lyonnais ont tenu leur promesse.

Pour construire Montmartre, il a fallu s'adresser à la France entière; pour élever Fourvière, Lyon et le diocèse ont suffi. — C'est que Montmartre exigeait beaucoup d'argent. — Sans doute, mais faites la proportion entre les aumônes fournies ici et là, et le chiffre des populations qui les ont faites ! — Ah ! c'est qu'on peut tout demander aux Lyonnais pour leur cher Fourvière ! — On en est, je crois, au cinquième million.

SECONDE PARTIE

ŒUVRES PUBLIQUES

ŒUVRES PUBLIQUES

Secours municipaux aux nouveau-nés.

La municipalité inscrit dans son budget annuel une somme de vingt-cinq mille francs à distribuer aux nouveau-nés légitimes des familles indigentes.

Secours à domicile aux enfants de veuves ou de femmes mariées abandonnées.

La municipalité consacre quinze mille francs à ce chapitre ; elle les répartit ainsi par arrondissement :

1er	arrond. :	2.490 fr.	4e	arrond. :	1.575 fr.
2e	—	2.745 fr.	5e	—	2.250 fr.
3e	—	3.750 fr.	6e	—	2.190 fr.

Service des enfants assistés et de protection du premier âge.

Le bureau de ce service est rue du Commandant Dubois, 2 ; un bureau annexe est établi à l'Hospice de la Charité.

Ce service est départemental et relève de l'Assistance publique.

Il prend à sa charge :

1° Les enfants qui, nés de père et mère inconnus, ont été trouvés dans un lieu quelconque ou portés à l'hospice dépositaire.

2° Les enfants dont les père et mère et ascendants sont morts, ou ont disparu, ou sont déchus de la puissance paternelle et à l'égard desquels une tutelle a été instituée dans les termes de la loi du 24 juillet 1889.

3° Les enfants naturels qui, n'étant pas reconnus par leur père, sont délaissés par leur mère indigente.

4° Les enfants qui, par suite d'incapacités physiques de leur père, mère ou ascendants, se trouvent sans moyen d'existence.

Le service des enfants assistés donne, en outre, des secours variant de six francs à vingt francs aux filles-mères qui, trop pauvres pour élever leurs enfants, ne veulent cependant pas les abandonner; ces secours sont destinés à leur faciliter le paiement des mois de nourrice de leurs enfants.

Un secours variant de six à douze francs est aussi donné aux mères de nombreuses familles pour les aider à nourrir et à élever leur dernier enfant légitime.

Ce service qui était fait autrefois par l'Hospice de la Charité, a été inauguré à Lyon le 1er janvier 1870.

De plus, tout enfant âgé de moins de deux ans qui est placé moyennant salaire en nourrice, en sevrage, ou en garde hors du domicile de ses parents, devient par le fait l'objet d'une surveillance de l'autorité publique. Ceux qui placent sont tenus d'avertir la mairie d'origine; ceux qui reçoivent l'enfant sont tenus d'avertir la mairie de leur domicile. Ceux-ci reçoivent des parents l'extrait de naissance, qui est remis par la nourrice à son maire. S'il y avait changement de résidence, les uns et les autres sont tenus d'avertir les autorités.

Enfants trouvés.

La moyenne des enfants trouvés est de huit à dix par an. Elle n'est que le tiers de ce qu'elle était au commencement du siècle. Ces enfants sont reçus à l'hospice de la Charité. Il y en a actuellement une soixantaine.

Les Lyonnais qui ont aujourd'hui cinquante ans ont pu voir, dans leur enfance, le tour où étaient placés ces pauvres petits êtres abandonnés.

Enfants assistés, enfants en dépôt.

L'hospice dépositaire d'enfants est établi à la Charité ; comme service complémentaire, des salles ont été affectées aux enfants en dépôt, à l'hospice de l'Antiquaille.

L'hospice dépositaire reçoit :

1° Les enfants trouvés, c'est-à-dire ceux qui ont été déposés dans un lieu quelconque et dont la filiation n'a pu être retrouvée.

2° Les enfants abandonnés, qui, nés de père et de mère connus, et d'abord élevés par eux ou par d'autres personnes, à leur décharge, en sont délaissés, sans qu'on sache ce que les père et mère sont devenus, ou sans qu'on puisse recourir à eux, à raison de leur indigence absolue, d'infirmités graves dont ils seraient atteints, ou d'autres circonstances spéciales.

3° Les enfants orphelins, dont les parents morts indigents, étaient domiciliés dans le département du Rhône.

Le service des enfants assistés, qui a la charge des enfants trouvés, abandonnés ou orphelins, comme il est dit ci-dessus, est un service départemental.

Les hospices, depuis la loi du 5 mai 1859 sur les enfants assistés, contribuent aux dépenses de ce service en remettant au département le produit des fondations, dons et legs spéciaux, faits au profit des enfants assistés.

4° Les enfants admis, sur la réquisition de l'autorité judiciaire, par suite de la situation de leurs parents indigents, prévenus, accusés ou condamnés.

5° Les enfants, dont la mère ou le père, s'il est veuf, ayant leur domicile à Lyon, est malade à l'hôpital de la Croix-Rousse, ou de St-Pothin, ou à l'Hôtel-Dieu, aussi longtemps que ce père ou cette mère reste à l'hôpital. Ce dépôt est gratuit.

Le 1er janvier 1870, le service des enfants assistés a été remis à l'administration départementale. L'administration des hospices n'a plus que la tutelle légale des enfants. Elle n'intervient que pour donner son autorisation à des mariages et pour la gestion des biens des pupilles ; elle émet son avis sur la reddition des enfants assistés, la loi du 15 pluviôse, an XII, n'ayant pas été abrogée.

Le nombre moyen des enfants assistés officiellement dépasse six mille.

Orphelinat municipal de jeunes filles.

Cet orphelinat, établi rue Chazière, 48, a pour but de recueillir les jeunes filles pauvres, nées à Lyon, de parents français et lyonnais, âgées de quatre ans au moins et de treize ans au plus, orphelines de père et de mère ou de mère seulement.

Le nombre des enfants qui peuvent y être entretenues est normalement de quarante ; au commencement de 1900, il est de cinquante. Il n'y a pas de places payantes.

Jusqu'à l'âge de treize ans, les enfants vont à l'école voisine de la rue Jacquard ; aucun enseignement classique ou religieux ne se donne dans l'orphelinat. Après treize ans, elles sont employées à divers travaux : cuisine, buanderie, repassage, couture.

Le Conseil municipal consacre annuellement à cet établissement la somme de vingt-six mille cinq cents francs.

Cours municipaux pour les adultes.

Autrefois, la Société d'enseignement professionnel avait, pour ainsi dire, à Lyon, le monopole des cours d'adultes. Mais vers 1880, la municipalité, en présence de la prospérité remarquable des cours fondés par l'initiative privée, en a créé de son côté beaucoup plus qu'auparavant, particulièrement des cours primaires, des écoles de dessin, des cours de langues vivantes et des cours de tissage.

Ecoles du soir.

Pour bien des raisons, légères ou légitimes, l'instruction primaire donnée aux enfants peut avoir été négligée ou insuffisante. Et quand ces enfants sont devenus des apprentis ou des ouvriers, ils sentent plus vivement tout ce qui leur manque, soit comme instruction élémentaire, soit comme préparation ou instruction techniques. Pour subvenir à ce besoin, pour réparer cette insuffisance, pour combler ces lacunes, on a organisé, sur un grand nombre de points de notre ville, des cours d'adultes, appelés aussi écoles du soir. Ces cours sont donnés surtout en hiver.

Les Frères des Ecoles chrétiennes eurent jadis cette initiative. Presque partout où ils avaient une maison de résidence, ils avaient établi ces sortes de cours. Aujourd'hui, il n'y en a plus qu'une tenue par eux, rue des Marronniers. De simples laïques dévoués en tiennent aussi à St-Nizier, à Ste-Croix, et au patronage des apprentis, aux Chartreux. — Tous les cours de la Société d'enseignement professionnel sont des écoles du soir. — Il y a quelques cours municipaux, soit pour les langues étrangères, soit, au palais St-Pierre, des cours de dessin, au point de vue technique, pour les menuisiers et charpentiers, etc.

Colonie de Vacances.

On comprendra facilement que je passe sous silence certaines copies, plus ou moins ingénieuses, de la charité catholique, imaginées pour venir en aide aux écoles laïques et les rendre populaires. Donc, je ne dis rien du Denier des écoles, des Tutélaires, des Cantines scolaires, des gardiennages, des ouvroirs municipaux.

Mais je tiens à signaler une œuvre vraiment touchante, et qui donnera aux catholiques peut-être le désir de diriger leurs efforts en ce sens. Je veux parler de la Colonie de Vacances.

Depuis quelques années, l'attention bienveillante

des autorités municipales s'est portée sur les enfants chétifs, malingres, étiolés, qui fréquentent les écoles laïques, et qui ne peuvent pas trouver, au foyer de la famille, l'air pur et les soins qui leur sont nécessaires. Elles ont choisi un certain nombre de ces élèves, qu'elles ont envoyés ici ou là, prendre l'air des montagnes, pendant une partie de leurs vacances. Plus tard, elles ont établi ce qu'on appelle une colonie de vacances, au Serverin, par Parmilieu (Isère), où quatre cent cinquante enfants à tour de rôle vont passer une période de vingt jours.

Malheureusement, comme je le constate ci-dessus, cette excellente mesure n'est prise qu'en faveur des écoles laïques. Il faut croire que les autres enfants ne sont pas de Lyon. Il faut penser blanc, ou noir, et surtout rouge, pour avoir part aux faveurs municipales. Nos édiles sont généreux, ils puisent, non dans leur bourse, mais dans celle des contribuables. A l'encontre de ce qu'en pensait Vespasien, l'argent a une odeur et une couleur. — Les catholiques, déjà surchargés, ne penseront-ils pas qu'il y a quelque chose à faire aussi du côté des colonies de Vacances ?

Ecole pratique d'agriculture.

L'école pratique d'agriculture, située à Ecully, est placée sous l'autorité du ministre de l'agriculture. Elle reçoit des élèves internes, des demi-pensionnaires, des externes, au prix de quatre cent cinquante, deux cent cinquante et cinquante francs. Elle reçoit aussi des auditeurs libres.

L'Etat et le département y ont créé quinze bourses.

La durée des études est de trois années.

L'enseignement est à la fois théorique et pratique. Il comprend l'étude de l'agriculture générale et l'étude des cultures spéciales de la région lyonnaise (vignes et arbres fruitiers).

Les candidats doivent être âgés de quatorze ans au moins.

Ecole vétérinaire.

Cette école fut fondée par Bourgelat en 1760. Elle fut d'abord établie à la Guillotière, dans un bâtiment de l'Hôtel-Dieu. Elle a été transférée dans le local qu'elle occupe aujourd'hui, en 1795.

Il n'y a que trois écoles vétérinaires en France, à Lyon, à Alfort et à Toulouse. Elles reçoivent des internes, des demi-pensionnaires et des externes; les prix de pension sont six cents, quatre cents et deux cents francs.

Le ministre de l'agriculture accorde des bourses ou des fractions de bourse; le ministre de la guerre entretient quinze bourses. Mais ces avantages ne sont faits que pour une année scolaire; ils sont continués si les élèves s'en montrent dignes par leur conduite et leurs succès.

La durée des cours est de quatre années.

Tous les jours, il y a des consultations gratuites. Les animaux sont admis à la clinique, une heure avant celle de la consultation. Le pansement est gratuit si les animaux ne restent pas dans les infirmeries.

Les candidats doivent avoir dix-sept ans au moins et vingt-cinq ans au plus. L'admission a lieu par voie de concours, si l'élève n'est pas bachelier.

Institut antirabique lyonnais.

Lorsque les habitants de Lyon étaient mordus par des chiens enragés ou suspects de rage, ils ne pouvaient recevoir, aussi promptement qu'il était nécessaire, les soins que réclamait leur état. Ils étaient obligés de quitter leur famille, leurs affaires et d'aller à Paris demander le traitement antirabique à l'Institut Pasteur.

C'est pour obvier à cet inconvénient que M. Arloing, membre correspondant de l'Institut, professeur à la Faculté de médecine et directeur de l'Ecole nationale vétérinaire de Lyon, prit l'initiative d'un service de vaccination antirabique fonctionnant dans notre ville.

L'Institut lyonnais est installé à la Faculté de médecine.

Il est non seulement lyonnais, mais régional. Il est ouvert gratuitement à tous les malades des communes du sud-est de la France, qui ont consenti à s'imposer un léger sacrifice pour assurer à leurs concitoyens le bénéfice du traitement de l'Institut lyonnais.

Ecole municipale de tissage.

Cette école est établie rue Belfort, 2. Elle a des cours de pratique et de théorie :

1° Démonstration pratique et théorique des diverses opérations relatives au tissage, dévidage, ourdissage, pliage, etc.

2° Installation et organisation des métiers à la main et de leurs accessoires, études comparatives des divers systèmes.

3° Notions pratiques et théoriques du tissage des étoffes unies et armures.

4° Confection et réparation des harnais, garnissage et ajustage de la Jacquard, empoutage, colletage, pendage, appareillage, envergeage et remettage des métiers façonnés.

5° Etude du lisage et notions pratiques et théoriques du tissage des étoffes façonnées en tous genres.

6° Etudes et notions pratiques des métiers mécaniques.

Les cours de théories sont divisés pour trois années d'études.

Pour être admis à cette école, il faut être français ou naturalisé français, avoir quinze ans révolus et habiter Lyon.

Ecoles municipales de dessin.

Ces écoles ont été ouvertes, en 1877, pour les adultes, hommes et femmes ; il y en a quatre pour les hommes, place du Petit-Collége, rue Tronchet, 86, boulevard de la Croix-Rousse, 102, et rue Vendôme, 279, et une pour les femmes, quai Saint-Antoine, 30.

Ecole nationale des Beaux-Arts.

Cette école fut fondée, en 1807, par Artaud et réunie à l'école spéciale de dessin pour la fleur, qui avait été instituée en l'an VI, pour donner de bons dessinateurs aux fabriques d'étoffes de soie. On l'installa dans l'ancien couvent des Dames de Saint-Pierre.

L'école des Beaux-Arts est destinée à former des dessinateurs de fabrique, des peintres, des architectes, des statuaires et des graveurs.

La Ville vote un crédit de 75.000 fr. pour l'entretien de cette école, et l'Etat y participe pour 16.000 fr.

M. Chazière, dessinateur en fabrique, a été, par son testament, un grand bienfaiteur de cette école.

Bureau municipal d'hygiène.

Ce service, installé dans l'Hôtel municipal, rue Bât-d'Argent, 21, a pour attributions : la production et la conservation du vaccin, la vaccination gratuite, l'inspection médicale des écoles, la désinfection des locaux contaminés par les maladies contagieuses, les mesures hygiéniques à prendre dans l'intérêt de la santé publique, etc.

Les vaccinations sont absolument gratuites et ont lieu tous les jours non fériés, de une heure à deux heures.

La délivrance du vaccin au dehors est gratuite.

Assistance judiciaire

On a eu égard, depuis quelques années, à la situation des indigents qui, lésés dans leurs droits, ne pouvaient les faire valoir à cause des frais onéreux de procédure. On a établi l'Assistance judiciaire, qui existe à Lyon comme dans les autres villes. Tous les mardis, de 4 h. à 6 h., au palais de Justice, on peut trouver le magistrat que l'on veut consulter sur l'affaire à suivre.

Pour obtenir l'assistance judiciaire, il faut produire :

1° Une demande sur papier libre à M. le Procureur de la République ;

2° Un extrait du rôle des contributions délivré par le percepteur ;

3° Un certificat d'indigence affirmé par le maire.

De plus, un bureau de consultations gratuites pour les indigents est ouvert tous les mardis, de 4 à 6 h. du soir, dans l'une des salles du palais de la Cour d'appel.

Caisse nationale des retraites.

Elle accepte les fonds qui proviennent des versements des membres des sociétés de secours mutuels. Elle y ajoute une subvention provenant de fonds alloués par l'Etat, ce qui permet de doubler à peu près le chiffre de pension des associés.

Il y a, à Lyon, 6.000 habitants inscrits à la Caisse nationale des retraites pour une rente totale en chiffres ronds de 850.000 fr.

Accidents imprévus.

Des boites de secours pour les accidents imprévus existent dans presque tous les quartiers de Lyon : il y en a trente.

Assistance médicale.

L'assistance médicale est un service municipal et officiel. Un médecin est attaché à chaque bureau de bienfaisance municipal et visite gratuitement les indigents inscrits sur les listes. Les remèdes sont aussi délivrés gratuitement.

La subvention annuelle pour les médecins et les sages-femmes est de 40 000 fr.; celle accordée pour les remèdes de 50.000 fr.

Consultations médicales de nuit.

La municipalité a organisé un service pour que la nuit, en cas d'urgence, les malades fussent secourus. En cette occurence, on s'adresse au poste de police le plus voisin. Un agent accompagne le demandeur jusque chez le médecin qui a accepté ce service pour le quartier.

En cas d'indigence constatée, les frais de visite sont remboursés par la caisse municipale.

Onze médecins sont affectés à ce service dans les quartiers de Bellecour, Perrache, la Bourse, l'Hôtel-de-Ville, la Croix-Rousse, Vaise, Pierre-Scize, Saint-Just, Saint-Pothin, les Brotteaux, la Part-Dieu.

Sanatorium de Giens.

En 1887, à titre d'essai, un service d'enfants malades avait été ouvert provisoirement à Giens, près d'Hyères, par l'administration des Hospices, dans des locaux loués par elle; le succès qui suivit cette tentative détermina à créer un hôpital définitif.

En souvenir de leur fille tendrement aimée, M. Hermann Sabran, président des hospices civils de Lyon, et Mme Sabran, sa digne épouse, dont les noms vivront à jamais dans les annales de la charité lyonnaise, donnèrent des terrains sur le bord de la mer, à l'extrémité de la presqu'île de Giens, au-dessous d'Hyères, dans le Var, et là on éleva, de 1888 à 1891, au moyen de souscriptions particulières, un hôpital destiné aux enfants, garçons et filles, qui avaient besoin du traitement marin. Cet hôpital fut placé sous le nom de Renée Sabran, et inauguré le 12 novembre 1892.

Ce Sanatorium, placé dans une situation ravissante, est confié aux administrateurs-directeurs de l'Hospice de la Charité. Il est composé, pour le moment, de trois pavillons, contenant chacun cinquante enfants. Trente à trente-cinq Sœurs en font le service. On a le projet de faire d'autres pavillons qui complèteraient un plan vraiment grandiose. L'ensemble, en effet, se composerait de six pavillons isolés, s'échelonnant sur la même ligne, en face de la mer, et affectés trois aux garçons, et trois aux jeunes filles; de plus, un pavillon central est réservé pour l'administration et les services.

Quatre piscines, alimentées par l'eau de mer préalablement chauffée, permettent de suivre le traitement même pendant l'hiver.

L'église est grande et belle.

Les enfants âgés de plus de quatre ans, qui ont besoin de l'air de la mer ou d'un traitement marin, qu'ils soient en traitement dans les hôpitaux de Lyon ou non, peuvent être envoyés à l'Hôpital Renée Sabran, sur l'avis du chef de service pour les enfants en traitement dans les hôpitaux, ou sur l'avis d'une commission de médecins siégeant à la Charité pour ceux qui ne sont pas dans les hôpitaux.

Les garçons doivent avoir moins de douze ans, et les filles moins de seize ans.

N'y peuvent être envoyés gratuitement que les

enfants de parents indigents, domiciliés à Lyon. Le prix du séjour pour les autres enfants est de deux francs par jour.

Ecole d'Infirmières.

L'administration des Hospices civils de Lyon a ouvert, au commencement de décembre 1899, une école d'infirmières. L'enseignement, comprenant les cours et le stage, a une durée d'une année. Des diplômes sont accordés aux élèves infirmières ayant suivi les cours, et qui ont satisfait à l'examen de sortie. Les élèves sont externes. L'enseignement est gratuit : il est donné à l'hospice de la Charité.

Le but de cette école est de donner aux personnes qui veulent soigner les malades, soit à domicile, soit à l'hôpital, un enseignement professionnel qui les rendra capables de seconder les médecins, d'exécuter intelligemment leurs prescriptions, et de donner des soins éclairés aux malades.

Les postulantes doivent être âgées de 18 ans révolus.

Outre une lettre de demande écrite de leur main, elles doivent adresser à l'administrateur de la Charité : 1° leur bulletin de naissance; 2° l'autorisation de ceux de qui elles dépendent, c'est-à-dire du père ou tuteur pour les jeunes filles, du mari pour les femmes mariées, de la supérieure de la congrégation pour les religieuses ; les veuves doivent fournir l'acte de décès du mari ; 3° un certificat de bonne vie et mœurs ; 4° un extrait du casier judiciaire ; 5° les certificats d'études ou les brevets qu'elles peuvent posséder

Les religieuses, qui suivent les cours, sont reçues dans une maison religieuse, où, en dehors des heures de cours, elles peuvent suivre leur règle.

L'enseignement est théorique et pratique : théorique, donné par un chirurgien et un médecin des hôpitaux, avec des répétitions de ces cours, données par des Sœurs hospitalières brevetées ; pratique, donné au lit des malades par une monitrice ; ce dernier enseignement constitue le stage, et le stage est obligatoire.

Transport des malades.

1° *Contagieux.* — Les voitures ayant servi au transport des malades atteints d'affections contagieuses ou transmissibles étant un mode actif de propagation de ces maladies, il a été interdit, par arrêté du maire de Lyon, d'utiliser les voitures publiques pour transporter les personnes atteintes des maladies suivantes : variole, diphtérie, croup, angine couenneuse, scarlatine, érysipèle, choléra et maladies cholériformes, rougeole, fièvre typhoïde.

Des voitures spéciales pour le transport des malades atteints de ces affections, sont mises à la disposition du public par l'administration des Hospices :

A l'Hôtel-Dieu, pour la variole et la fièvre typhoïde ;

A la Charité, pour toutes les autres maladies ci-dessus désignées.

Ces voitures peuvent être demandées lorsqu'il s'agit de transporter des contagieux de leur domicile soit à l'Hospice, soit en tout autre lieu dans l'intérieur de Lyon.

Elles sont immédiatement envoyées à domicile sur toute demande écrite des médecins ou des parents ; toutefois, lorsque la demande est faite par les parents, elle doit être accompagnée d'un certificat médical, indiquant la nature de la maladie.

Les demandes doivent être adressées à l'Econome de l'établissement où l'on demande la voiture.

Le prix du transport est fixé à 3 fr. l'heure, de 6 heures du matin à minuit, et de 3 fr. 75 de minuit à 6 heures du matin. Le prix du transport est alloué intégralement au cocher qui a été réquisitionné, avec ses chevaux, au nom du maire. Le cocher est tenu de dételer et de réatteler, soit en partant, soit en revenant, dans la cour de l'établissement hospitalier. En aucun cas, il ne lui est permis de le faire sur la voie publique.

Le transfert est gratuit pour les indigents. Le certificat d'indigence doit être joint à la demande. Les certificats d'indigence doivent être délivrés par les maires ou les commissaires de police ; en cas d'extrême urgence, la déclaration d'indigence affirmée par le médecin traitant, est admise comme équivalente au certificat officiel.

2° *Non contagieux.* — Une voiture d'ambulance réservée aux blessés, aux femmes en couches, non atteints de maladies contagieuses, est mise, par l'administration des Hospices, à la disposition de ces malades. Elle est remisée à la Charité.

Hôtel-Dieu.

L'Hôtel-Dieu est un des premiers hôpitaux créés en France. Il fut fondé, en 542, par le roi Childebert et la reine Ultrogothe. On n'est pas d'accord sur l'emplacement qu'il occupait. Il est probable que le premier hôpital de Lyon fut celui de Notre-Dame de la Saônerie. Il n'a dû être établi, là où nous le voyons, que vers 1180. Les pauvres malades y recevaient gratuitement les soins que nécessitait leur état. Les voyageurs de passage à Lyon y trouvaient également un asile.

L'administration de l'Hôtel-Dieu fut, à l'origine, confiée à des laïques, puis réunie, en 1308, aux religieux de Haute-Combe, qui l'abandonnèrent, en 1314, aux religieux de La Chassagne. En 1478, ceux-ci n'ayant pas de ressources suffisantes pour entretenir l'hôpital, le cédèrent aux consuls de la ville de Lyon. Depuis cette date, l'administration n'a pas cessé d'être laïque.

Les consuls-échevins administrèrent l'Hôtel-Dieu jusqu'en 1583. A cette époque, ils firent la remise officielle de l'administration à un bureau composé de six personnes notables, auxquelles on donna le nom de Recteurs. Les Recteurs ont administré l'Hôtel-Dieu jusqu'en 1802.

C'est du 28 nivôse an X (18 janvier 1802) que date l'organisation actuelle.

Les constructions les plus anciennes de l'Hôtel-Dieu actuel remontent aux XVe et XVIe siècles.

La façade donnant sur le Rhône et le Grand Dôme ont été commencés, en 1741, par Soufflot, et continués, en 1761, par l'architecte Loger. Les bâtiments en retour sur la rue de la Barre, du quai de l'Hôpital à la rue Bellecordière, récemment construits (1894), ont été édifiés sur les plans et sous la surveillance de l'architecte en chef des Hospices, M. Paul Pascalon.

En outre des blessés et des malades, l'Hôtel-Dieu recevait autrefois les orphelins jusqu'à l'âge de sept ans, et les filles enceintes qui venaient y faire leurs couches. Les vénériens occupaient un quartier réservé. Peu à peu plusieurs de ces services ont disparu et ont été transférés dans d'autres établissements.

L'Hôtel-Dieu renferme aujourd'hui 1.065 lits. Il y a plus de 250 religieuses hospitalières.

Les malades sont reçus gratuitement s'ils sont indigents et s'ils sont domiciliés à Lyon, ou si, indigents, ils sont tombés malades à Lyon. Les malades non indigents, les malades indigents domiciliés hors de Lyon, ne sont reçus — sauf le cas d'admission urgente nécessaire — que si le paiement de leurs frais de séjour est préalablement assuré par eux, ou leur famille ou leur commune, ou leur département, ou l'Etat. Le prix de journée de traitement est de deux francs pour les adultes, et d'un franc cinquante pour les enfants âgés de moins de quinze ans. — Ces observations s'appliquent aux trois hôpitaux de Lyon.

A l'Hôtel-Dieu on ne reçoit que les adultes qui sont domiciliés dans la circonscription affectée à l'Hôtel-Dieu. Pour avoir une idée de cette circonscription, il faut en esprit tracer une ligne idéale, qui partirait de la gare de Saint-Paul jusqu'au bout du cours Vitton prolongé, par le pont La Feuillée, la rue d'Algérie, la place des Terreaux, la rue Puits-Gaillot, le pont et le cours Morand, les cours Vitton et Vitton prolongé, puis une autre ligne qui partirait du Pont du Midi sur la Saône et irait jusqu'au bout de l'avenue des Ponts ; le territoire compris entre ces deux lignes forme la circonscription de l'Hôtel-Dieu.

Outre les fiévreux et les blessés, les femmes en couches sont admises, quinze jours avant l'époque probable de leurs couches, à l'Hôtel-Dieu.

Il est impossible, en parlant des Hospices de Lyon, de passer sous silence les administrateurs des Hospices. Depuis des siècles, ils ont donné les preuves du plus grand dévouement. Ce titre d'administrateur des Hospices est, à Lyon, un véritable titre de noblesse, c'est la plus haute situation qu'un homme de bien puisse ambitionner.

Avant la Révolution, ils étaient choisis dans des catégories déterminées de citoyens. Cette tradition fut conservée quand on institua le Conseil des Hospices, le 18 janvier 1802, et quand on en modifia les éléments en 1822 et 1845. En 1879, il y a eu une modification qui fit entrer deux conseillers municipaux parmi les administrateurs ; à l'heure actuelle, il est question d'une modification plus générale.

La Charité.

L'hospice de la Charité, autrefois l'Aumône générale, remonte à l'année 1534. Huit notables décidèrent, sur la proposition de Jean Broquin, d'affecter à la création d'un bureau de charité une somme de trois cent quatre-vingt-seize livres, deux sous, sept deniers, qui restait des collectes faites, en 1531, pour secourir les affamés venus à Lyon des provinces voisines, à la suite d'une horrible disette.

Ce bureau siégea, en premier lieu, au couvent de Saint-Bonaventure. Les membres du comité chargé de son administration furent appelés Recteurs.

Le nombre des malheureux à secourir augmentant de jour en jour, il fallut construire des bâtiments plus vastes.

En 1615, les Recteurs achetèrent un terrain situé sur les bords du Rhône, et en 1617, grâce aux libéralités d'un généreux habitant de Lyon, M. Sève de Fromente, on posa solennellement la première pierre d'un corps de logis destiné à remplacer les anciens bâtiments de l'Aumône générale.

L'archevêque de Lyon et les chanoines donnèrent l'argent nécessaire pour la construction de la chapelle, tandis que les échevins et de nombreux commerçants contribuèrent par leurs dons à la construction d'autres bâtiments.

En 1618, les négociants allemands et les négociants suisses, domiciliés à Lyon, donnèrent une somme importante pour la construction d'un nouveau corps de logis.

En 1787, l'Aumône générale, appelée aussi hospice de la Charité et des Enfants trouvés, avait acquis une grande importance.

Pendant la Révolution, en 1791, les Recteurs donnèrent leur démission. Plusieurs services de l'Hospice disparurent. Avant cette date, ces services comprenaient :

1° La distribution du pain aux familles vraiment pauvres des différents quartiers de la ville.

2° L'aumône secrète à d'honnêtes familles dans l'indigence.

3° La distribution de la soupe et du linge aux prisonniers.

4° La dotation annuelle de trente-trois filles de pauvres citoyens, de la fondation Mazard, et aussi la dotation de toutes les filles adoptives de la maison qui étaient demandées en mariage avant leur majorité.

5° L'entretien, le logement et la nourriture de vieillards des deux sexes, pauvres et honnêtes, ayant eu dix ans de domicile actuel dans la ville, et qui, parvenus à l'âge de soixante-dix ans, n'avaient plus de ressources.

6° Les enfants trouvés des deux sexes.

7° L'Hospice des filles-mères.

8° Les enfants délaissés par leurs parents avant l'âge de douze ans accomplis.

9° Les enfants orphelins adoptés par le bureau, qui conserve sur eux, jusqu'à l'âge de vingt-cinq ans, tous les droits de la puissance paternelle.

10° Les infirmes des deux sexes de tout âge provenant des Enfants trouvés, délaissés et orphelins.

11° L'entretien, la nourriture et le logement des mendiants de profession qui sont arrêtés dans la ville et qui sont enfermés.

12° Les secours aux soldats et aux pauvres passagers.

A partir de 1791, seuls les filles-mères, les enfants

trouvés, abandonnés ou orphelins, et les septuagénaires furent secourus.

Le personnel religieux comprend des aumôniers, des Frères et des Sœurs, dans les mêmes conditions qu'au Grand-Hôtel-Dieu. C'est en 1699 que trois Sœurs Croisées, détachées de l'Hôtel-Dieu, vinrent à la Charité et formèrent les infirmières qui s'y trouvaient déjà.

Jusqu'à 1791, l'Aumône générale fut une œuvre privée, administrée par des personnes charitables de la ville.

A partir de 1791, une partie des services de l'Aumône générale, comprenant les services des vieillards et des orphelins, fut administrée par une commission, relevant de la municipalité.

En 1797, tous les autres services de l'hospice de la Charité furent confiés à cette commission. En 1802, une même administration fut chargée de la direction du Grand-Hôtel-Dieu et de l'hospice de la Charité ; l'administration générale des hospices civils de Lyon a été ainsi constituée.

En 1803, un tour, destiné à recevoir les nouveau-nés que leurs parents voulaient abandonner, fut établi dans la rue de la Charité ; il a été supprimé en 1858.

L'hospice de la Charité contient, aujourd'hui, mille trois cent quarante-huit lits ; les services y sont nombreux ; ils comprennent les vieillards ; les enfants nouveau-nés ; les enfants de la crèche au-dessous d'un an ; tous les autres enfants, blessés, fiévreux ou mis en salles d'isolement, une maternité, une école d'accouchement, une gynécologie, un hospice dépositaire. Il y a environ deux cent vingt Sœurs et une trentaine de Frères.

Toutes les femmes en couches, femmes ou filles, qui ne peuvent être admises à l'Hôtel-Dieu ou à la Croix-Rousse, sont admises à la Charité.

Les femmes malades, qui doivent entrer dans les services gynécologiques, sont admises dans les services spéciaux de l'Hospice.

Des services d'isolement pour les diphtéries, les scarlatines, les rougeoles sont établis à la Charité.

Les vieillards, hommes ou femmes, sont reçus à l'hospice de la Charité et à l'hospice des Vieillards, à la Guillotière.

Pour être inscrit au nombre des postulants aux places d'hospices, il faut être français ou naturalisé français, indigent, avoir soixante-dix ans, être né à Lyon, ou y être domicilié depuis dix ans au moins consécutifs.

Les vieillards sont admis par le Conseil à leur tour et rang d'inscription. Un tour de faveur est accordé, sur quatre places vacantes, aux octogénaires. Les nonagénaires sont admis d'urgence aux places vacantes. L'appel a lieu le premier mercredi de chaque mois, à l'hospice de la Charité, à une heure et demie.

Une école d'accouchement forme des sages-femmes de première et de seconde classe ; les élèves sont reçues de dix-neuf à trente-cinq ans. La durée des cours est de deux ans. — L'école admet des élèves gratuites et des élèves payantes. Les places gratuites ne sont accordées par l'administration qu'aux postulantes nées dans le département du Rhône, ou qui y sont domiciliées depuis deux ans. — La pension annuelle des élèves payantes est de 500 francs.

Il y a des nourrices sédentaires et des nourrices expectantes ; les premières, acceptées par les chefs de service, nourrissent les enfants qui viennent de naître et dont les mères sont dans l'impossibilité de nourrir ; les secondes, envoyées par leur médecin ou par l'inspecteur des enfants assistés, attendent qu'on leur ait confié un nourrisson.

Il y a, à la Charité, des places de fondation pour les vieillards.

Ailleurs, nous parlons des enfants assistés.

L'Antiquaille.

Au XVe siècle, Pierre Sala fit construire, sur la montagne de Fourvière, avec les débris d'un ancien palais romain, une habitation qu'il appela l'Antiquaille, parce qu'il y avait réuni tout ce qu'il avait pu trouver d'inscriptions ou de monuments antiques.

En 1630, cette construction fut achetée par les religieuses de la Visitation, qui la convertirent en monastère, où elles demeurèrent jusqu'en 1792. A cette date, ce monastère fut vendu, comme bien national, à des particuliers.

En 1804, les mendiants et les malades, qui jusqu'alors avaient été reçus à l'Hospice de la Quarantaine, dans le bâtiment dit de Bicêtre, appartenant à l'Etat, furent, en vertu d'un bail consenti au gouvernement en 1803 par les propriétaires, transférés dans les bâtiments de l'Antiquaille.

Le décret du 25 germinal an XIII (13 avril 1805) concéda à la ville de Lyon le bâtiment de Bicêtre, à la charge pour elle de le vendre et d'employer le produit de la vente à l'acquisition des bâtiments de l'Antiquaille.

Ce décret organisait dans ces bâtiments un hospice destiné à former un dépôt de mendicité, une maison de travail, un hospice pour les aliénés, les incurables et les vénériens, où seraient aussi reçus, moyennant des prix de journée, les habitants des villes et communes du département du Rhône.

Cette acquisition, réclamée par le décret de germinal, ne fut réalisée qu'en 1807.

L'hospice de l'Antiquaille a été, à l'origine, un établissement à la fois départemental et municipal; il recevait des subventions du département et de la ville pour le traitement des indigents, aliénés ou malades. Sa dotation, réunie à celle des hospices, s'est constituée par les dons et les legs, et par les bénéfices du Mont-de-piété, établi en 1810, à son profit exclusif.

A dater du 1er janvier 1846, l'Antiquaille fut réunie aux Hospices civils de Lyon.

En 1861, l'hospice de l'Antiquaille a été déchargé du Dépôt de mendicité par la création, à Albigny, du Dépôt qui y existe, et, en 1876, du service des aliénés par la création de l'asile de Bron.

Des agrandissements considérables ont été apportés à l'hospice de l'Antiquaille par la création des Chazeaux et de l'Hôpital de Saint-Pothin.

La circonscription de cet hôpital comprend tout le 5ᵉ arrondissement, moins le quartier de Vaise, toute la portion du 2ᵉ arrondissement située au sud du Cours du Midi, et toute la portion du 3ᵉ arrondissement, située au sud de l'avenue des Ponts.

Il existe, à l'Antiquaille, une crèche spéciale pour les enfants; elle en compte soixante-douze environ.

Les femmes atteintes de maladies nerveuses sont reçues dans un service spécial.

Les dartreux, teigneux, vénériens, scrofuleux, adultes ou enfants, ne sont reçus qu'à l'hospice de l'Antiquaille.

Les épileptiques y ont soixante-cinq lits, vingt lits pour les garçons ayant moins de seize ans, et quarante-cinq lits pour les femmes.

Il y a aussi, à l'Antiquaille, comme service complémentaire de l'Hospice dépositaire, des salles affectées aux enfants en dépôt. — (Voir Enfants assistés.)

Des pensionnaires à vie et des pensionnaires annuels sont admis à l'Antiquaille. Les pensionnaires à vie, dont l'admission est provisoirement suspendue, paient, en entrant, un capital déterminé par leur âge. L'Hospice leur fournit la nourriture, le logement, l'habillement, le linge, le blanchissage et la chaussure. Les pensionnaires annuels paient 650 fr. par an. Ils ne sont astreints à aucune condition d'origine ou de résidence. Ils doivent présenter, pour être inscrits, une demande d'admission indiquant leurs nom, prénom et domicile, leur acte de naissance, un certificat de moralité, un extrait de leur casier judiciaire.

L'hospice de l'Antiquaille contient mille cent cinquante-neuf lits ; il est desservi par deux cents Sœurs et vingt Frères.

Hôpital de la Croix-Rousse.

Il a été construit par l'administration des Hospices, et inauguré le 7 décembre 1861.

Il contient quatre cent cinquante-un lits et comprend des fiévreux, des blessés, des caduques, des femmes mariées en couches. Une centaine de Sœurs — près de cent dix — font le service.

La circonscription de cet hôpital comprend le quartier de Vaise, et tout ce qui est compris au nord de la ligne Nord, dont nous avons parlé, c'est-à-dire au nord des Terreaux et des cours Morand et Vitton.

Là, comme à l'Hôtel-Dieu, les femmes en couches mariées sont admises, avec l'assentiment de leur mari, quinze jours avant l'époque probable de leur délivrance. Seules y sont admises les femmes comprises dans la circonscription de l'Hôpital.

Le Perron.

En 1762, Jean-Pierre Giraud donna à l'hospice de la Charité une somme de cent mille livres, destinée à acquérir la terre et le château du Perron, à Pierre-Bénite.

Le 14 juillet 1841, le Conseil d'administration des Hospices, sur le rapport de M. Delahante, président du Conseil, décida de créer, dans les bâtiments du château du Perron, un hospice d'incurables. Le Conseil fixa provisoirement à cent le nombre des lits à fonder, quarante pour les hommes, soixante pour les femmes. Sur ces cent lits, cinquante devaient être donnés gratuitement à des incurables domiciliés à Lyon, et cinquante devaient être attribués, moyennant un prix de pension annuel, à des incurables domiciliés dans le département du Rhône. Ce projet fut approuvé, en principe, par le ministre de l'Intérieur, en 1842.

En 1843, l'administration des Hospices fut autorisée à entreprendre les travaux nécessaires pour l'appropriation des bâtiments du château du Perron au nouvel hospice, et au commencement de 1844, l'hospice des incurables fut ouvert.

Depuis cette époque, l'Hospice du Perron a reçu des extensions successives considérables. Les incurables gratuits ou payants, hommes ou femmes, ont maintenant à leur disposition trois cent cinquante-deux lits.

En 1885, l'administration des Hospices a créé, à l'hospice du Perron, en exécution de la fondation Gomy, dont la charge incombait à la ville de Lyon, un service spécial destiné à recevoir dix jeunes garçons, pauvres, incurables, âgés de cinq ans révolus. Ces enfants sont reçus à l'hospice, sur la présentation de l'administration municipale; ils restent jusqu'à dix-huit ans accomplis au compte de la fondation Gomy; ensuite, ils sont transférés dans le service des incurables adultes au compte de la ville de Lyon.

En 1885, une nouvelle répartition des services d'épileptiques amena le transfèrement, de l'hospice de l'Antiquaille à celui du Perron, de quarante lits d'épileptiques hommes et de vingt-cinq lits d'épileptiques femmes.

L'hospice du Perron renferme donc aujourd'hui quatre cent dix-sept lits. Il est desservi par quatre-vingts Sœurs.

Outre la fondation Gomy pour les enfants incurables, il y a, pour les épileptiques du Perron et de l'Antiquaille, une fondation de sept lits par l'administration des hospices pour les épileptiques indigents nés et domiciliés à Lyon ; la fondation Courajod, de dix lits pour les épileptiques indigents du département du Rhône, et la fondation par Mme Grillet, veuve Guy, de trois lits pour ceux de la paroisse de Saint-Louis, de la Guillotière.

Pour les incurables, les candidats doivent être inscrits sur les listes de postulance, être nés ou naturalisés français, âgés de plus de dix-huit ans, atteints de maux incurables entraînant l'incapacité de travail, enfin domiciliés à Lyon depuis cinq années ininterrompues.

Les incurables sont admis gratuitement, s'ils sont indigents ; comme pensionnaires payants, s'ils peuvent payer la pension annuelle fixée à 500 fr.

L'admission est prononcée par le Conseil.

Il n'y a qu'une seule place de fondation pour les incurables : (fondation Carra).

Sainte-Eugénie ou Longchêne.

Cet établissement, ouvert le 27 mai 1867, a été fondé sur l'initiative de S. M. l'impératrice Eugénie, qui a donné 200.000 fr. pour l'achat du château de Longchêne, sur la commune de Saint-Genis-Laval, destiné à devenir un asile de convalescents adultes. Il contient cent trois lits.

A cet asile a été annexé, en 1895, un autre asile pour les enfants convalescents, garçons ou filles. L'asile Paul-Michel-Perret, construit sur les terrains de Longchêne, par Mme Perret, née Dupont de Latuillerie, et à ses frais, en mémoire de son fils, est formé de deux pavillons identiques, le pavillon des filles avec cinquante-quatre lits, et celui des garçons avec cinquante lits.

Donc l'asile Sainte-Eugénie et son annexe contiennent actuellement deux cent sept lits ; le service est fait par environ quarante Sœurs des hôpitaux de Lyon.

Les convalescents, en état de sortir des services de médecine et de chirurgie des hôpitaux, peuvent être envoyés, sur la proposition des chefs de service et avec l'assentiment de leurs parents, s'ils sont mineurs, ou le leur propre, s'ils sont majeurs : 1° les hommes adultes seulement, à l'asile Sainte-Eugénie ; 2° à l'asile Paul-Michel-Perret, les enfants garçons âgés de quatre à quinze ans, et les filles âgées de quatre à dix-huit ans.

Consultations gratuites.

Le service des consultations gratuites est largement établi dans nos hôpitaux, en faveur des malades indigents de Lyon. Elles sont données :

A l'Hôtel-Dieu, les lundi, mercredi et vendredi, à neuf heures, pour les maladies des yeux.

A la Croix-Rousse, les mardi et samedi, à onze heures, et le jeudi, à neuf heures, pour les maladies de la gorge et du nez ; le vendredi, à neuf heures, pour la chirurgie.

A l'Antiquaille, les mardi, mercredi et vendredi, pour les maladies secrètes.

A la Charité, les lundi et jeudi, à neuf heures, pour la vaccination ; les lundi et vendredi, à dix heures, pour les grossesses et suites de couches ; les mardi et jeudi, à neuf heures, les mercredi et samedi, à dix heures, pour la gynécologie.

Les enfants sont admis à ces consultations, mais de plus, à l'Antiquaille, à neuf heures, le jeudi, il y a consultation spéciale pour les enfants dartreux, teigneux et scrofuleux.

Les remèdes, nécessités par la consultation du médecin, sont aujourd'hui délivrés gratuitement par les pharmaciens des hôpitaux aux consultants munis d'un certificat d'indigence.

Hospice des Vieillards.

En 1823, le Conseil municipal de la Guillotière, en raison du nombre sans cesse croissant des vieillards indigents de cette commune, dont l'assistance créait une des plus lourdes charges du bureau de bienfaisance, comprit la nécessité de fonder un hospice pour ces malheureux. La dépense nécessaire pour l'achat des bâtiments et du mobilier de cet Hospice fut couverte par des crédits municipaux et par une souscription publique.

Le nouvel Hospice demeura la propriété du bureau de bienfaisance jusqu'en 1828, époque à laquelle il fut affranchi de sa tutelle et devint Hospice municipal.

Il fut reconnu d'utilité publique par une ordonnance royale du 23 juin 1830.

Par suite de l'annexion de la commune de la Guillotière à la ville de Lyon en 1852, il fut confié à l'administration des Hospices civils de Lyon, suivant arrêté préfectoral du 8 juin 1869, à dater du 1er juillet de cette même année.

L'Hospice de la Guillotière est situé rue de la Madeleine, 3 ; il contient cent cinquante-cinq lits répartis entre les vieillards des deux sexes, français ou naturalisés français, septuagénaires, indigents, nés ou domiciliés à Lyon depuis dix ans. — Les Sœurs, au nombre de vingt, ne sont pas des Sœurs hospitalières, mais des Sœurs de Saint-Charles, qui desservaient l'Hospice avant son union avec les hôpitaux de Lyon, et qui y ont été maintenues.

Pour être admis à l'Hospice, les vieillards doivent déposer à l'Economat de l'Hospice de la Charité :

1° Une demande d'admission indiquant leurs nom, prénom, profession, domicile, état-civil et de famille ;

2° Leur acte de naissance ;

3° Leur acte de mariage, s'ils sont mariés ;

4° L'acte de décès de leur conjoint, s'ils sont veufs ;

5° Un certificat d'indigence, de moralité et de résidence à Lyon ;

6° L'extrait de leur casier judiciaire.

L'inscription ne peut se faire qu'à 70 ans.

Les vieillards sont admis à leur tour et rang. Un

tour de faveur est accordé, sur quatre places vacantes, aux octogénaires. Les nonagénaires sont admis d'urgence aux places vacantes.

Asile de Bron.

Nous avons vu que le service départemental des aliénés du Rhône fut à l'Antiquaille jusqu'en 1867. A cette date, l'asile de Bron était construit à cette fin spéciale et recevait ses hôtes. L'admission est gratuite pour les aliénés indigents du département. Pour les autres pensionnaires, le prix de journée varie suivant le tarif ci-dessous :

1re classe, 6 fr. 50 par jour ;
2e — 4 fr. —
3e — 2 fr. 50 —
4e — 1 fr. 70 et 1 fr. 50, le premier prix pour les malades étrangers au département, le second pour les malades du Rhône.

Ajouter 2 o/o de ces prix si les familles désirent que les pensionnaires prennent part aux cérémonies du culte catholique.

L'asile de Bron comprend deux grandes divisions, séparées par les bâtiments destinés à l'administration et aux services généraux. Chaque division est affectée à l'un des deux sexes.

Les placements sont faits soit volontairement par les familles, soit d'office par décisions préfectorales.

Les communes, où les aliénés indigents ont leur domicile de secours, contribuent à leur dépense d'entretien.

L'asile de Bron compte 1.500 aliénés.

Nombre des pauvres à Lyon.

Sur une population de 440.000 âmes, il y a, en chiffre rond, 26.000 habitants assistés.

Sur 7.000 décès à domicile, il y a plus de 2.000 inhumations gratuites.

Le budget officiel, affecté à l'indigence par la municipalité lyonnaise, donne par habitant assisté une moyenne de 38 fr., alors que pour toute la France elle n'est que de 16 fr.

La charité privée vient ensuite ajouter son aumône. Je ne crois pas qu'il y ait, à Lyon, une misère qui ne soit soulagée.

La Bouchée de Pain.

Cette œuvre municipale, fondée en 1891, a d'abord existé, rue François-Garcin, elle est établie aujourd'hui Grande-Rue de la Guillotière, 149.

Ce service fonctionne tous les jours, de 7 à 9 h. du matin, et de 4 à 6 h. du soir.

Toute personne qui se présente, sans distinction d'âge ni de nationalité, reçoit gratuitement un morceau de pain à consommer sur place. L'entrée dans le réfectoire a lieu par fraction de vingt-cinq personnes environ. — Les femmes et les enfants sont admis à passer avant les hommes.

Mont-de-piété.

Le Mont-de-piété a été créé par un décret impérial de 1810 ; un autre décret de 1867 a partagé les bénéfices entre le Mont-de-piété et les Hospices de Lyon.

Le Mont-de-piété prête de l'argent sur nantissements pour douze mois, avec faculté de renouvellement. Les droits dus par l'engagiste sont acquittés au moment du dégagement, du renouvellement ou de la liquidation par suite de vente.

Cet établissement est aujourd'hui situé rue Duguesclin, 235; il a plusieurs bureaux auxiliaires.

Le dégagement ne peut s'effectuer qu'en rapportant la reconnaissance et en payant la somme prêtée ainsi que les droits du Mont-de-piété. Ces droits, aujourd'hui surtout, ne laissent pas que d'être onéreux. Ils sont par an de 5 o/o sur les prêts de 3 à 10 fr. et de 8 o/o sur ceux de 11 fr. et au-dessus. — Les décomptes se font par mois, et le mois commencé est dû en entier.

Le Mont-de-piété prête annuellement environ sept millions sur cinq cent mille objets déposés en nantissement.

Hospitalité de nuit.

Cette œuvre, destinée à venir en aide aux pauvres indigents sans feu ni lieu, n'est connue dans notre ville que depuis le 9 décembre 1889.

C'est la municipalité qui l'a établie, à Perrache, à l'angle des rues Bayard et Gilibert.

Les malheureux des deux sexes y sont reçus temporairement et gratuitement sans distinction de nationalité, d'âge ou de religion; ils ne peuvent y passer plus de trois nuits, de deux mois en deux mois. L'admission a lieu tous les jours, de 7 h. à 9 h. du soir. Avant le coucher, chaque assisté reçoit une soupe. L'établissement comprend soixante-huit lits pour hommes, dix-sept pour femmes, quatre pour fillettes, et quatre barcelonnettes.

Bureau de bienfaisance municipal.

Les bureaux de bienfaisance ont été créés pour la distribution des secours à domicile. Désorganisés en 1793, ils furent rétablis sur de nouvelles bases et complétés par des ordonnances et des décrets successifs.

La Commission administrative du Bureau est composée du maire, président, et de vingt-six membres renouvelables. — Les fonctions d'administrateur sont gratuites.

Secours à domicile.

La municipalité a établi ce service. Le bureau est, 17, rue Royale. Il est ouvert de 9 h. à 4 h., et la caisse est ouverte de 9 h. à 3 h.

Il y a un inspecteur par arrondissement.

Réservistes indigents.

La Ville de Lyon alloue une subvention extraordinaire de 25.000 fr. à 40.000 fr., suivant les années, aux familles des réservistes indigents.

Voyageurs indigents.

Chaque année, la municipalité inscrit à son budget une somme de 5.000 fr. pour les voyageurs indigents.

Du reste, disons une fois pour toutes que les crédits extraordinaires annuels votés par le Conseil municipal dépassent 70.000 fr.

Logement gratuit de la rue des Macchabées.

Il y a quelques années, 1896, Mme veuve Ollier, propriétaire d'un petit immeuble dans la rue des Macchabées, 62, laissait en mourant cette maison en héritage à la Ville de Lyon pour servir de logement à de pauvres hommes habitant sur les paroisses de Saint-Just, ou de Saint-Irénée, ou de Saint-Georges.

Il est occupé par six ou sept personnes.

Asile Tissot.

Cet asile municipal est situé, 15, rue Nérard, à Vaise. Il y a là des logements gratuits pour les vieillards des deux sexes, au nombre de sept. Cet asile existe depuis une vingtaine d'années. Chaque pensionnaire y peut cultiver un morceau de jardin.

Invalides du Travail.

On a voté 500.000 fr. pour la construction d'un asile dit des Invalides du Travail. En attendant qu'il fût bâti, l'administration a employé le revenu de cette somme à entretenir, hors de Lyon, de cent à deux cents vieillards qu'elle mettait en pension à prix débattu.

Mais, depuis lors, l'asile des Invalides du Travail a été construit, mais il n'a pas même été terminé et n'a pas reçu de pensionnaires.

Il a été établi entre Saint-Irénée et Francheville. Mais les constructions ont été mal faites, de sorte qu'elles tombaient en ruines avant même d'être utilisées. La conséquence la plus claire est qu'aujourd'hui, la municipalité a une grande maison inachevée et inhabitable, et n'a plus aucun revenu pour les invalides du travail.

Cette faillite de la municipalité, incapable de mener à bien cette entreprise, achevée depuis 1893, mais inutile, malgré les deux millions qui y ont été gaspillés, l'a portée à traiter avec les Hospices de Lyon, qui hésitèrent à accepter ce cadeau onéreux. — Il est probable que ces pourparlers vont aboutir.

Asile municipal Magnin-Fournet.

Cet asile est établi au n° 69 de la Grande-Rue de Cuire. Il reçoit des pensionnaires femmes seulement ; les candidates doivent être nées à la Croix-Rousse ou y habiter depuis trente années.

Les lits, au nombre de trente, sont affectés à des incurables indigentes. Il n'y a pas de places payantes.

Pension des Vieillards.

Une pension de 100 fr. est donnée chaque année aux vieillards nécessiteux de la ville de Lyon.

Pour obtenir cette pension, il faut être âgé de 70 ans révolus, avoir au moins vingt ans de résidence à Lyon, produire un certificat de bonne vie et mœurs.

S'adresser à la mairie centrale.

Albigny.

Le dépôt de mendicité d'Albigny a été fondé en 1861. Nous avons vu qu'avant cette date ce service était à l'Antiquaille. Il est aujourd'hui à Couzon (Rhône), dans le canton de Neuville-sur-Saône, près de Lyon.

Cet asile reçoit, après l'expiration de leur peine, les individus du département du Rhône condamnés pour délit de mendicité; leur admission et la durée de leur séjour sont déterminées par le préfet. L'asile reçoit aussi, à titre de reclus volontaires, les indigents qui, par suite de leur âge, ne peuvent se procurer aucune ressource par leur travail; le préfet seul prononce l'admission. Le travail est obligatoire pour tous dans cet asile.

Cet établissement a six cents places.

Par une décision récente, août 1899, le nom générique de Dépôt de mendicité a été dédoublé pour mettre une différence entre ses deux catégories de pensionnaires. Le bâtiment affecté aux volontaires doit porter le nom de Maison départementale de retraite; celui de Dépôt de mendicité restera à celui des condamnés.

Le service intérieur était assuré autrefois par les Sœurs de St-Vincent-de-Paul; aujourd'hui le Dépôt est laïcisé.

L'enclos, dans lequel a été établi le Dépôt de mendicité, avait appartenu au célèbre médecin Rast Maupas, de l'Académie de Lyon, aïeul maternel de M. Lombard de Buffières.

Il y a six cents lits.

TABLE ANALYTIQUE

PREMIÈRE PARTIE

Œuvres privées.

Chapitre Ier. — Premier age

Chapitre II. — Jeunesse

Providences. — Préservation. — Refuges. — Ecoles. — Cercles. — Patronages. — Malades. — Infirmes et Incurables. — Fondations.

Chapitre III. — Adultes

Œuvres militaires. — Prévoyance. — Travail. — Placement. — Malades. — Œuvres hospitalières et annexes. — Infirmes et Incurables. — Pauvres. — Distribution de secours. — Bureaux de bienfaisance. — Œuvres diverses. — Fondations.

Chapitre IV. — Vieillards

Maisons de retraite. — Asiles paroissiaux. — Asiles généraux. — Œuvres diverses. — Fondations.

Chapitre V. — Œuvres de religion, de zèle, etc.

SECONDE PARTIE

Œuvres publiques.

DESACIDIFIE à SABLE
1993

Imprimerie Valentinoise, place Saint-Jean, Valence.

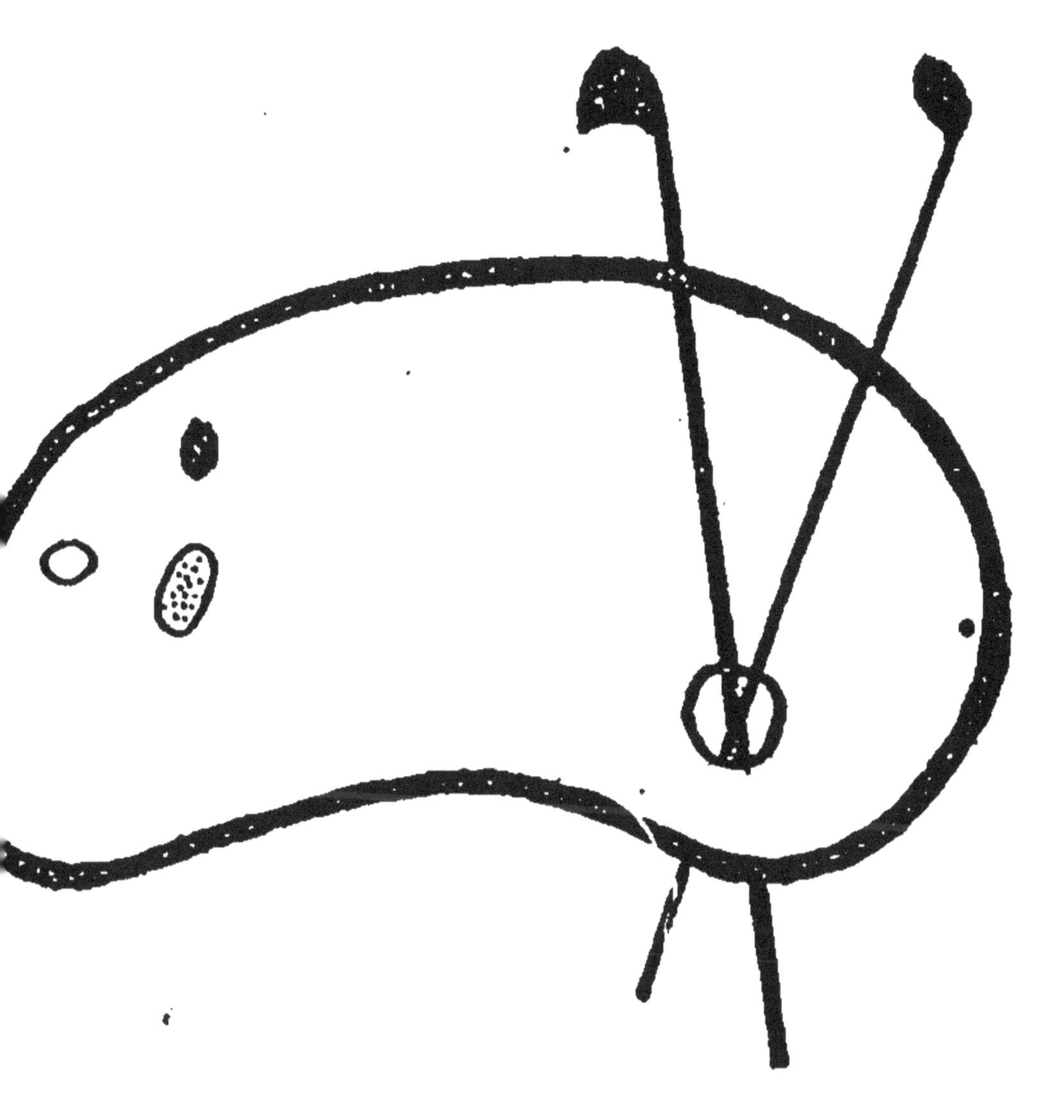

www.ingramcontent.com/pod-product-compliance
Lightning Source LLC
Chambersburg PA
CBHW050454270326
41927CB00009B/1740

9782012584600